BRIGITTE STREBEL-AERNI (Hrsg.)

FINANZMÄRKTE

EFFIZIENZ UND SICHERHEIT

Liebe Claudia

ganz herzlichen Dank. Ohne Dich wäre dieses Buch nicht erschienen!!

Herzlich
Brigitte

BRIGITTE STREBEL-AERNI (Hrsg.)

FINANZMÄRKTE
EFFIZIENZ UND SICHERHEIT

Schulthess § 2007

Bibliografische Information ‹Der Deutschen Bibliothek›
Die Deutsche Bibliothek verzeichnet diese Publikation in der Deutschen Nationalbibliografie; detaillierte bibliografische Daten sind im Internet über ‹http://dnb.ddb.de› abrufbar.

Alle Rechte, auch die des Nachdrucks von Auszügen, vorbehalten. Jede Verwertung ist ohne Zustimmung des Verlages unzulässig. Dies gilt insbesondere für Vervielfältigungen, Übersetzungen, Mikroverfilmungen und die Einspeicherung und Verarbeitung in elektronische Systeme.

© Schulthess Juristische Medien AG, Zürich · Basel · Genf 2007
ISBN 978-3-7255-5391-4

www.schulthess.com

Inhaltsverzeichnis

Einleitung 3

Brigitte Strebel-Aerni
Eigenverantwortung schafft Sicherheit 5

Kapitalmärkte: Herausforderungen & Chancen 17

Dr. Reto Francioni
Börsen als Fundament funktionierender Kapitalmärkte 19

Dr. Henri B. Meier
Betrachtungen zur Effizienz der Finanzmärke 27

Prof. Dr. Martin Janssen
Anforderungen professioneller Investoren an die Kapitalmärkte ... 41

Marcel Zutter
Der Einfluss Institutioneller Investoren auf die Entwicklung
der Kapitalmärkte.. 51

Hans-Jörg Baumann
Wertsteigerung durch Freiheit und Grenzen der Freiheit 63

Prof. Dr. Thorsten Hens & Prof. Dr. Mei Wang
Hat Finance eine kulturelle Dimension?....................................... 71

Globalisierung & Rechtsetzung 87

Dr. Josef Ackermann
Nationale Aufsichtsstrukturen als Herausforderung an
global agierende Institute – Anforderungen an
die Finanzaufsicht aus der Sicht eines Global Players 89

Dr. René Karsenti
Kapitalmärkte erfordern Selbstregulierung................................. 101

Prof. Dr. Peter Nobel
Börsenmigration... 107

Prof. Dr. Peter Leibfried
Finanzinnovationen aus Sicht der Rechnungslegung:
Offene Fragen 121

Dr. Hans-Christoph Hirt
Der Zusammenhang zwischen Corporate Governance
und Performance 133

Dr. Doris Schönemann
Compliance – Risikomanagement für Privatkunden 157

Beat Fraefel
Reputation Management durch effiziente Compliance 173

Prof. Dr. Hans Geiger
Geldwäschereibekämpfung, die falsche Medizin
Ein Beipackzettel für ein Regulierungsgebiet besonderer Art 185

Sicherheit & Effizienz 195

Dr. William R. White
Garantiert Effizienz auch Sicherheit? 197

Prof. Dr. Heinz Zimmermann
Zur Liquidität und Sicherheit des Finanzsystems 207

Stephan Zimmermann
Standardisierte Leistungen als Basis für Stabilisierung,
Risikooptimierung und Kostensenkung im Transaction Banking ... 227

Stephan Zwahlen
Bankenindustrialisierung – das traditionelle Bankenmodell im
Umbruch 243

Dr. Werner Frey
Effizientes Clearing & Settlement begrenzt Risiken und Kosten..... 253

Schlusswort 261

Hans-Jürgen Maurus
Risk and Prejudice – Hedge Fonds, Derivate und die Stabilität
des internationalen Finanzsystems 263

Einleitung

BRIGITTE STREBEL-AERNI

Eigenverantwortung schafft Sicherheit

Die moderne Informations- und Kommunikationstechnologie hat die Kapitalmärkte auf nationaler und internationaler Ebene revolutioniert. Das Internet sprengt die gesellschaftlichen, politischen, wirtschaftlichen sowie sprachlichen Grenzen und beeinflusst die nationalen Rechtsetzungen. Gegensätze wie global und lokal, Gesellschaft und Individuum, fliessen ineinander über. Man spricht vom globalen Dorf oder von «Mass Customization». Kapital- und Geldflüsse sind Informationsflüsse. Deshalb hat die moderne Informationstechnologie in der Finanzbranche zu einem gewaltigen Umbruch und zu veränderten Geschäftsmodellen geführt.

In Windeseile können Kapitalflüsse umdisponiert werden. Die Kapitalmärkte sind global orientiert und kümmern sich wenig um nationale Grenzen. Dank der modernen Informationstechnologie ist es auch zunehmend mittelständischen Unternehmen möglich, auf globaler Ebene Nischenmärkte zu erschliessen. Während die Globalisierung rasant voranschreitet, verharren die Nationen in ihrer national geprägten Rechtssetzung und Rechtssprechung. Auf internationaler Ebene klafft deshalb ein Vakuum, das die USA dank ihres politischen und wirtschaftlichen Potenzials mit dem Export ihrer Rechtsstandards, wie «Sarbanes Oxley» (SOX) oder «Qualified Intermediary Status» (QI), auszufüllen versuchen. Auch die Europäische Union unternimmt mit ihrer MiFID (Markets in Financial Instruments Directive) – Initiative Schritte zur Schaffung einer Harmonisierung ihrer Kapitalmarktgesetzgebung. Globale Konzerne versuchen sich in Selbstregulierung und schaffen sozusagen auf Konsensbasis international anerkannte Standards, um auf globaler Ebene minimal zur Rechtssicherheit beizutragen. Dies ist wichtig, jedoch mit demokratischen Prinzipien kaum vereinbar.

Einseitiges Handeln wie jenes der USA, die aufgrund ihres Machtanspruchs ihre Rechtsstandards exportieren wollen, wird durch die Reaktion der Märkte und der Kapitalflüsse gebremst. Dies erfährt gegenwärtig die Leitbörse des Westens, die New York Stock Exchange (NYSE). Zu strenge und einseitige Zulassungsregeln wirken sich nachteilig aus und machen sie für ausländische Unternehmen weniger attraktiv. Immer mehr international orientierte ausländische Unternehmen meiden die Kotierung an der NYSE oder ziehen die Kotierung ihrer Aktien zurück. Das schadet ihrem Ruf als international orientierte Börse und drückt auf die Umsatzentwicklung. Der Zusammenschluss mit dem europäischen Börsenverbund Euronext mutet da fast wie eine Flucht nach vorne an.

Börsen im Sog der Informationstechnologie

Die Technologien verändern das Geschäftsmodell der Finanzindustrie. Sie verändern die Produktegestaltung und die Kapitalflüsse. *«Zugleich treten immer neue Finanzmarkt-Akteure auf den Plan, die global aufgestellt, auf komplexe und risikoreiche Transaktionen spezialisiert sind und sich der Finanzmarkt-Regulierung weitgehend entziehen. Diese Veränderungen führen die Kapitalmärkte nicht nur in eine neue Dimension. Dadurch erhöhen sich die Wettbewerbsintensität, der Druck zur Effizienzsteigerung und das Innovationstempo. Und: Sie ziehen – zu Recht – ständig steigende Anforderungen an die Sicherheit und das Managen von Risiken nach sich»*, erklärt Reto Francioni. Seiner Meinung nach ermöglichen innovative Finanzprodukte und Handelsstrategien zwar die Erzielung überdurchschnittlicher Renditen, doch mit der Zunahme ihrer Komplexität steigen auch die Herausforderungen an ihre Kontrolle und Überwachung. Deshalb haben die Börsen ihre Berechtigung als Institutionen auch heute noch. «*Die Stabilität des Finanzmarktsystems wiederum ist Conditio sine qua non für die langfristige Fortführung von Wachstum und Effizienzsteigerung. Risikomanagement wird somit zur notwendigen Ergänzung einer auf permanente Innovation ausgelegten Entwicklung*» betont Francioni.

Die Börsen als zentrale Gegenpartei bilden ein stabilisierendes Element. Dies trifft immer stärker auf die neuen Märkte für derivative Instrumente und Produkte zu. Aber auch die Börsen sind in den Sog der modernen Informationstechnologie geraten: «*Mit der Elektronisierung sind auch die Börsen mobil geworden, ja man kann bereits von einer Börse der Börsen sprechen; alles ist hier im Flusse. Die Leute, die hinter der SWX (Swiss Exchange oder Schweizer Börse) steckten, haben die dynamisierende Bedeutung der neuen Technologie eigentlich als erste erkannt. So kam es früh (1998) zur Gründung von Eurex aus der schweizerischen SOFFEX und der Deutschen Terminbörse (DTB), ein Zusammenschluss, der sich zur grössten Derivatebörse der Welt entwickelte*», erklärt Peter Nobel .

Kapital in produktive Anlagen lenken

Letztlich geht es um die effiziente und sichere Allokation des Kapitals. Für den Financier Henri B. Meier liegt eines der grössten Probleme fortgeschrittener Volkswirtschaften in der deutlichen Tendenz zur Überalterung der Bevölkerung und somit in der Blockierung eines bedeutenden Anteils der Ersparnisse in nicht direkt produktive Anlagen. «*Früher prägten private Grossinvestoren wie Alfred Escher die wirtschaftliche Entwicklung im Sinne des Wortes: Sie riskierten ihr namhaftes Vermögen zur Verwirklichung ebenso visionärer als auch gewagter Ideen, wie der damalige Bau des Gotthard-Tunnels. Heute steckt ein Grossteil dieser Kapitalien im Pool der Altersvorsorge und fliesst nicht mehr in direkt produktive Anlagen. Der Staat schreibt die Anlage-Strategie im Wesentlichen vor. Sie wird von Beamten und Managern und nicht mehr vom Eigentümer direkt umgesetzt*», erklärt Henri B. Meier. Die kurzfristige Sicht vieler Investoren steht seiner Meinung nach in starkem Kontrast zur langfristigen Bindung eines Grossteils dieser Kapitalien in der Altersvorsorge.

In den hoch entwickelten und überalterten westlichen Industrieländern liegt die grosse Herausforderung der Zukunft darin, die in der Altersvorsorge gepoolten Kapitalien wieder produktiven Zwecken zuzuführen. «*Kapitalmärkte sind Märkte, auf denen Investoren als Nachfrager und Anbieter von Cashflow-Strukturen mit unterschiedlichen Verfallstrukturen, Risikoarten und erwarteten Erträgen, die gegeneinander getauscht werden, auftreten*», erklärt Martin Janssen und fährt fort: «*Professionelle Investoren werden in Zukunft verbesserte Dienstleistungsqualitäten beim Austausch von Cashflow-Strukturen nachfra-*

gen». Dabei stehen Professionalität, Dienstleistungsbereitschaft und unbedingter Schutz der Interessen des Investors im Vordergrund.

Dem pflichtet Marcel Zutter bei: *«Grosse globale Vermögenspools repräsentieren eine neue Dynamik an den Märkten. Das Ergebnis von in Boston und London getroffenen Entscheiden in der Vermögensaufteilung kann sich in Buenos Aires und Lissabon stark auswirken. Die Kosten des grenzüberschreitenden Tradings waren nie tiefer und die Anreize für Fondsmanager, Gelder aus dem Heimmarkt herauszutransferieren und ihre potenziellen Erträge in einem hoch kompetitiven Markt zu maximieren, nie höher».* Deshalb sind die Analyse der Kapitalflüsse und das bessere Verständnis sowie die Kenntnis wichtiger Indikatoren erfolgskritisch für den Anlageentscheid. Zutter verweist aus aktuellem Anlass auf die Diskussionen rund um die Aktivitäten von Hedge Funds. Hier werde sehr wenig mit Fakten gearbeitet, die den Einfluss dieses Marktsegments auf die Preisbildung und Marktrichtung objektiv darlegten.

Hans-Jörg Baumann definiert Hedge Funds als wenig regulierte Asset Pools, die sich durch ihre Flexibilität und durch ihre Heterogenität bezüglich der angewandten Handelsstrategien auszeichnen. Hinzu kommt die limitierte Skalierbarkeit der angewandten Strategien. *«Falls eine Handelsstrategie mit zu viel Kapital verfolgt wird, verwässern die Renditen».* Mit dem systematischen Eingehen von Risiken können aber neben attraktiven Gewinnen auch Verluste entstehen, gibt Baumann zu bedenken. Soviel zur Begründung eines von rationalen Beweggründen geleiteten Handelns privater und institutioneller Investoren. *«Gemäss der traditionellen Finance bestimmt ausschliesslich rationales Verhalten die Rendite von Finanzanlagen. Rationales Verhalten ist durch Axiome (Annahmen) festgelegt, die unabhängig vom kulturellen Hintergrund der Anleger geprägt sind»,* betonen Thorsten Hens und Mei Wang, um gleich festzustellen, dass Anlegerentscheide sehr wohl durch den kulturellen Hintergrund der jeweiligen Investoren geprägt sind. Diese kulturellen Unterschiede prägen gemäss den Autoren das Risikoverhalten. So sind Chinesen gemäss Untersuchungen in der Regel risikotoleranter und weniger verlustempfindlich als Amerikaner und Europäer.

Globalisierung versus national zersplitterte Aufsichtsstrukturen

Rechtfertigen diese kulturellen Unterschiede im Risikoverhalten die national zersplitterten Aufsichtsstrukturen in einer Welt globaler Finanzmärkte? Nein, postuliert Josef Ackermann. Je stärker die Transnationalisierung der Finanzinstitute fortschreite, desto gravierender wird die Kluft zwischen diesen beiden Welten. Und dies habe auch Konsequenzen für die Effektivität der national geprägten Bankenaufsicht und deren Kostenfolgen für die ihr unterstehenden Institute: *«Historisch gewachsene Aufsichtsstrukturen und Formen der internationalen Kooperation zwischen Finanzaufsichtsbehörden reflektieren die Welt weitgehend national abgegrenzter Finanzmärkte, in denen Banken nur ein geringes Auslandsgeschäft hatten und die Institute eine klar identifizierte Nationalität besassen.»* Ackermann weist darauf hin, dass transnational agierende Banken zwar die Effizienz und die Integration der Finanzmärkte fördern und beschleunigen, dass sie aber auch Kanäle zur grenzüberschreitenden Übertragung von Finanzmarktrisiken darstellen.

Ob sich die einzelnen Staaten jemals dazu bewegen lassen werden, ihre Hoheit zur nationalen Finanzmarktaufsicht an eine supranationale Behörde abzutreten? Immerhin, mit den MiFID-Regeln der Europäischen Union ist zumindest ein Schritt in diese Richtung getan. Aber die Kapitalflüsse halten nicht an den europäischen Grenzen. Ob sich da nicht der Versuch in Richtung Selbstregulierung im Rahmen einer transnationalen Organisation, wie zum Beispiel der «International Capital Market Association» (ICMA) lohnen würde? Laut René Karsenti wird die auf branchenspezifischen Regeln und Empfehlungen basierende Selbstregulierung auch nach der Einführung der MiFID-Regeln weiterhin eine entscheidende Rolle am Markt spielen. Die ICMA beteiligte sich gemäss Karsenti als Selbstregulierungsorganisation der Kapitalmarktteilnehmer aktiv an der Ausarbeitung der MiFID. *«Dabei repräsentierte ICMA die Interessen der einzelnen Marktteilnehmer und des Markts in seiner Gesamtheit. Im konstruktiven Dialog mit den Regulierungsbehörden trug man zu einem international wettbewerbsfähigen System der Marktüberwachung bei, das allen Beteiligten gerecht wird.»*

Auch bei den Börsen sind erste Ansätze zu einer Internationalisierung und zu einer internationalen Regelung und Überwachung auszumachen. *«Rechtlich ist die entscheidende Idee darin zu sehen, dass man auf einer gemeinsamen Plattform regulatorisch mehrere quasi-selbständige Börsen betreiben kann, aber die Harmonisierung der Teilnahmebedingungen und Börsenregeln doch zu einem einheitlichen Markt führt. Dieses Set-up kann dann noch durch Verträge und Verschränkungen der Equity-Struktur unterstützt oder verstärkt werden. Im Derivate-Markt gestalteten sich die Dinge darum einfacher, weil diese «neuen» Märkte weniger in die alt-traditionelle Börsengesetzgebung eingebunden sind»*, betont Peter Nobel. Am weitesten fortgeschritten ist die Internationalisierung bei Euronext, dem Zusammenschluss der Börsen von Paris, Amsterdam, Brüssel, Lissabon und LIFFE». Damit wählte Euronext gemäss Nobel als föderalistisches System den konstruktiv analogen Weg. *«Es ist im Börsenbereich aber auch möglich, reine, allenfalls gegenseitige, Beteiligungsnahmen zu erreichen (verabreden oder erkämpfen) und erst danach zu versuchen die Marktsynergien zu realisieren.»* Dabei verweist er auf das Modell, das Euronext jetzt mit der New York Stock Exchange (NYSE) arrangiert und das in die erste transatlantische Börse münden soll. Auch die damals verfrüht lancierte Idee einer pan-europäischen

Blue chips – Plattform könnte erneuten Auftrieb erhalten: «*Virt-x könnte gerade in diesem Bereich eine zweite Chance erhalten, wenn die Grossbanken, auf der Suche nach einer pan-europäischen Handelsplattform, hier einen zweiten Versuch wagen, dessen Erfolg aber eben wieder von ihnen abhängen würde*».

Von den modernen Finanzinnovationen, zum Beispiel den derivativen strukturierten Produkten wird nur ein verschwindend kleiner Teil über Börsenplattformen gehandelt. Die grossen Transaktionsvolumen werden ausserbörslich, im Fachjargon «Over-the-Counter» abgewickelt. Laut Peter Leibfried werden diese Finanzinnovationen auch eigentliche «Rechnungslegungs-Innovationen» provozieren. «*Je grösser der Anteil der Finanzinnovationen in der volkswirtschaftlichen Wertschöpfung wird, desto mehr werden gänzlich neue Regelungen gefragt sein, um über diesen Schwarm an Einzelrisiken angemessen berichten zu können*». Für Leibfried ist klar, je individueller und kreativer Finanzinnovationen werden, umso schwieriger wird die Umsetzung der Rechnungslegungssysteme. Diese basieren immer noch auf den rückblickenden Rechnungslegungsprinzipien aus dem 15. Jahrhundert. Im 21. Jahrhundert sind jedoch aktuelle und zukunftsgerichtete Bewertungen gefragt. «*Um praktisch nutzbar zu bleiben, hat die Rechnungslegung nicht nur die Aufgabe, die Realität in vielen Einzeltransaktionen abzubilden, sondern sie auch zu verdichten und auf das Wesentliche zu reduzieren. Dies führt zwangsläufig zu Informationsverlusten.*»

Liquiditätsengpässen vorbeugen

Informationen können die Stabilität des Finanzsystems erhöhen. Sie können diese aber auch gefährden. John Meriwether, gestand nach dem Debakel des von ihm als CEO geführten Hedge Fonds «Long Term Capital Management» (LTCM) ein: «The nature of the world has changed, and we hadn't recognized it». Ein typisches Informationsdefizit also. LTCM war damals in eine gravierende Liquiditätskrise geraten, die nur durch eine vom damaligen Chief Executive Officer der Federal Reserve Bank of New York, William J. McDonough, zusammen mit den global agierenden Grossbanken orchestrierte Hilfsaktion bewältigt werden konnte. Heinz Zimmermann vergleicht Liquiditätskrisen im globalen Finanzsystem mit einem Stau auf der Autobahn. Danach «*können moderne Finanzmärkte – die Erteilung und Abwicklung von Börsenaufträgen, der Zahlungsfluss sowie die regulatorischen Restriktionen – durchaus mit einem komplexen Strassensystem verglichen werden: Auch das Finanzsystem ist anfällig für Kapazitätsengpässe und Staus. Die meisten der modernen Finanzinnovationen wickeln sich überdies ausserhalb geordneter Finanzmärkte (Börsen) ab. Dabei spielt die Einschätzung der zukünftigen Bonität der Gegenpartei eine erhebliche Rolle.*» Heinz Zimmermann plädiert in diesem Zusammenhang für eine verbesserte Architektur des Finanzsystems, wobei verbindliche Regeln für die einzelnen Akteure lediglich sekundäre Bedeutung erhalten sollten.

Das Lavieren der Notenbankchefs bei geldpolitischen Entscheiden illustriert die Befürchtungen, dass restriktive Massnahmen nach einer langen Zeit lockerer Geldpolitik und steigender finanzieller Ungleichgewichte weltweit Turbulenzen und Liquiditätsengpässe auslösen könnten. Für William R. White ist das Thema Effizienz kontra Stabilität keineswegs neu: «*Wenn wir zurückblicken, sehen wir, dass die Situation in den 1920er Jahren ausser Kontrolle und die Weltwirtschaft dann in den 1930ern in eine Wirtschaftskrise geriet. Der Staat setzte in der Folge erneut auf strikte Regulierung im Finanzbereich, und das Finanzsystem war lange Zeit extrem ineffizient, mit entsprechenden Folgen für die Wirtschaft. Also wurde allmählich wieder mehr dereguliert, und es kam zu grossen Veränderungen, weshalb sich wiederum die Frage stellt: Ist dieser Prozess weit genug vorangeschritten, oder sind wir schon zu weit? Und darauf gibt es keine richtige Antwort*».

Standards schaffen Klarheit

Effizienz kann durchaus zu erhöhter Sicherheit und Stabilität führen, vor allem, wenn es um das Management operationeller Risiken geht, meint Stephan Zimmermann. Dabei spielen allgemeingültige Standards eine wichtige Rolle: «*Alle Marktteilnehmer haben ein offensichtliches Interesse an effizienten und stabilen Märkten. Damit verbunden besteht ein hohes Interesse an Standards, die typischerweise zunächst von den führenden Marktteilnehmern in Kooperationen entwickelt werden; dies klar vor dem Hintergrund betriebswirtschaftlicher Interessen und mit dem Anspruch, über die Standards eigene Interessen zu vertreten.*» Seiner Meinung nach entstehen im Rahmen der Transformation der Finanzdienstleistungsindustrie zunehmend standardisierte Leistungspakete: «Im Interesse aller Marktteilnehmer sollten multiple Standards vermieden und eine Standardisierung über führende Kooperationen gefördert werden.»

Solche Standardisierungen, die zu echten Effizienzsteigerungen führen, werden nur durch die Industrialisierung des Bankenwesens möglich. Diese wiederum wird den Finanzplatz Schweiz gemäss Stephan Zwahlen nachhaltig verändern: «*Getrieben vom technologischen Fortschritt, der Globalisierung des Finanzdienstleistungsgeschäfts sowie von dem zunehmenden Deregulierungsdruck auf die Finanz- und Risikomärkte, befindet sich die Finanzbranche am Anfang einer fundamentalen Transformation. In diesem Umfeld sind Alternativen zum traditionellen Geschäftsmodell einer voll integrierten Bank gefragt. So werden, nach dem Vorbild der produzierenden Industrie, Finanzdienstleistungen künftig nicht mehr von einem Finanzintermediär isoliert, sondern vermehrt in Kooperation erbracht werden.*» Dies trifft vor allem für den grenzüberschreitenden Abwicklungsbereich, das Clearing und Settlement zu. Dieser wird gemäss Werner Frey zur eigentlichen Schlüsselstelle effizienter internationaler Kapitalmärkte: *«Die Abwicklung von grenzüberschreitenden Wertschriftentransaktionen in Europa ist ineffizient. Diese Ineffizienz verursacht zusätzliche Kosten von jährlich 3,5 bis 5 Milliarden Euro.»* Hier sind Standardisierungen dringend nötig, allerdings begleitet durch den im November 2006 vereinbarten «Code of Conduct», der für erhöhte Preistransparenz und Wettbewerbsintensität bei grenzüberschreitenden Transaktionen sorgen soll.

Reputation ist Teil des Riskmanagements

Vom Code of Conduct zur Corporate Governance ist es nur ein kleiner Schritt. Hans-Christoph Hirt geht der Frage nach, ob es einen Zusammenhang gibt zwischen Corporate Governance und Performance. Studien hätten ergeben, dass *«die Verbesserung von Performance und Wertsteigerung in der Regel mit dem Tätigwerden von aktiven, interessierten und involvierten Aktionären in Verbindung gebracht werden kann.»* Also kann durch verbesserte Corporate Governance das Dilemma zwischen Sicherheit und Effizienz überbrückt werden. Themen wie Corporate Governance oder Compliance werden meist ausschliesslich auf die Finanzdienstleister, also die Angebotsseite der Finanzmärkte bezogen, aber *«eher selten mit dem privaten Sektor, den Nachfragern nach Finanzdienstleistern, in Verbindung gebracht»*, erklärt Doris Schönemann. *«Grundsätzlich haben die privaten Haushalte im Wirtschaftskreislauf eine Gläubigerposition inne. Dies ist nichts Neues und letztlich waren die privaten Haushalte immer die Träger von Risiken, die jedoch in unterschiedlichem Ausmass von den Intermediären – also den Banken, Versicherungen und dem Staat – abgefedert wurden. Heute ist bei näherer Betrachtung festzustellen, dass Risiken vermehrt auf den privaten Sektor übertragen wurden. Die sozialen Sicherungssysteme sind angesichts von Demographie und Globalisierung überfordert und nicht mehr tragfähig in der ursprünglichen Konzeption. Eine Antwort darauf besteht darin, dass die Bürger mehr Eigenverantwortung für ihre Altersvorsorge, Gesundheit und Ausbildung übernehmen sollen. Dies hat Auswirkungen auf das Risikoprofil der privaten Haushalte und damit auch auf die Stabilität des Finanzsystems.»* Doris Schönemann plädiert deshalb für eine Ausbildung in Richtung Financial Literacy als wichtigste Voraussetzung, damit private Haushalte ihre Aufgabe der Compliance wahrnehmen können.

Je besser die Financial Literacy der privaten Haushalte als Gläubiger der Wirtschaft, desto weniger Regulierung ist nötig. Beat Fraefel weist darauf hin, dass die Finanzindustrie neben der Pharmaindustrie zu den am stärksten regulierten Branchen gehört: *«Durch neue Anforderungen aus Politik, Produktinnovationen oder Gesellschaft entstehen – häufig getrieben durch Skandale – lau-*

fend neue Regularien, deren Umsetzung und Anwendung zunehmend schwieriger und teurer wird. Es ist deshalb nicht verwunderlich, dass vermehrt von «Überregulierung» gesprochen wird und der Ruf nach weniger Compliance laut wird.» Er verweist auf den kritischen Faktor Vertrauen und das zunehmend wichtiger werdende Reputational Management. Dieses jedoch basiert nicht nur auf einer überlegten Kommunikation sondern vor allem auf einer effektiven Compliance. *«Es ist deshalb anzunehmen, dass sich Finanzinstitute zunehmend selbst Regeln auferlegen, um für Kunden, Aktionäre und Öffentlichkeit ein berechenbarer Partner mit nachweisbar nachvollziehbarem Handeln zu sein»*, erklärt Fraefel. Hohe Kosten verursacht auch der stete Kampf gegen die Geldwäscherei. Für Hans Geiger stehen die Kosten in keinem Verhältnis zum erzielten Nutzen in Form der Reduktion der kriminellen Vortaten: *«Trotz der grundsätzlichen Befürwortung der Finanzmarktregulierung haben sich in den letzten Jahren unter dem Stichwort «Überregulierung» Kritiken gehäuft. Eine Studie des Centre for the Study of Financial Innovation kam 2005 zum Schluss «the remorseless rise in regulation has become the greatest risk facing the banking sector.» Besonders ausgeprägt war in den letzten Jahren weltweit das Wachstum der Kosten der Geldwäschereibekämpfung. Untersuchungen in Grossbritannien und in der Schweiz zeigen, dass unter allen Vorschriften diejenigen zur Geldwäschereibekämpfung bei den Banken die höchsten Kosten erzeugen. Die Kritik kommt nicht nur von Seiten der Banken, Vertreter der Aufsicht äussern sich in ähnlicher Art.»*

Gutgemeinte kontraproduktive Regulierung

Das internationale Finanzsystem mit seinen vielfältigen Produkten und Innovationen ist derart unübersichtlich geworden, dass ein Zuviel an Regulierung kontraproduktiv wirkt. Kontraproduktiv im Sinne eines steigenden Papierkrams mit zunehmenden Administrationspflichten einerseits und sinkender Eigenverantwortung andererseits. Man füllt die Formulare aus, erfüllt so die vorgegebenen Standards und damit hat es sich. Ein Rückblick auf die vergangenen 20 Jahre bestätigt diese Tendenz. Damals in den frühen 80iger Jahren, als es noch keine Eigenmittel-Standards gab, verfügten alle Schweizer Grossbanken über die Höchstnote AAA sämtlicher internationaler Rating-Agenten. Dann wurden vom Basler Ausschuss für Bankenaufsicht im Gefolge der Bankenkrise in Japan Richtlinien in Form von Eigenmittel-Quoten erlassen. Diese Quoten richteten sich damals nach den kränkelnden japanischen Banken. Fast gleichzeitig wurde aufgrund internationaler Rechnungslegungs-Reformen die Bildung stiller Reserven abgeschafft. Beides führte dazu, dass die wegen der vorher fehlenden Standards vorsichtigen «überkapitalisierten» Schweizer Banken begannen, aus Gründen der Wettbewerbskonformität ihr reichlich dotiertes Eigenkapital abzubauen und vermehrt auf die Eigenmittel-Rendite zu achten. Damit wurden sie anfälliger auf Marktschwankungen.

Heute verfügt keine Schweizer Grossbank mehr über die Höchstnote der internationalen Ratingagenturen.

Die Aufsichtsbehörden verfolgten das rasant steigende Ausserbilanz-Geschäft der Banken mit zunehmender Sorge und erliessen Kapitalunterlegungs-Vorschriften für den riskanten Eigenhandel der Banken mit dem Effekt, dass ganze Eigenhandels-Abteilungen ins Hedge Fonds Geschäft ausgelagert wurden. Hedge Funds sind jedoch keine Banken und unterliegen keiner expliziten Aufsichtspflicht. Folglich haben sich die Risiken in den nicht regulierten Bereich verlagert. Riskante Geschäfte weichen automatisch in nicht regulierte Marktnischen aus, wenn sie einer vermehrten Aufsicht unterstellt werden. Wäre es nicht besser, riskante Geschäfte bei den Banken zu belassen und diese vermehrt in die eigenverantwortliche Pflicht zu nehmen? Zuviele Regeln sind kontraproduktiv und erhöhen das Risiko, statt dieses – wie beabsichtigt – zu eliminieren. Ein zu grosses Regel-Dickicht baut nicht nur die Eigenverantwortung der Marktteilnehmer ab. Es führt zu einer allgemeinen Verwirrung. Denn nicht immer sind Regeln klar und einfach zu interpretieren. Nur die Eigenverantwortung der Marktteilnehmer – unterstützt durch eine moderate Regulierung – kann effizient für die Sicherheit des Finanzsystems garantieren.

Herzlichen Dank

Ich danke
den Autoren für Ihre kompetenten Beiträge,
der Familien-Vontobel-Stiftung für die grosszügige finanzielle Unterstützung
und dem Verlag Schulthess für die konstruktive Zusammenarbeit

Brigitte Strebel-Aerni

Brigitte Strebel-Aerni, lic.oec. HSG, ist freie Publizistin und Consultant. Sie besitzt ein Börsenhändler-Diplom der Schweizer Börse SWX. Nach dem Abschluss ihres Studiums in Wirtschaftspolitik an der Universität St.Gallen war sie zunächst als wissenschaftliche Mitarbeiterin an der heutigen Konjunkturforschungsstelle (ehemals Institut für Wirtschaftsforschung) an der ETH Zürich, dann in der Wirtschaftsredaktion der Neuen Zürcher Zeitung tätig. Danach redigierte sie als geschäftsführende Redaktorin einen wöchentlich erscheinenden Konjunkturbericht. Bevor sie sich für die Selbständigkeit  entschieden hat, zeichnete sie während 16 Jahren als Chefredaktorin eines unabhängigen Fachmagazins für Bankmanagement verantwortlich.

Brigitte Strebel-Aerni, Postfach 228, 8907 Wettswil, www.strebelconsulting.ch

Kapitalmärkte:
Herausforderungen & Chancen

Reto Francioni

Börsen als Fundament funktionierender Kapitalmärkte

Die internationalen Kapitalmärkte befinden sich inmitten eines tief greifenden Strukturwandels. Die Elektronisierung der Märkte ist auf globaler Ebene nahezu abgeschlossen. Sie wird inzwischen fortgeführt und weiter potenziert durch den automatisierten, algorithmischen Handel. International fallen Schranken, die Umsätze an den Börsen und im OTC-Geschäft wachsen weiter, neue Finanzinstrumente decken jeden Bedarf. Die supranationale Integration rechtlicher Rahmenbedingungen, vor allem innerhalb der Europäischen Union, doch auch durch globale Abkommen wie die International Financial Reporting Standards führen zu einer wesentlichen Erleichterung grenzübergreifender Kapitalflüsse. Zugleich treten immer wieder neue Finanzmarkt-Akteure auf den Plan, die global aufgestellt, auf komplexe und risikoreiche Transaktionen spezialisiert sind und sich der Finanzmarkt-Regulierung weitgehend entziehen. Diese Veränderungen führen die Kapitalmärkte nicht nur in eine neue Dimension. Dadurch erhöhen sich die Wettbewerbsintensität, der Druck zur Effizienzsteigerung und das Innovationstempo. Und: Sie ziehen – zu Recht – ständig steigende Anforderungen an die Sicherheit und das Managen von Risiken nach sich.

So positiv die generelle Entwicklung aus Sicht der Anleger auch ist, so birgt sie doch zugleich Risiken für die Systemstabilität: Die Finanzmarktinfrastruktur – vom Zahlungsverkehr über den Börsenhandel bis hin zu Clearing und Settlement – muss eine immense Steigerung der Transaktionszahlen bewältigen. Die Bank für internationalen Zahlungsausgleich registriert für den Zeitraum 2000 bis 2005 nahezu eine Verfünffachung des börslichen Handels in Finanzderivaten, von 1,4 Milliarden auf 6,7 Milliarden Kontrakte. Innovative Finanzprodukte und Handelsstrategien ermöglichen zwar überdurchschnittliche Renditen, doch mit ihrer Komplexität steigen auch die Herausforderungen an ihre Kontrolle und Überwachung. Die Stabilität des Finanzmarktsystems wiederum ist Conditio sine qua non für die langfristige Fortführung von Wachstum und Effizienzsteigerung. Risikomanagement wird somit zur notwendigen Ergänzung einer auf permanente Innovation ausgelegten Entwicklung.

Eine der zentralen Funktionen der Börse – neben Kapitalallokation, Liquiditätsschaffung und Unternehmensbewertung – ist die Risikotransformation. Diese deckt ein breiteres Spektrum von Risiken ab. An den weltweiten Finanzmärkten haben wir es mit drei Arten von Risiken zu tun: 1. Marktrisiken, 2. Kontrahentenrisiken, 3. operationale und Transferrisiken.

Die den Börsen zugeschriebene Risikotransformationsfunktion bezieht sich üblicherweise auf das Marktrisiko: Durch die Losgrößentransformation am Primärmarkt wird das Risiko einer Kapitalanlage in kleinere Einheiten aufgeteilt, so dass es diversifiziert werden kann. Zudem erhalten Anleger durch einen liquiden Sekundärmarkt die Möglichkeit, ihr investiertes Kapital jederzeit zu tiefsten Kosten in Bargeld zurückzuverwandeln, so dass sie auf das Risiko einer veränderten Bewertung ihres Vermögensportfolios durch Umschichtungen reagieren können. Der Terminmarkt bietet darüber hinaus die Möglichkeit zum Hedging von Risiken ex ante für den Fall einer den Erwartungen zuwiderlaufenden Marktentwicklung.

Moderne Börsenorganisationen haben jedoch ihre Kernkompetenz im Risikomanagement auf die beiden anderen Arten von Risiko ausgedehnt: Durch die Funktionalität des zentralen Kontrahenten wird das Kontrahentenrisiko auf alle Marktteilnehmer verteilt. Und durch das Angebot sicherer Handels- und Abwicklungssysteme werden die operationalen und Transferrisiken minimiert.

Börsen erhöhen somit die Systemsicherheit auf dem Kapitalmarkt insgesamt – und schaffen damit die Rahmenbedingungen für Effizienzsteigerung und Innovation. Vor allem die deutsch-schweizerischen Kooperationen der Deutschen Börse – wie Eurex und Eurex Clearing –, aber auch andere Anbieter liefern anschauliche Beispiele für die Ausübung der Risikotransformationsfunktion in der Praxis. Dies soll in den folgenden Abschnitten für jeden der drei Typen von Risiken genauer beschrieben werden.

Marktrisiken: produktbezogenes Risikomanagement am Terminmarkt

An Terminmärkten werden Produkte gehandelt, die zur Absicherung gegen das Risiko einer unerwarteten Marktentwicklung dienen. Aufgrund ihrer Hebelwirkung eignen sich Derivate selbstverständlich auch für spekulative Handelsstrategien. In ihrer ursprünglichen Funktion als Warenterminbörsen, die zur Absicherung gegen die Unwägbarkeiten in der Preisentwicklung von landwirtschaftlichen Produkten oder Rohstoffen entwickelt wurden, sind sie jedoch Instrumente des produktbezogenen Risikomanagements.

Die Zahl dieser Produkte ist seit der Entwicklung der Methode zur Berechnung von Optionspreisen durch Fischer Black und Myron Scholes in den 1970er Jahren immens gewachsen. Nicht standardisierte Derivate werden vornehmlich ausserbörslich gehandelt, während der Schwerpunkt bei standardisierten Derivaten bei den Börsen liegt. Allein die Entwicklung standardisierter Produkte im Derivatebereich ist bereits ein Beitrag zur Finanzmarktstabilität. Denn zum einen verfügen standardisierte Derivate über eine höhere Liquidität. Bei liquiden Produkten wiederum ist das Ausmaß der Preisschwankungen naturgemäß geringer als bei illiquiden. Zum anderen verfügen bei standardisierten Aktien sowohl die Marktteilnehmer als auch die Aufsichtsbehörden über eingeführte analytische Tools zur Wertermittlung und Prognose, so dass der Handel in diesen Produkten besser beherrschbar ist.

Dies bedeutet aber nicht, dass der Börsenhandel in Derivaten auf wenige Produkte beschränkt wäre. An der Eurex werden nicht nur Derivate auf Zinsen, Aktienindizes, Einzelaktien und ETFs gehandelt. Auch das Maß für Marktrisiken selbst – die Volatilität – wird von der Deutschen Börse als Index abgebildet, der wiederum als Basis für Derivate dient. Insgesamt wurden 2005 rund 300 verschiedene Optionen und Futures an der Eurex gehandelt.

Während an anderen Märkten traditionelle Börsenbetreiber zunehmend Konkurrenz von ausserbörslichen Akteuren bekommen, so ist der Trend am Derivatemarkt umgekehrt: Zwar dominiert der ausserbörsliche Handel noch mit großem Abstand. Doch das Nominalvolumen der ausstehenden Kontrakte ist in den Jahren 2000 bis 2005 an den Börsen um durchschnittlich 32 Prozent gestiegen, an den ausserbörslichen Märkten dagegen «nur» um 23 Prozent.

Was also sind die Vorteile, die den börslichen Handel in Derivaten so attraktiv machen? Der zentrale Vorteil liegt in der Schaffung von Vor- und Nachhandelstransparenz. Die Quotes an Terminbörsen liegen allen Marktteilnehmern vor, und sie sind allen zu gleichen Bedingungen zugänglich. Die Trades wiederum werden ebenso in Realzeit allen Marktteilnehmern zur Verfügung gestellt. Auf diese Weise stellen Börsen den Marktteilnehmern Informationen zur Verfügung, anhand derer sie die Marktrisiken selbst einschätzen können.

Nach der EU-Marktmissbrauchsrichtlinie unterliegen sämtliche europäische Börsen der Handelsüberwachung zur Kontrolle von Marktmanipulation und Insiderhandel. In Deutschland schreibt der Gesetzgeber jeder Börse die Einrichtung einer Handelsüberwachungsstelle mit öffentlich-rechtlichem Status vor. Werden, wie dies bei der Deutschen Börse der Fall ist, Kassa- und Terminmarkt von der gleichen Trägerorganisation betrieben, so kann die Handelsüberwachungsstelle auch etwaige Manipulationen aufdecken, die beide Märkte zugleich betreffen. Die auf diese Weise erreichte Steigerung der Marktintegrität trägt auch zur Senkung des Marktrisikos bei.

Kontrahentenrisiken: akteursbezogenes Risikomanagement durch zentrale Kontrahenten

Ein zentraler Kontrahent tritt im Börsenhandel als Intermediär auf, und zwar als Käufer für jeden Verkäufer und als Verkäufer für jeden Käufer. Dies hat drei Effekte: Erstens wird der Handel komplett anonymisiert – auf den Handelsbestätigungen wird nur der zentrale Kontrahent als Gegenseite genannt. Zweitens ermöglicht der zentrale Kontrahent multilaterales Netting. Dadurch sinkt das Volumen der abzuwickelnden Transaktionen erheblich – und damit auch das Risiko, dass es zu Fehlern bei der Verrechnung und Lieferung von Finanzinstrumenten kommt. Drittens garantiert der zentrale Kontrahent die Zahlung bzw. die Auslieferung des Instruments. Er verteilt damit das Ausfallrisiko auf sämtliche Marktteilnehmer um. Sie zahlen in einen Sicherungsfonds ein, der für etwaige Ausfälle aufkommt. Der zentrale Kontrahent erfüllt somit die Funktion des akteursbezogenen Risikomanagements.

Anfänglich waren zentrale Kontrahenten als Clearinghäuser vor allem an Terminmärkten gebräuchlich. Besonders elektronische Märkte mit ordergetriebenem Handel und – vielfach europaweiten, manchmal sogar globalen – «remote members» sind darauf angewiesen, spezielle Maßnahmen zur Kontrolle des Kontrahentenrisikos zu treffen. Denn während an traditionellen Präsenzbörsen die Börsenmitglieder einander einschätzen und somit ihre Risiken begrenzen können, ist beim automatischen Ordermatching im internationalen elektronischen Handel eine solche direkte gegenseitige Kontrolle nicht möglich. Indem der zentrale Kontrahent bei jedem Trade zwischen die beiden Transaktionspartner tritt, übernimmt er die Risiken, die an der Peripherie bei schwächeren Handelsteilnehmern entstehen können. Das Modell findet inzwischen mit der zunehmenden Internationalisierung des Handels auch an anderen Märkten Anwendung.

Operationale und Transferrisiken: prozessbezogenes Risikomanagement durch Handels- und Abwicklungssysteme

Die elektronischen Systeme für den Betrieb des Börsenhandels und der Abwicklung garantieren den Handelsteilnehmern maximale Verfügbarkeit und minimale Fehleranfälligkeit. Sie sind somit Instrumente des prozessbezogenen Risikomanagements.

Für den Betreiber einer elektronischen Börse ist die Gewährleistung einer stabilen Handelsinfrastruktur ein zentrales Qualitätsmerkmal im Wettbewerb der Börsensysteme. Stabilität hat in diesem Zusammenhang zahlreiche Facetten. Die wichtigsten Unterziele sind folgende:

- Datenintegrität
- Fehlertoleranz
- Katastrophenresistenz
- Wiederherstellbarkeit
- Verfügbarkeit
- Verarbeitungskapazität
- Skalierbarkeit
- Antwortzeiten
- Ausführungsgeschwindigkeit
- Allgemeine Anforderungen: Portabilität, Wartungsfreundlichkeit, Auditabilität

Eine weitere Möglichkeit zur Absicherung gegen operationale und Transferrisiken besteht in der organisatorischen Integration der dem Handel nachgelagerten Clearing- und Settlement-Bereiche. Vertikale technische Integration ermöglicht die vollautomatisierte Bearbeitung von Orders von der Eingabe bis hin zur Verwahrung der betroffenen Wertpapiere («Straight-through-Processing»). Die Erfahrung zeigt, dass diese Organisationsform wesentlich weniger anfällig für Fehler als die Abwicklung über organisatorisch getrennte Post-Trade-Dienstleister ist.

Schlussfolgerung

Die gemeinsame Pointe der aufgeführten Beispiele ist einfach: Systemstabilität an den Finanzmärkten ist nicht allein Sache der Regulierungsbehörden. Selbstverständlich ist eine effektive Finanzmarktaufsicht im gemeinsamen Interesse aller Marktteilnehmer, und die Sicherung des Funktionierens von Märkten ist eines ihrer wichtigsten Ziele. Damit dieses berechtigte Anliegen jedoch nicht in Überregulierung endet, muss die Selbstregulierungsfähigkeit des Finanzsektors gewährleistet werden. Börsen spielen dabei eine Schlüsselrolle: Als gemeinsame Plattform von Emittenten, Anlegern und Intermediären besteht ihr Geschäftsmodell im Interessenausgleich. Eine zentrale Ausformung dieses Interessensausgleichs, einer der wichtigsten Gründe für ihre Nutzung ist die Transformation von Risiken innerhalb und zwischen diesen drei Kundengruppen.

Das vorliegende Buch befasst sich mit wichtigen Beiträgen herausragender Autoren und Experten der internationalen Finanzmärkte mit einem zu Recht äußerst viel diskutierten Thema: der Frage nach dem Ausgleich zwischen Effizienz und Sicherheit. Wahrscheinlich ist dieser Gegensatz gar keiner: Effizienz ist ohne Sicherheit nicht erreichbar. Und ohne Effizienz sind die internationalen Finanzmärkte nicht sicher und damit nicht funktionsfähig. Dieses Buch kommt für die Akteure an den Märkten zur rechten Zeit, und es geht den richtigen Fragen nach. Die Antworten darauf werden uns noch lange – auch über dieses Buch hinaus – beschäftigen. Aber der Herausgeberin, der von mir sehr geschätzten Frau Brigitte Strebel kommt das Verdienst zu, als erste und mit großer Aufmerksamkeit dieses wichtige Thema zu adressieren.

Dr. Reto Francioni, Vorstandsvorsitzender Deutsche Börse AG

Geforderter Börsenmanager

An den internationalen und vor allem an den europäischen Börsenplätzen akzentuieren sich die Konsolidierungsbewegungen. In Deutschland gibt es nach wie vor verschiedene Börsenplätze. Unangefochtener Leader ist jedoch die Frankfurter Börse. Hier ist auch der Sitz der Deutsche Börse AG, die von Dr. Reto Francioni sei November 2005 geleitet wird. Immer wieder ist die Deutsche Börse im Gespräch mit möglichen Fusionspartnern.

Seit April 2002 gehört Reto Francioni dem Verwaltungsrat der Eurex an. An der Eurex werden standardisierte Optionen und Futures gehandelt. Es handelt sich hier um ein sehr erfolgreiches Joint Venture zwischen der Deutschen Börse AG und der Schweizer Börse SWX. Bei dieser war Reto Francioni von April 2002 bis Oktober 2005 als Vorsitzender des Verwaltungsrats und Präsident SWX, Swiss Exchange tätig. Bevor er diese Aufgabe übernahm, war er Co-CEO der Consors AG mit Sitz in Nürnberg. 1993 wurde Reto Francioni in den Vorstand der Deutsche Börse AG berufen. Er war verantwortlich für den gesamten Bereich Kassamarkt. 1999 wurde er stellvertretender Vorstandsvorsitzender der Deutsche Börse AG.

Reto Francioni studierte Jura in Zürich, wo er auch promovierte. Er hatte verschiedene Führungspositionen im Börsen- und Bankenbereich in der Schweiz und den USA inne und war im Direktorium des Bereichs Corporate Finance der Hofmann LaRoche AG tätig.

Reto Francioni ist außerordentlicher Professor für Economics and Finance an der Zicklin School of Business am Baruch College der City University in New York sowie Mitglied des Internationalen Beirats des Instituto de Empresas, Madrid. Seit 2006 lehrt Reto Francioni als Professor an der Universität Basel Angewandte Kapitalmarktforschung.

Dr. Reto Francioni, Vorstandsvorsitzender Deutsche Börse AG,
Neue Börsenstr. 1, 60487 Frankfurt/Main

Henri B. Meier

Betrachtungen zur Effizienz der Finanzmärkte
Zusammenfassung eines Interviews

Eines der grössten Probleme fortgeschrittener Volkswirtschaften mit einer deutlichen Tendenz zur Überalterung liegt in der Blockierung eines bedeutenden Anteils der Ersparnisse in nicht direkt produktiven Anlagen. Daraus ergibt sich paradoxerweise eine Analogie zu den Entwicklungsländern, die oft über grosse Ersparnisse verfügen, denen jedoch Intermediäre fehlen, um solche Kapitalien effizient und produktiv zu allozieren. China mit seinen riesigen Ersparnissen im Ausmass von 46 Prozent des Bruttosozialprodukts ist sich dieser Problematik bewusst und will diese Kapitalien vermehrt in zukunftsträchtige innovative Wirtschaftssektoren leiten.

Früher prägten private Grossinvestoren wie Alfred Escher die wirtschaftliche Entwicklung in der Schweiz. Dies waren Unternehmer im eigentlichen Sinne des Wortes: Sie riskierten ihr namhaftes Vermögen zur Verwirklichung ebenso visionärer als auch gewagter Ideen wie zum Beispiel des Gotthard-Tunnelbaus. Heute steckt ein Grossteil dieser Kapitalien im Pool der Altersvorsorge (AHV, Pensionskassen und Lebensversicherungen) und fliesst nicht mehr direkt in produktive Anlagen. Der Staat schreibt die Anlage-Strategie im Wesentlichen vor, welche von Beamten oder Managern umgesetzt und nicht mehr vom Eigentümer direkt bestimmt wird. Neue Kanäle sind deshalb zur Schaffung von Mehrwerten erforderlich. Vermögen, die von Family Offices verwaltet werden, stammen in den meisten Fällen aus dem Verkauf eines produktiven Unternehmens. Dem entsprechend werden sie von Vermögensberatern oder Asset Managern verwaltet, die auf das Anlegen von Geld spezialisiert sind, nicht aber auf die direkte Wertschöpfung beim Aufbau von Unternehmen. Beim Erwerb von Aktien an der Börse findet einzig ein Besitzerwechsel statt. Falls sich dieser Aktienkurs positiv entwickelt, resultiert aus dem Kursgewinn eine Abschöpfung dieser Wertsteigerung.

Das Allokations-Dilemma

Finanzmärkte haben die Aufgabe, die Ersparnisse der Volkswirtschaft effizient in produktive Investitionen zu leiten. Dieses primäre Ziel ist zurzeit in den Hintergrund gerückt. Hedge Funds sind selten auf volkswirtschaftliche Wertschöpfung ausgerichtet. Sie können dennoch volkswirtschaftlich nützliche Funktionen ausüben, indem sie zum Beispiel Kurs- und Wertschwankungen ausgleichen. Wenn aber Manager von Hedge Funds aufgrund ihrer Investmententscheide die Marktschwankungen verstärken, kann dies die Volatilität erhöhen. Hedge Funds mit hochspekulativen Anlage-Strategien sollten keinesfalls mit geborgtem Geld von Banken operieren, damit keine Systemrisiken entstehen können. Der Kleinanleger, der solche Risiken nicht beurteilen kann, sollte geschützt werden.

In den hoch entwickelten europäischen Gesellschaften ist ein Grossteil der Ersparnisse in den Einrichtungen der Altersvorsorge blockiert. Strikte Anlagerichtlinien bestimmen die Investment-Strategie. Die Wirtschaft ihrerseits benötigt für ihre Innovationen echtes Risiko-Kapital. Das System der Altersvorsorge wiederum setzt eine gesunde entwicklungsfähige und florierende Wirtschaft voraus. Daraus ergeben sich zwei Hauptprobleme: Zum einen entsteht ein Engpass für die Risiko-Kapitalvermittlung und zudem verfügen unsere Finanzinstitutionen nicht über die erforderlichen Fachkräfte, um die hochinnovativen Unternehmen und ihre Produkte oder Werkstoffe beurteilen zu können. Die Intermediation von Risikokapital benötigt hochspezialisierte

Fachleute, die sich schwerlich in ein Finanzinstitut integrieren lassen. Andererseits haben diese in der Regel jungen Spezialisten mit ihren innovativen Ideen keinen Zugang zum Kapital. Deshalb bräuchte es vermehrt so genannte Intermediäre als Vermittler von Know-how und Kapital. Erforderlich wären personell hochspezialisierte Finanzinstitute im Sinne von «Risikokapital-Banken», die sich vollständig der Risikokapital-Finanzierung in ganz eng umschriebenen Fachgebieten, zum Beispiel der Chemie, Pharma, Bio- und Nanotechnologie oder Werkstoffen widmen. Sie müssten eine grössere Anzahl von Unternehmen finanzieren, um ihr Risiko entsprechend zu diversifizieren. Als Variante könnte via Fund of Fund Konstruktionen das Risiko noch breiter abgestützt und diese Investments selbst für Kleinsparer zugänglich gemacht werden. Der typische Fund of Fund richtet sich in der Regel an institutionelle Investoren sowie an UHNWI (Ultra High Networth Individuals). Bis anhin geben solche Fund of Funds nur Zertifikate mit minimalen Stückelungen von 100'000 bis 1 Million Franken heraus. Ein breit angelegter Fund of Fund vereint die verschiedensten Branchen und hunderte von Unternehmen. Bedauerlicherweise sind in den Anfangszeiten dieser Funds nicht nur in den USA sondern auch in Europa Venture Capitalists am Markt aufgetreten, die zu wenig von der Materie verstanden haben und durch ihren Misserfolg der Branche einen echten Bärendienst erwiesen haben.

Wertschöpfung als Voraussetzung der Abschöpfung

Während die Institution «Fund of Funds» als Verteiler von Risiken gut etabliert und von den Investoren weitgehend akzeptiert ist, fehlen in Kontinentaleuropa die fachlichspezifisch hochqualifizierten Fonds, welche den innovativen Jungunternehmern der zukunftsträchtigen Spitzentechnologie die erforderlichen Finanzmittel zur Verfügung stellen können. Hochkostenländer wie die Schweiz bangen grundsätzlich, um an der Spitze des technologischen Fortschritts mit dem kontinuierlichen Strom von Innovationen mithalten zu können. Es fehlt an Institutionen zur Vermittlung von Risikokapital- und «Mezzanine»-Finanzierungen an innovative KMU's.

Die Banken waren im letzten Jahrzehnt sehr innovativ bei der steten Entwicklung neuer Anlageinstrumente. Das Kreditgeschäft, vor allem jenes mit kleinen und mittleren Unternehmen, verharrte in den traditionellen Bahnen und hat sich kaum weiter entwickelt. Neue Finanzierungsinstrumente sind erst in der Testphase. Die vor kurzem gegründete Gesellschaft BiomedCredit stellt jungen erfolgreichen Unternehmen im Bereich der Bio-Medizin und Biotechnologie Wachstums-Kredite zur Verfügung. Einem jungen Unternehmen, das sehr erfolgreich ein bestimmtes Enzym herstellt und in der Schweiz profitabel vermarktet, wird zum Beispiel die Expansion nach Japan durch BiomedCredit finanziert. Eine Finanzierung über einen traditionellen Bankkredit käme nicht in Frage, weil die Bank weder das Produkt noch den japanischen Markt genügend beurteilen und bewerten kann. Zudem würde die Eigenkapitalquote des Unternehmens wegen der Kreditaufnahme markant sinken, was für die finanzierende Bank ein zusätzliches Risiko bedeuten würde. Weil der Patentschutz für diese Produkte zeitlich begrenzt ist, kann das Unternehmen nicht warten, bis die notwendigen Mittel in Form akkumulierter Gewinne zur Verfügung stehen. BiomedCredit gewährt dem Jungunternehmen eine Finanzierung auf 5 Jahre zu einem marktüblichen Zinssatz. Danach will die Finanzierungsgesellschaft an der bisher erfolgten Wertschöpfung teilhaben mit der Zielsetzung, eine Bruttorendite vor Abschreibung von ca. 20 Prozent zu erwirtschaften. Dieses Modell mit einem anfänglichen Kapitalstock von ca. 50 Millionen Franken finanziert inzwischen ein halbes Dutzend solcher Firmen. Natürlich werden sich nicht alle von BiomedCredit finanzierten Unternehmen als dermassen rentabel erweisen. Aber selbst wenn die Fehlerquote 30 Prozent betragen sollte, ergibt dieses Finanzierungsmodell eine beachtliche durchschnittliche Rendite von 12 Prozent.

Sofern sich das Modell der «Mezzanine»-Finanzierungen bewährt, könnte es von den Retailbanken übernommen und flächendeckend in der ganzen Schweiz ausgebaut werden. Für den Bereich Biomedizin wären allein in der Schweiz ca. eine Milliarde Franken nötig. Der Schweizer Finanzmarkt müsste das Kapital in jene Unternehmen lenken, die innovative Ideen kreiieren und umsetzen. Anstelle von Risiko-Kapital, wofür das heutige Bankensystem nicht geeignet ist, wird «Mezzanine»-Kapital vermittelt. Dieses stellt eine Mischung zwischen traditionellem Unternehmenskredit und Unternehmens-darlehen mit höherem Risiko und breiterer Streuung dar. Eine Finanzierung und Diversifikation solcher Risiken über den Kapitalmarkt liegt nicht nur in der Schweiz, sondern in ganz Kontinentaleuropa noch in weiter Ferne.

Börsen-Handel erfordert Mindest-Liquidität

Die HBM Bioventure Risikokapital-Gesellschaft, die Jungunternehmer der Biotechnologie rund um den Globus finanziert, gelangt erst an den Kapitalmarkt, wenn alle Mittel vollständig investiert sind und die Anleger wissen, in welchen Firmen das Kapital investiert wurde. In Anbetracht der grossen Risikostreuung ist ein Börsengang zumutbar. Ähnlich wie beim «Mezzanine Risikokapital-Kredit» muss dieses neue Finanzierungs-Vehikel vorgängig Erfolg und Wachstum ausweisen. Eine Finanzierung über den Kapitalmarkt erfordert einen Kapitalstock von ca. einer Milliarde oder mehr. Diese Minimalsumme muss sicher gestellt sein, weil erst eine gewisse Mindest-Liquidität einen geregelten Handel mit Wertpapieren erlaubt. Die Einführung dieses Finanzierungs-Modells in den geregelten Kapitalmarkt wird mehrere Jahre beanspruchen. Ein «Track Record», der die erwartete Performance aufzeigt, darf nach drei bis fünf Jahren erwartet werden. Das Beispiel Genentech zeigt, dass bis zum Bluechip ein langer Weg bevorsteht. Das Unternehmen wurde 1976 gegründet, 1990 von Roche mehrheitlich übernommen und verursachte fast ein Jahrzehnt lang rote Zahlen. Im Jahre 2000 ist sein Börsenwert explodiert und 2006 – 30 Jahre nach der Gründung des Unternehmens – wurde die Aktie in die Liste der Bluechips aufgenommen.

Langfristiges Denken versus kurzsichtige Optik

Langfristiges Denken in der Wertschöpfung steht heute in krassem Kontrast zur kurzfristigeren Sicht vieler Investoren. Ist diese kurzfristige Sichtweise angesichts der klar erkennbaren langfristigen demografischen Trends und der langfristigen Bindung von Kapitalien in der Altersvorsorge volkswirtschaftlich überhaupt noch sinnvoll? Vieles hat mit der Natur des Menschen zu tun, der öfters zur schnellen Raffgier neigt, während die Wirtschaft langfristig und nachhaltig eine Wertschöpfung im realistischen Ausmass von 2,5 bis 3,5 Prozent jährlich ausweist. Dieser Durchschnittswert trifft für «alles und nichts» zu. Heute werden in der Landwirtschaft Werte vernichtet, während öffentliche Betriebe wie die SBB kaum Wertschöpfung betreiben. Andere Wirtschaftssektoren müssen deshalb das relativ tiefe Durchschnittswachstum der Wertschöpfung bei weitem übertreffen. Die verarbeitende Industrie kann eine Wertschöpfung von 5–7 Prozent, die Pharmaindustrie längerfristig 7–12 Prozent ausweisen. Besonders innovative Unternehmen wie Genentech generieren z.Zt. eine Wertschöpfung von jährlich 25–30 Prozent. Der durchschnittliche Anleger möchte verständlicherweise an einem Markt partizipieren, der eine möglichst hohe Wertschöpfung erzielt. Es gibt jedoch keinen Markt, der über lange Perioden überdurchschnittliche Renditen generiert, denn die Märkte verhalten sich zyklisch. Bei einem Konjunktur-Tief gelingt es den wenigsten Wirtschaftszweigen positive Werte zu generieren. Investmentbanken versuchen für den Anleger jene Werte herauszufinden, die sich trotz Wirtschaftsflaute noch positiv entwickelt haben. Im Laufe der Zeit hat das Investmentbanking enorme Fortschritte betreffend Verständnis und Lösung von Problemen gemacht, was vor allem den Derivaten zu verdanken ist. Optionen und Futures können sich als sehr nützlich erweisen. Wenn der amerikanische Farmer seine Ernte bereits bei der Aussaat verkaufen und damit sein Risiko begrenzen kann, ist er auch zu Investitionen bereit und fähig, Risiken bezüglich seiner künftigen Ernte einzugehen. Ansonsten ist das Risiko zu gross und er müsste gleich zu Beginn auf eine Aussaat verzichten und würde folglich nichts produzieren. Mit den Investoren verhält es sich ähnlich: Viele würden sich gar nicht an gewisse Investitionen wagen, wenn ihnen keine Absicherungsmöglichkeiten angeboten würden.

Meine Investmentbanking-Karriere begann zur Zeit der japanischen Wandelanleihen. Sie entsprachen den damaligen Bedürfnissen des Schweizer Kapitalmarktes, der auf diese Weise die japanische Wirtschaft finanzierte, und diese auf ein höheres Wertschöpfungspotenzial hievte – ein durchaus positiver Beitrag an die japanische Volkswirtschaft. Ebenso nützlich erwies sich das schweizerische Emissionsgeschäft, das der Finanzierung von Infrastrukturprojekten verschiedener Staaten diente. Dies trifft auch für viele moderne Finanzinstrumente zu. Leider geraten nur die Fehlkonstrukte in die Boulevard-Presse, was sich Imagehemmend für den Kapitalmarkt und seine Akteure auswirkt.

Minimaler Regulierungsaufwand ist nötig

Grundsätzlich sollte der Staat nicht selbst in produktive Prozesse eingreifen, sondern mit einer massvollen Regulierung für die Wirtschaft optimale und international abgestimmte Rahmenbedingungen setzen.

Risiko wird sehr unterschiedlich wahrgenommen. Das hauptsächlichste Risiko liegt beim Missbrauch auf Grund mangelnder Transparenz oder exzessivem «Leverage» und erhöht sich mit der Komplexität der Anlageprodukte. Erstaunlicherweise platzieren viele Pensionskassen ihr Geld trotz mangelhafter Transparenz in Hedge Funds, während Venture Capital meist als zu riskant beurteilt wird. Dabei handelt es sich hier letztlich um Investitionen in produktive Teile unserer realen Wirtschaft. Deutlich weniger Zurückhaltung seitens der Pensionskassen besteht gegenüber Buy Out Funds, obwohl bei solchen Fonds der Hebeleffekt (Leverage) grösser ist.

Regulierung kann nicht einfach sämtliche Risiken eliminieren; gewisse vertrauensbildende Prinzipien für den Anlegerschutz sind jedoch absolute Voraussetzung. Das Bankwesen darf nicht zur Lotterie verkommen. Deshalb ist das Trennbanken-System nach amerikanischem Muster durchaus vertretbar, denn es begrenzt die Ausbreitung gewisser Systemrisiken und reduziert Interessenskonflikte. Der dem amerikanischen Trennbanken-System zugrunde liegende Glass-Steagall Act genügt den heutigen Anforderungen jedoch nicht mehr. Hier ist eine zeitgemässe Revision vordringlich.

Dominierende US-Gesetze

Die US-Gesetzgebung wirkt bis nach Europa. Das ist nicht nur positiv zu werten. Allein schon die Buchhaltungsvorschriften (US GAAP) der Amerikaner, die für alle ausländischen Firmen im US-Geschäft Gültigkeit haben, blähen die Administration und Bürokratie im Unternehmen auf. Mit dem Sarbanes-Oxley-Gesetz haben die Amerikaner auf die Firmenskandale der Vergangenheit überreagiert. Die USA haben aber eine grosse Regenerationskraft. Deshalb darf sich dieses Land mehr Fehler leisten als Europa. Dank dieser natürlichen Regenerationsfähigkeit werden in den USA gesetzliche Mängel nach einer eher kurzfristigen Erfahrungsperiode angepasst. Im Gegensatz dazu übernimmt die Schweiz von den USA unausgegorene Gesetze und Regulierungen, zementiert diese aber über Jahre hinweg.

Überraschenderweise vermag das vor 20 Jahren zum Defizitland und grössten Schuldner mutierte Amerika seinen Dollar immer noch als Weltreservewährung zu halten. Nach wie vor gelingt es den USA, der Welt die Dollarnote für hundert Cents zu verkaufen, obwohl dessen Herstellungskosten vielleicht bei einem Cent liegen. Jeder Anleger kennt die Versuchung der Politiker, ihre Schuldenlast durch Abwertung zu reduzieren. Dies hat nicht nur für die amerikanische Währung Konsequenzen, sondern auch für die Vormachtstellung des Finanz-Zentrums New York. Noch immer sind die USA der grösste Intermediär von Kapital. Rund drei Viertel aller Investitionen in den USA stammen aus dem Ausland. Ohne Friktionen werden die längst fälligen Korrekturen nicht über die Bühne gehen. Erinnerungen werden wach an die Zeit, als das britische Pfund seinen Leitwährungsstatus verlor. Dennoch bleibt nicht zuletzt wegen der geschickten, ausgeprägt an den eigenen Interessen orientierten US-Wirtschaftspolitik die Chance für ein so genanntes «Soft Landing» gewahrt.

Die richtige Information wird zum wichtigsten Kapital

In einer Zeit des Umbruchs wird es immer wichtiger, die richtigen Informationen zum richtigen Zeitpunkt zu beschaffen. Insbesondere der Venture Capitalist verwendet dafür am meisten Zeit. Bei sämtlichen Fachinformationen müssen die richtigen Quellen und Kanäle genutzt, die richtigen Spezialisten angepeilt, sowie geopolitische und weltwirtschaftliche Trends herausgeschält werden.

Entscheidend sind z.B. Informationen, welche die gesamte Weltwirtschaft beeinflussen werden, wie z.B. die Entwicklung der Volksrepublik China. Die chinesische Regierung beschäftigt sich zur Zeit intensiv mit Kapitalmarkt-Fragen, um die volkswirtschaftlichen Ersparnisse via Intermediäre in wertschöpfende junge innovative Unternehmen zu leiten. Das bedingt eine neue Kapitalmarkt- und Börsengesetzgebung sowie Neuerungen in der Gesetzgebung für Lebensversicherungen und Banken. Daran wird mit einer beachtlichen Effizienz gearbeitet. Die in Ausarbeitung begriffene neue chinesische Kapitalmarktgesetzgebung hat gute Aussichten punkto Effizienz jene der westlichen Welt zu übertreffen. Die chinesische Regierung ist sich sehr bewusst, dass die effiziente Kanalisierung von Kapital für Innovationen ein entscheidender Erfolgsfaktor der Wirtschaft von morgen sein wird. Die Wirtschaftspolitik Chinas hat bereits und wird auch weiterhin eine kontinuierliche Transformation unserer westlichen Volkswirtschaften zur Folge haben. Illustratives Beispiel dafür ist die verarbeitende Industrie, insbesondere die Textilindustrie. Dieser Trend wird sich weiter akzentuieren und noch beschleunigen. China verfolgt heute eine sehr intelligente Wirtschaftspolitik und könnte dem Westen in der Frage der optimalen Kanalisierung von Ersparnissen zu innovativen Unternehmen den Weg aufzeigen.

Die Chance ist gross, dass China und weitere «Emerging Countries» in ca. 30 Jahren nicht nur das Niveau der hoch industrialisierten Länder erreichen, sondern diese sogar übertreffen wird. Die meisten dieser Länder hatten in ihrer Geschichte bereits eine Blütezeit von Zivilisation und Kultur erlebt. In der Zwischenzeit sind sie während einigen Jahrhunderten abgetaucht und haben heute durchaus die kulturellen und zivilisatorischen Voraussetzungen, um zu einer erneuten volkswirtschaftlichen Blüte zu gelangen. China war im 15. Jahrhundert die Weltmacht Nummer eins und verfügte über einen enormen technologischen Vorsprung gegenüber dem Westen. Nur wusste das damals kaum jemand. Danach fand ein Abschottungs- und Selbstzerstörungsprozess statt, der das Land auf ein Niveau zurückfallen liess, das die spätere Eroberung durch fremde Mächte erlaubte. Im Westen gibt es heute Protagonisten des Protektionismus, die leicht zur Abschaffung und Paralyse führen könnte.

Rechtsstaat als Voraussetzung für sichere und effiziente Kapitalmärkte

Ein von Natur aus potenter und sehr rohstoffreicher Kontinent ist Afrika. Hier gibt es mit Ausnahme von Südafrika praktisch keine funktionierenden Kapitalmärkte im Sinne von effizienter Intermediation zwischen Angebot und Nachfrage. Trotzdem nimmt Afrika am Welt-Kapitalmarkt teil. Diese Beteiligung erfolgt einerseits durch Fluchtkapitalien, die an den Weltmarkt fliessen, und andererseits durch Entwicklungshilfegelder aus den entwickelten Staaten. Weder beim einen noch beim anderen handelt es sich um typische Kapitalflüsse. Das Fluchtkapital entsteht auf Grund mangelnden Vertrauens in die Regierungen und deren Politik. Deshalb fliesst es in jene Staaten, die eine stabile Rechtsordnung aufweisen. Absolute Voraussetzung für einen funktionierenden Kapitalmarkt ist der Rechtsstaat, der in den meisten afrikanischen Ländern einen schweren Stand hat. Andererseits versuchen die Industriestaaten verzweifelt mit Entwicklunghilfe in Milliardenhöhe diese Länder zu unterstützen. Die Erfahrung zeigt, dass mit Geld allein dieses Problem nicht zu lösen ist.

Südamerikanische Länder erfahren ebenfalls mit jedem Regierungswechsel eine dramatische Kapitalflucht vorwiegend in Richtung Nordamerika. Dennoch sind Anstrengungen zur Schaffung von Rechtsstaatlichkeit erkennbar. Neben dem Vertrauen der Bürger in die Rechtsstaatlichkeit ihres eigenen Landes ist auch das Vertrauen der Intermediäre in das Funktionieren der Eigentumsrechte wichtig. Immerhin haben inzwischen Chile, Mexiko, Brasilien und Argentinien eine gewisse Stabilität erreicht, die auch das Entwickeln von Kapitalmärkten erlaubt, selbst wenn die Qualität der Intermediäre noch zu wünschen übrig lässt.

Kapitalmärkte entstehen aber auch im Mittleren Osten, zum Beispiel in Dubai. Allerdings fehlen hier öfters gewisse Voraussetzungen wie die Garantie des Eigentums. Die oberste Macht in diesen Staaten liegt nach wie vor bei den Staatsoberhäuptern und nicht bei der Gesetzgebung. Erst wenn das Primat bei der Rechtsordnung liegt, können sich effiziente und sichere Kapitalmärkte entwickeln und festigen.

In Südostasien werden Ersparnisse bereits heute über nationale Kapitalmärkte in produktive Investitionen gelenkt, selbst wenn ihre Kapitalmärkte noch nicht so effizient und sicher sind. In Indien befindet sich ein Grossteil der Wirtschaft noch in Familienbesitz. Die Kapital-Akkumulation und -Verteilung findet innerhalb der bedeutenden Familien-Clans statt. Die optimale Lenkung der Kapitalströme von den Ersparnissen zu den Investitionen über den Kapitalmarkt ist eine wesentliche Voraussetzung für die optimale langfristige wirtschaftliche Entwicklung.

Steigende Bedeutung der europäischen Einheitswährung

Auch in Europa verfügen Länder wie Spanien und Italien noch nicht über wirklich effiziente Kapitalmärkte. Echte effiziente, international orientierte Finanzmärkte findet man in den USA, in Grossbritannien, in Skandinavien, in Frankreich, in Deutschland und in der Schweiz. Nach wie vor dominant ist die Stellung der USA als Intermediär der internationalen Kapitalflüsse. Dies ist nicht zuletzt auch der Funktion des Dollars als Leit- und Reservewährung zu verdanken. Mittlerweile mehren sich die Anzeichen, dass sich der Euro zu einer Art Gegengewicht zum Dollar entwickelt. Solange aber im Euro-Raum die Kapitalmarkt-Gesetzgebung auf nationaler Ebene erfolgt, sind die Voraussetzungen für einen einheitlichen europäischen Kapitalmarkt nicht gegeben. Die bisher von der EU-Kommission erlassenen Finanzmarkt- und Rechnungslegungs-Richtlinien sind als erster Schritt in Richtung Vereinheitlichung der europäischen Kapitalmarkt-Gesetzgebung zu werten. Innerhalb von Europa hält London als Drehscheibe für die internationalen Kapital- und Devisenströme nach wie eine unangefochtene Führungsstelle. Das britische Pfund als Währung ist dabei zu weniger als 50 Prozent beteiligt. Dank dem unnachgiebigen Festhalten der Schweiz an der Stempelsteuer ist auch der lukrative Gold- und Euroboundmarkt aus Zürich nach London ausgewandert.

Die Zukunft der Kapitalmärkte

Die Chancen für einen echten europäischen Kapitalmarkt sind intakt, umso mehr, als die europäischen Länder dabei sind, ihre Gesetzgebung zu harmonisieren. Dies dürfte in den nächsten 10 Jahren die wichtigste Entwicklung für den globalen Finanzmarkt darstellen. Bereits an zweiter Stelle ist die Entwicklung in China zu werten, wo eine Revolution in der Kapitalmarktgesetzgebung stattfindet. Zwar entscheidet heute noch der chinesische Staat über den Fluss der Ersparnisse, aber in den nächsten 10 Jahren wird sich ein funktionierender Kapitalmarkt herangebilden, der mit jenem in den USA oder in Europa vergleichbar ist. Seine Internationalisierung wird allerdings mehr Zeit in Anspruch nehmen.

Vor über 10 Jahren hatte der japanische Kapitalmarkt eine viel stärkere internationale Bedeutung als heute. Japan gelang es offensichtlich nicht, das Vertrauen der internationalen Finanzintermediäre für eine Drehscheibenfunktion in Südostasien zu gewinnen. Im Gegensatz dazu hat der Stadtstaat Singapur die besten Voraussetzungen geschaffen, um zu einem Umschlagplatz für internationale Kapitalflüsse zu werden. Seine Attraktivität für chinesische Investoren ist gross und steigt kontinuierlich für westliche Anleger. Singapur, das 1953 dasselbe Pro-Kopf-Einkommen aufwies wie Indien, hat sich u.a. aufgrund seiner Rechtsordnung in die oberste Liga der reichsten Staaten katapultiert. Dasselbe gilt auch für Hongkong. In Zukunft hängt dessen Entwicklung als Finanzzentrum stark vom Vertrauen internationaler Investoren in die Politik der VR China ab. Effiziente Finanzmärkte bilden sich nur dann, wenn die Kapitalströme unter rechtsstaatlicher Ordnung frei und flexibel fliessen können.

Die osteuropäischen Länder werden ihre Rechtsordnung an jene der Europäischen Union angleichen, was die Attraktivität ihrer Kapitalmärkte und ihr Wachstumspotenzial erhöht und somit die Aufgabe, volkswirtschaftliche Ersparnisse in produktive Investitionen zu lenken erleichtert. In vielen Entwicklungsländern herrscht Stagnation, weil hier effiziente Kapitalmärkte fehlen.

Gesättigte westliche Märkte benötigen Venture Capital

Das grösste Handicap des künftigen Wirtschaftswachstums Kontinentaleuropa ist der Mangel an Risikokapital für innovative Jungunternehmen im Kapitalintensiven Hochtechnologiebereich weil trotz der hoch entwickelten Kapitalmärkte die entsprechende professionelle Vermittlung weitgehend fehlt. In den wissenschaftlichen Disziplinen der Biotechnologie und Biomedizin findet gegenwärtig eine eigentliche Wissens-Explosion statt. Die Annahme, dass es sich hier um den eigentlichen Wachstumsmarkt des Jahrhunderts handelt, ist durchaus berechtigt. Neben Kapital ist das Wissen in Bezug auf die sachspezifischen Risiken entscheidend für die richtige Investition. Tagtäglich werden bahnbrechende neue Erkenntnisse gewonnen, die revolutionäre Entwicklungen provozieren können. Bei deren Finanzierung ist jedoch echte Professionalität gefragt. In der Forschung sind Ergebnisse nicht programmierbar, deshalb müssen die Risiken entsprechend diversifiziert werden. Der Financier muss somit in zahlreiche Unternehmen auf globaler Ebene investieren.

Dabei handelt es sich um echte Investitionen in die Realwirtschaft. Für kleine und mittlere Unternehmen braucht es als Institutionen «Venture Capital Companies», die sich auf solche Investments spezialisieren. Diese sind in den angelsächsischen Ländern weitverbreitet. In der Schweiz und generell in Kontinentaleuropa fehlen sie weitgehend. Als Folge fliesst das hierzulande gesparte Venture Capital vorwiegend in diese Regionen. Der Grossteil des bedeutenden Kapitalzuflusses in die Schweiz will absolute Sicherheit, die es schlechthin nicht gibt. Gewisse Fund of Funds, kommen diesem Bedürfnis entgegen indem sie solche Gelder auf die verschiedensten finanziellen Vehikel verteilen, welche sie v.a. in angelsächsischen Ländern finden.

Sicherheit und Effizienz ergänzen sich

Für den privaten Investor ist die Sicherheit und Verlässlichkeit der rechtlichen Rahmenbedingungen eines Landes entscheidend. Dazu gehört die Gewaltenteilung zwischen Exekutive, Legislative und Jurisprudenz. Nur einige wenige Länder sind diesbezüglich über jeden Zweifel erhaben.

Wagniskapitalgeber verfügen in der Regel über einen grossen Mitarbeiter-Stab, der sich ausschliesslich mit der Einschätzung und dem Management von Risiken befasst. Weit schwieriger als die Risiken eines Engagements in einem Entwicklungsland sind die Risiken der Entwicklung eines Medikamentes abzuschätzen. Bei letzteren geht es in erster Linie um die Rechtsstaatlichkeit, den Patentschutz, um «Intellectual Property» gemäss den Regeln von Corporate Governance nach amerikanischem Muster. Dabei gilt es zu unterscheiden zwischen dem übersteigerten Formalismus, wie er in den letzten Jahren in den westlichen Industriestaaten Einzug gehalten hat und den Prinzipien gemäss Treu und Glauben, nach denen sich die Unternehmen normalerweise ausrichten. Nur letztere führen zu echtem ethischen Verhalten. Der geballte Formalismus hat aber inzwischen zu einer extremen Bürokratisierung der überwachenden Organe in unserer Wirtschaft geführt. Dem Verwaltungsrat bleibt da immer weniger Zeit für echte Aufgaben wie die Unternehmenspolitik und strategische Zielsetzungen. Das Schwergewicht verlagert sich immer stärker auf die Kontrollfunktionen. Dabei geht wertvolle Zeit für die Auseinandersetzung mit der Zukunft verloren. Dies führt letztlich zu einem Effizienzverlust in der Wirtschaft; dort arbeiten kleine und mittlere Unternehmen in der Regel sehr viel effizienter, weil sie dem Formalismus weniger exponiert sind.

Die Auseinandersetzung mit der Zukunft wird überlebenskritisch. Die Industrienationen befinden sich heute in einer ähnlichen Lage wie vor hundert Jahren: Damals brach eine neue Technologie, die Dampfmaschine, gewaltsam festgewachsene Strukturen auf. Heute ist es die Informationstechnologie, die zu dramatischen Rationalisierungs- und Effizienzgewinnen im Dienstleistungsbereich und insbesondere bei den Banken geführt hat. Die richtige Information zur richtigen Zeit am richtigen Ort entscheidet über den Erfolg. Informationsbeschaffung erfordert Wissen und Know how und sehr viel Zeit. Richtig angewandt ist sie eine unerschöpfliche Quelle der Wertschöpfung.

Dr. Dr. h.c. Henri B. Meier, Privatinvestor und Venture Capitalist

Wertschöpfung und Nachhaltigkeit

Kaum ein Investor kann auf einen dermassen erfolg- und facettenreichen Erfahrungsschatz zurückgreifen, wie Henri B. Meier. Er hat die internationalen Kapitalmärkte aus der Sicht der Weltbank, der Investmentbanken und des globalen Pharmakonzerns erlebt. Als Privatinvestor und Risikokapitalvermittler ist er seinem langjährigen Grundsatz, der Vermittlung von Kapital als akkumulierter Konsumverzicht in produktive Investitionen, treu geblieben.

Henri B. Meier bezeichnet seine insgesamt 10-jährige Tätigkeit bei der Weltbank, zuletzt als Divisionschef unter dem damaligen Weltbank-Chef und früheren US-Verteidigungsminister McNamara, als seine ernüchternste aber auch interessanteste. Ernüchternd weil er als junger Idealist die Welt verbessern und den Entwicklungsländern zur wirtschaftlichen Blüte verhelfen wollte. Aber die grossen Kapitalien und produktiven Ersparnisse, die sehr wohl auch in den so genannten «armen» Ländern akkumuliert wurden, flossen leider nicht in Form produktiver Investitionen in diese Länder, sondern mehrheitlich an die Kapitalmärkte, in die der USA oder nach England. Nach der grossen Ernüchterung durch die Erkenntnis, dass Hilfe von aussen den Entwicklungsländern letztlich wenig nützt, wechselte Henri B. Meier in das Metier des Investment Bankers und damit in die Welt des Intermediärs. Er vermittelte in dieser Funktion, u.a. Kapital in Form von Staatsanleihen für Norwegen, Frankreich, Österreich und Spanien. In den 70er Jahren entwickelte er das Geschäft mit Wandelanleihen für japanische Unternehmer, die Mittel am Schweizer Kapitalmarkt zur Finanzierung von Investitionsprojekten in Australien und Amerika nachfragten.

Danach folgte der Einstieg in die produktive Realität eines Pharmakonzerns. Hier stand 18 Jahre lang die Wertschöpfung im Vordergrund. Nach der Pensionierung wechselte er zum Venture Capital, wo er Parallelen zur Landwirtschaft sieht, wo man Bäume pflanzt, sie hegen und pflegen muss, bis sie gedeihen und Früchte tragen. Das Denken und die Perspektiven in diesem sehr forschungslastigen Bereich sind langfristig ausgerichtet. Als Risikokapitalvermittler/Venture Capitalist versteht sich Henri B. Meier als «industrieller Landwirt», sozusagen als «Biotechnologie-Bauer». Im Bereich der Biomedizin und Biotechnologie ist Geduld gefragt und Misserfolge sind eingeplant. Die Wachstumspotenziale der hoch entwickelten Industriestaaten sind begrenzt und müssen deshalb neu «erfunden» werden. Die Risikokapitalvermittlung an Jungunternehmen der Hochtechnologie ist dazu ein viel versprechender Ansatz.

Nur wenige Fachleute waren bei der Intermediation von internationalem Kapital so lange und so nahe am Geschehen wie Henri B. Meier. Die Universität Basel hat ihm deshalb für seine innovative Tätigkeit auf den internationalen Finanzmärkten den Ehrendoktor der Wirtschaftswissenschaften verliehen.

Dr. Henri B. Meier, Schloss Buonas 1, 6343 Buonas

Martin Janssen

Anforderungen professioneller Investoren an die Kapitalmärkte

Anforderungen professioneller Investoren an die Kapitalmärkte können aus mindestens vier unterschiedlichen Perspektiven betrachtet werden: Man kann, erstens, beschreiben, welche Anforderungen professioneller Investoren in einer gewissen Zeitperiode beobachtbar sind. Man kann, zweitens, auf der Basis dieser Beobachtungen ausgewählte Verhaltenshypothesen testen. Man kann, drittens, ein theoretisches Gedankengebäude entwickeln, was professionelle Investoren von den Finanzintermediären «eigentlich» erwarten könnten. Schliesslich kann man anhand des dritten Punktes normative Konsequenzen ziehen, was professionelle Investoren von diesen Dienstleistungsunternehmungen erwarten sollten.

Im Folgenden wird versucht, den dritten Weg zu beschreiben. Dazu wird zuerst gefragt, was ein professioneller Investor ist und was die Kapitalmärkte im Prinzip zu leisten im Stande sind. Daraus ergibt sich – quasi als Konsequenz – eine Auflistung von Anforderungen professioneller Investoren, denen sich die Finanzintermediäre an den Kapitalmärkten gegenüber sehen oder sehen werden. Implizit damit verbunden ist eine Prognose, wie sich diese Märkte verändern könnten.

Abstrakt betrachtet, ist ein Investor eine natürliche oder juristische Person, die mit eigenen oder anvertrauten Vermögenswerten, die bezüglich zeitlicher Verfallstruktur, des erwarteten Ertrags, der Risikoeigenschaften oder anderer Aspekte verändert werden sollen, am Kapitalmarkt in Erscheinung tritt. Die Gründe dieses Verhaltens sind unerheblich.

Der Investor

Der idealtypische professionelle Investor wird für die nachstehenden Ausführungen wie folgt definiert: Er kennt die Aktiven und Passiven seiner eigenen Bilanz.[1] Er kennt seine Zielfunktion, d.h. den Trade-off zwischen verschiedenen für ihn relevanten Risikoarten[2] und erwartetem Ertrag. Er ist sich, mit anderen Worten, bewusst, dass es ein für ihn wohldefiniertes optimales Portfolio gibt. Im Weiteren kennt er die Grundzüge der Finanzmarktliteratur und ist über die Funktionsweise der Finanzmärkte, soweit sie bekannt ist, im Grossen und Ganzen informiert. Er weiss, dass es auch an den Finanzmärkten keine Geschenke gibt. Schliesslich ist ihm das Prinzip von Arbeitsteilung und Spezialisierung – samt deren Implikationen – bekannt.[3]

Man könnte versucht sein, den **professionellen** – *im Unterschied zum idealtypischen professionellen* – **Investor** als eine Person zu definieren, die über die wichtigsten der oben definierten Eigenschaften verfügt. Sollen juristische Personen wie Versicherungen, Pensionsfonds und Stiftungen jedoch nicht generell als nicht-professionelle Investoren bezeichnet werden, ist diese Definition nicht geeignet. Diese Investoren kennen nämlich typischerweise viele Elemente ihrer Bilanz nicht und sind sich in vielen Fällen auch der Tauschmöglichkeiten zwischen verschiedenen Risikoarten und erwartetem Ertrag nicht bewusst.

Im Folgenden wird daher davon ausgegangen, dass sich ein professioneller Investor mindestens der Bedeutung seiner Bilanz und seiner Zielfunktion bewusst ist, dass er die grundlegenden Funktionsweisen der Kapitalmärkte kennt und dass er keine unrealistischen Erwartungen an die Finanzintermediäre bezüglich Outperformance hegt.

---

[1] Nur in Kenntnis der Vermögensstruktur kann eine Umstrukturierung von Vermögenswerten überhaupt in Betracht gezogen werden.

[2] Risiken sind hier im Sinne systematischer Risiken – β-Risiken und Risiken in Form alternativer β's – gemeint.

[3] So wie ein Koch sein Brot im Regelfall beim Bäcker kauft und nicht selber herstellt, wird sich auch der hier unterstellte idealtypische professionelle Investor der Kapitalmärkte bedienen und die entsprechenden Beratungsleistungen bei guten Finanzintermediären einkaufen und nicht selber produzieren.

Die Kapitalmärkte

Kapitalmärkte sind Märkte, auf denen Investoren als Nachfrager und Anbieter von Cashflow-Strukturen mit unterschiedlichen Verfallstrukturen, Risikoarten und erwarteten Erträgen (sowie möglicherweise anderen Eigenschaften), die gegeneinander getauscht werden, auftreten. Die Anleger werden bei diesen Tätigkeiten von Finanzintermediären, d.h. von Banken, Beratern und Brokers, aber auch von Börsen, Clearinghäusern, Settlement-Organisationen und anderen Leistungserbringern, unterstützt. Man kann sich die Kapitalmärkte als Fabrik vorstellen, in der im Rahmen relativ komplizierter Produktionsprozesse unterschiedliche Risiko-Ertrags-Kombinationen hergestellt werden.[4]

Der Produktionsprozess der Kapitalmärkte

Es gibt an den Kapitalmärkten faktisch unbeschränkt viele Möglichkeiten, solche Risiko-Ertrags-Kombinationen zu produzieren. Darunter gibt es ineffiziente Kombinationen, d.h. solche, wo die gleiche Menge erwarteten Ertrags auch mit weniger Risiko hergestellt werden könnte, und effiziente Kombinationen, wo pro Einheit Risiko kein zusätzlich erwarteter Ertrag produziert werden kann. Aus der Sicht des einzelnen Investors gibt es, mit anderen Worten, «intelligente» und «dumme» Produktionsprozesse, bei denen die übernommenen Risiken entschädigt resp. nicht oder nur teilweise entschädigt werden.[5]

Kapitalmärkte sind sehr leistungsfähig, wenn der Wettbewerb unter den Finanzintermediären spielt. Das betrifft sowohl die produzierten Typen von Cashflow-Strukturen als auch die dazugehörenden Produktionspreise, d.h. die Kosten für die Transformation einer Risiko-Ertrags-Kombination in eine andere.

Marktgleichgewicht und die Subjektivität von Erträgen und Risiken

Der Finanzmarktökonomie wird oft entnommen, dass schwankende Portfoliorenditen mit Risiko gleichzusetzen sind. Diese Idee wird mit der folgenden Graphik untermauert:

---

[4] Richtigerweise sollte man von n-Tupeln, bestehend aus erwartetem Ertrag und verschiedenen Risikotypen (β-Risiken, Risiken in Form alternativer β's), sprechen.
[5] Erstere Risiken heissen «systematisch», weil diese im Durchschnitt entschädigt werden; letztere heissen unsystematisch. Beispiele sind die Risiken eines gut diversifizierten Aktienportfolios für erstere resp. Währungs- und Durationsrisiken für letztere.

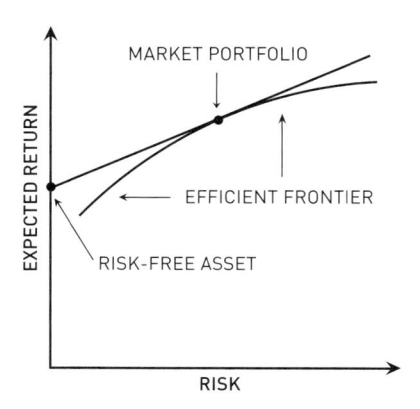

Abb. 1: Portfoliooptimierung im Sinne von H. Markowitz

Die Idee ist nicht falsch, basiert aber auf Annahmen, die mit der Realität eines professionellen Anlegers wenig gemein haben: Dieser bewegt sich in einer Anlagesituation mit mehreren Perioden und mit mehreren Währungen. Er sucht Anlagen, d.h. Risiko-Ertrags-Kombinationen, mit denen er seine Verpflichtungen bei der von ihm gewählten Risikomenge mit möglichst tiefen Kosten finanzieren kann. Er sucht mit anderen Worten Anlagen, mit denen die Verpflichtungen «möglichst gut» abgebildet werden können. Dieser Investor wird sich entsprechend nicht auf der Kapitalmarktlinie dieses Modells, d.h. der Verbindung zwischen dem einzigen risikolosen Zinssatz und dem Marktportfolio, positionieren.[6] Dieser Anleger wird sich vielmehr bemühen, unerwünschte Eigenschaften seiner Verpflichtungen – z.B. den Einfluss von Zinsschwankungen auf den Bilanzüberschuss – durch eine entsprechende Auswahl der Eigenschaften seiner Anlagen mit möglichst tiefen Kosten zu neutralisieren. Dieser Gedanke kann anhand eines einfachen Beispiels erläutert werden: Eine Lebensversicherung, die feste Rentenzahlungen in CHF, EUR und USD leisten muss, möchte den Einfluss von Zinsschwankungen auf ihre Bilanz eliminieren. Dies geschieht offensichtlich am einfachsten, wenn – mindestens konzeptionell – jede zu leistende Zahlung mit einem in der jeweiligen Währung diskontierten Geldbetrag angelegt wird. So erreicht diese Versicherung, dass immer dann eine Auszahlung erfolgt, wenn die entsprechende Zahlung gleicher Höhe in der jeweiligen Währung fällig wird. Will die Versicherung zusätzlich noch Zinsrisiken auf sich nehmen, kann sie dies unabhängig von dieser Hedge-Konstruktion tun.

---

[6] Diese Aussage rüttelt nicht am Umstand, dass im Gleichgewicht alle Titel freiwillig gehalten werden. Aber die Kapitalmarktlinie ist nicht mehr für jeden Investor die gleiche.

Anforderungen professioneller Investoren an die Kapitalmärkte

Aus dem oben Gesagten ergeben sich die Anforderungen professioneller Investoren an die Kapitalmärkte resp. an die Finanzintermediäre ganz direkt: Will der professionelle Investor die Vermögenswerte, über die er verfügt, im Rahmen der dargelegten Überlegungen anlegen, braucht er – je nach dem, ob er im Einzelfall bereits über die relevanten Informationen verfügt oder nicht – mindestens folgende Unterstützung:

- Er muss detaillierte Kenntnisse über die Aktiven und Passiven seiner eigenen Bilanz erlangen.

- Er muss seine eigene Zielfunktion, d.h. den Trade-off zwischen erwartetem Ertrag und verschiedenen Risikoarten, kennen lernen.

- Er muss über die Möglichkeiten der Kapitalmärkte ins Bild gesetzt werden.

Es ist offensichtlich, dass die Erfüllung dieser Anforderungen mit erheblichen Interessenkonflikten seitens der Finanzintermediäre verbunden sein kann, die sich direkt gegen die Interessen des Investors richten. Zur Vereinfachung wird vorübergehend unterstellt, dass diese Dienstleistungen ohne solche Konflikte erbracht werden.

Unterstützung bei der Analyse der eigenen Bilanz

Jeder Investor, ob privat oder institutionell, hat, wie erwähnt, eine Bilanz, d.h. eine Gegenüberstellung von Aktiven und Passiven[7]. Wichtig ist dabei, dass eine Bilanz nicht nur die Darstellung von Barwerten ist, sondern dass die Cashflow-Strukturen[8] in unterschiedlichen Währungen eine «zeitliche Tiefe» haben.[9] Das heisst, dass der Barwert der Aktiven und Passiven gegenüber Änderungen in der Zinsstruktur nicht unabhängig ist (solange diese nicht horizontal ist und vertikal verschoben wird).

Die Bestimmung der Liabilities ist oft alles andere als trivial. Handelt es sich, beispielsweise, um Verpflichtungen von Pensionsfonds resp. von Versicherungen, ist die Unsicherheit bezüglich der Entwicklung der Leistungsverpflichtungen oft erheblich. Hier bestehen entsprechend vielschichtige Fragestellungen, die im Rahmen geeigneter «Asset Liability Management»-Studien untersucht werden müssen. Der Investor erwartet bei dieser Beratung

---

[7] Bei Privaten werden die Passiven oft Finanzierungsziele genannt. Anstelle von Aktiven und Passiven spricht man auch von «Assets» und «Liabilities».
[8] Auf die Fragestellung, ob diese Cashflow-Strukturen deterministischer oder stochastischer Natur sind, wird nicht eingegangen.
[9] Nur so können eventuelle Durationsrisiken erfasst werden.

fundiertes Wissen seitens der Banken und Berater samt entsprechender Softwareunterstützung.

Wichtig ist, dass die Diskussion technischer Finessen solcher Studien den Blick für wesentlichere Fragen, beispielsweise nach den Bewertungsprinzipien der Passiven, nicht verstellt. Auch hier erwartet der Investor im Prinzip, dass ihm «reiner Wein» eingeschenkt wird, selbst wenn ihm die Wahrheit in einem unpassenden Zeitpunkt eröffnet wird.[10]

Unterstützung bei der Analyse und Optimierung der eigenen Zielfunktion

Die Frage nach der zukünftigen Struktur der Aktiven, mit denen die Finanzierungsziele erreicht werden sollen, muss im Rahmen einer Diskussion der Zielfunktion des Investors erfolgen. Diese ist im Wesentlichen durch fünf Themen geprägt:

- durch die Höhe des Vermögens (V)
- durch die Ziele, die zu erreichen sind, d.h. durch die Cashflow-Strukturen im Zeitverlauf, die produziert werden müssen ($\vec{C}$)
- durch die (subjektive) Risikobereitschaft, einzelne Ziele nicht oder nur teilweise zu erreichen (α)
- durch die Gegebenheiten der Kapitalmärkte, d.h. Zinsstrukturen, Ertragsraten, Diversifikationsinformationen, verfügbare Anlageprodukte (M)
- und durch die Kosten der mit der Optimierung verbundenen Umstrukturierung (K).

Die so definierte Zielfunktion heisst im allgemeinen Fall also:

$Z(V, \vec{C}, \alpha, M, K) = 0$.

Dabei ist jeder Funktion Z_i eine genau definierte Cashflow-Struktur $\vec{C}_i$ zugewiesen.

Aus der Menge der heute produzierbaren Vermögensallokationen ist jetzt jene auszuwählen, mit der in der Zukunft jene Cashflow-Struktur produziert werden kann, welche die Zielfunktion maximiert. Dabei ist zu bedenken, dass die Produktion der optimalen Cashflow-Struktur aus der heutigen Vermögensallokation mit Risiken verbunden ist, über die nur der Investor befinden kann.

---

[10] Die Bewertung von Pensionskassen- und Versicherungsbilanzen nach aktuarischen Regeln führen gegenüber einer marktmässigen Bewertung oft zu einer Unterschätzung der Verpflichtungen von 30% oder mehr.

Nur der Investor kann also letztlich entscheiden, ob die heutige Vermögensallokation in eine andere überführt werden soll. Anders ausgedrückt: Bei der Optimierung der Zielfunktion geht es immer um die subjektive Bewertung des Austausches von Cashflow-Strukturen.

Das Ziel der Beratung des Investors durch einen Finanzintermediär muss es immer sein, die Problemstellung so weit zu vereinfachen, dass sie lösbar wird, aber auch lösbar bleibt. So scheint es offensichtlich, dass die geschilderte Problemstellung nicht wirklich einer Lösung näher gebracht wird, wenn die Verpflichtungsseite einfach weggelassen wird. Genau das geschieht aber, wenn behauptet wird, diese Aufgabenstellung könne im Rahmen eines Markowitz-Ansatzes[11] gelöst werden.[12]

Eine Alternative zu diesem Vorgehen wird in der nachfolgenden Abbildung dargestellt, in welche die wesentlichen Variablen und Parameter der Aufgabenstellung einfliessen: In der linken Darstellung werden die (deterministischen) Verpflichtungen, d.h. die Finanzierungsziele, erfasst. In der rechten Darstellung wird der Trade-off zwischen der durchschnittlichen Anlagerendite und der Finanzierungsunsicherheit, hier dargestellt als Schwankungsbreite der erwarteten Vermögensentwicklung, dargestellt. Als Variablen fungieren die Höhe und Struktur der Verpflichtungen, der Anteil risikobehafteter Anlagen und Liquiditätszugänge, als Parameter Kapitalmarktinformationen (z.B. Zinsstrukturkurven in verschiedenen Währungen) und die Vermögensgrösse.

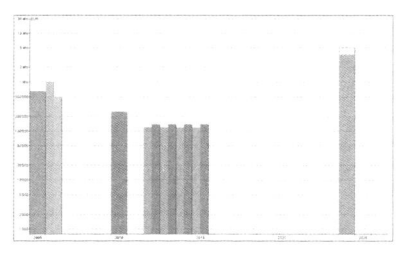

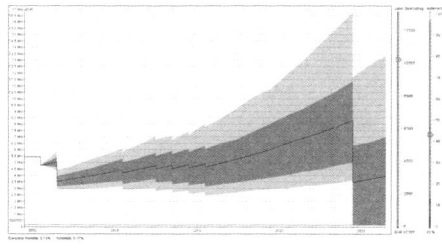

Abb. 2: ALM-basierte Portfoliooptimierung[13]

---

[11] Harry Markowitz, Portfolio Selection, The Journal of Finance, Vol. VII, No. 1, March 1952
[12] Der Markowitz-Ansatz ist der in der praktischen Beratung wohl meist verwendete Ansatz. Es ist davon auszugehen, dass solche «Lösungen» mit Wohlstandsverlusten verbunden sind, die ohne weiteres mehrere Prozentpunkte des Vermögens pro Jahr kosten können.
[13] Diese Graphiken entstammen dem Beratungstool *FINFOX Pro* der Firma ECOFIN Research and Consulting AG, Zürich.

Obschon diese Problemstellung hohe Anforderungen an den Finanzintermediär resp. an den Investor stellt, ist die konkrete Situation manchmal noch komplexer, weil die Zielfunktionen verschiedener Anspruchsgruppen zu einer einzigen Zielfunktion «verdichtet» werden müssen.

Unterstützung bei der Ausschöpfung der Möglichkeiten der Kapitalmärkte

Oben wurde ausgeführt, dass es praktisch unbeschränkt viele Möglichkeiten gibt, die heutige Vermögensstruktur, die mit bestimmten zukünftigen Cashflow-Strukturen verbunden ist, in eine andere Vermögensstruktur, die mit anderen Cashflow-Strukturen verbunden ist, zu überführen.

In diesem Schritt gilt es nun, jene Vermögensstruktur auszuwählen, welche die gewünschte Cashflow-Struktur zu produzieren verspricht und die heute auch tatsächlich erreicht werden kann. Hierzu braucht es viel Wissen über die institutionellen Gegebenheiten der Kapitalmärkte, über Steuern und andere Regulationen, über die meist nur ein Team von qualifizierten Finanzintermediären verfügt.

Das Verhalten des Finanzintermediärs

Begibt sich ein medizinischer resp. ein juristischer Laie in die Obhut eines Arztes resp. eines Rechtsanwaltes, wird er dessen Anweisungen meist blindlings befolgen. Nur in einer wichtigen Sache, d.h. bei einer Operation oder bei einem grossen Prozess, wird er die Meinung eines anderen Experten einholen. In Geldfragen ist das Verhalten des finanzökonomischen Laien kaum anders, obschon das Konfliktpotential zwischen den Interessen des Investors und jenen des Beraters viel grösser ist als beim Arzt oder beim Rechtsanwalt.

Bei professionellen Anlegern hat im deutschsprachigen Raum vor ca. 15 Jahren ein Umdenken begonnen. Viele Investoren haben damals angefangen, bei der Geldanlage explizit Wert auf eine möglichst konfliktfreie Abwicklung und Betreuung der Geschäfte zu legen; Interessenkonflikte sollen möglichst ausgeschlossen sein. Dieser Wunsch kann sich in einer mehrstufigen Beziehung, z.B. mit einem Berater, in speziellen Vertragsformulierungen, in neuartigen Entschädigungsmodellen und in spezifischen Konfliktbereinigungsverfahren niederschlagen. Insgesamt ist man in den vergangenen Jahren in diesen Beziehungen dem näher gekommen, was als «best industrial practice» bezeichnet werden könnte. Dabei kommt nicht nur der hohen Qualität der Dienstleistung eine Bedeutung zu, sondern ebenso der Transparenz und den konkurrenzfähigen Kosten.

In der Praxis der Finanzintermediäre zeigt sich, dass die «beste industrielle Praxis» nur im Rahmen eines strukturierten Beratungsprozesses auch tatsächlich umgesetzt werden kann. Dabei muss zum einen die Vielzahl der Informationen fehlerfrei, d.h. unter anderem in einer gewissen Reihenfolge, verarbeitet werden. Zum anderen gilt es, den sich laufend verändernden Informationen Rechnung zu tragen. Das ist nur im Rahmen eines hoch automatisierten Prozesses zuverlässig möglich.

Schlussfolgerungen

Die Bestimmungsfaktoren des Anlageberatungsgeschäfts haben sich in den letzten fünf bis zehn Jahren wesentlich verändert:

- Die Anforderungen der Investoren haben erheblich an Komplexität zugelegt.
- Die Investoren sind qualitäts- und kostenbewusster geworden.
- Die Produktionsmöglichkeiten der Kapitalmärkte haben sich wesentlich verändert. Viele Dinge, die heute möglich sind, konnte man sich noch vor wenigen Jahren kaum vorstellen.
- Heute sind Softwarelösungen verfügbar, mit denen strukturierte Beratungsprozesse in der Praxis auch tatsächlich umgesetzt werden können.

Professionelle Investoren werden in der Zukunft verbesserte Dienstleistungsqualitäten beim Austausch von Cashflow-Strukturen nachfragen. Dabei wird auch ein Code of Conduct in der Handhabung von Interessenkonflikten eine zunehmend wichtigere Rolle spielen. Der professionelle Investor erwartet von den Kapitalmärkten keine Geschenke; eigentlich erwartet er nur die Erfüllung alter Qualitätsvorstellungen: Professionalität, Dienstleistungsbereitschaft und unbedingten Schutz seiner Interessen.

Prof. Dr. Martin Christopher Janssen

Unternehmer mit wissenschaftlichem Hintergrund

Eine so vielfältig interessierte Persönlichkeit wie Professor Martin Janssen ist schwierig einzuordnen: Er ist sowohl Wissenschafter als auch Unternehmer im Finanzbereich. Deshalb kennt er die Anforderungen institutioneller Investoren an die Kapitalmärkte und die daran beteiligten Akteure aus verschiedenen Perspektiven. Martin Janssen hat 1986 die ECOFIN in Zürich gegründet, die inzwischen 45 Ökonomen, Softwareingenieure, Physiker und andere hochqualifizierte Mitarbeiter beschäftigt. Die ECOFIN-Gruppe ist auf folgenden Gebieten tätig: im Investment Consulting für Pensionskassen in der Schweiz und in Deutschland, für Stiftungen und für grosse private Anleger, als Anbieterin einer Sammelstiftung für KMUs, in der Datenmodellierung in den Bereichen «Finanzinstrumente», «Positionsführung» und «Versicherungsprodukte» sowie als Softwareanbieterin im Bereich Asset- und Risikomanagement, im Besonderen im Bereich der Vermögensberatung.

ECOFIN ist seit mehr als 20 Jahren vor allem auf dem schweizerischen Finanzmarkt tätig: Sie hat u.a. die Schweizer Aktien- und Bondindizes konzipiert, realisiert und zwischen 1987 und 1997 im Auftrag der Schweizer Börse betrieben. ECOFIN hat zuerst alleine und ab 1991 gemeinsam mit der Telekurs, dem Gemeinschaftswerk der Schweizer Banken, und der UBS AG ein umfassendes Datenmodell für Finanzinstrumente entwickelt, das heute weltweit bei bedeutenden Banken, Versicherungen, Hedge Fonds, Börsen und Clearing-Häusern eingesetzt wird. Seit 2001 betreibt ECOFIN für private Anleger eine grosse von ihr entwickelte Internetplattform für Finanzplanung, Portfoliooptimierung, Portfolioführung und Finanzinformation.

Martin Janssen hat 1976 an der Universität Zürich promoviert. Nach einem Postgraduate Studium in Finance an der University of Rochester (N.Y., USA) war er ab 1977 als Lehrbeauftragter, ab 1985 als Privatdozent, ab 1992 als Titularprofessor für theoretische und praktische Volkswirtschaftslehre und seit dem Jahr 2000 als nebenamtlicher ausserordentlicher Professor für Finanzmarktökonomie am Institut für schweizerisches Bankenwesen an der Universität Zürich tätig. Martin Janssen ist überzeugt, dass der Erfolg des schweizerischen Finanzplatzes langfristig von der politischen Stabilität der Schweiz, aber ebenso von der Leistungsfähigkeit der Finanzmarktakteure in der kundenspezifischen Anlage- und Vermögensberatung, in der Datenqualität und in der durchdachten Gestaltung der Wertschöpfungskette abhängen wird.

Prof. Dr. Martin Janssen, ECOFIN Research and Consulting AG, Neumünsterallee 6, CH-8032 Zürich, http://www.ecofin.ch

MARCEL ZUTTER

Der Einfluss institutioneller Investoren auf die Entwicklung der Kapitalmärkte

Der Einfluss der institutionellen Investoren nimmt zu. Während die aus dem laufenden Einkommen finanzierten Sozialversicherungssysteme durch beitragspflichtige Pensionskassen ersetzt oder ergänzt wurden, sind die professionell verwalteten Vermögen exponentiell gewachsen. Im Jahr 2001 verwalteten die Top-500 der institutionellen Fondsmanager weltweit USD 35,3 Bio. Dieses Jahr liegt diese Zahl bei USD 53,6 Bio. – ein Anstieg um 51,8%[1]. In der gleichen Fünfjahresperiode ist der MSCI World Index um nur 20% gestiegen, und die Anleihenrenditen haben einen ähnlichen Ertrag erzielt.

---

[1] *Pensions & Investments*/Jahresbericht von Watson Wyatt

Die Vermögen konzentrieren sich in einer definierten Gruppe von Investoren, die Asset Managers, Fonds, Pensionskassen oder auch Versicherungen beinhaltet. Die zwei grössten institutionellen Vermögensverwalter, Barclays Global Investors und State Street Global Advisors, verwalten jeweils mehr als USD 1'500 Milliarden. Diese Konzentration an Vermögenswerten wird durch die Fusionen und Übernahmen (M&A) noch verstärkt. In der ersten Hälfte 2006 war laut der New Yorker Investmentbank Putnam Lovell NBF Securities die höchste Zahl an Vermögensverwaltungs-Deals zu verzeichnen, die aus historischer Sicht (89) während einer beliebigen Sechsmonatsperiode je durchgeführt wurden. Die Käufer haben mindestens USD 13,5 Mrd. als ausgewiesene und geschätzte Gegenleistung zur Sicherung von USD 1 Bio. an verwalteten Vermögen gezahlt. Die Akquisition von Merrill Lynch Investment Management in Höhe von USD 9,6 Mrd. durch BlackRock ist die grösste in der Geschichte des Sektors.

Der grösste Markt für diese globalen Vermögensverwalter sind nach wie vor die US-Pensionskassen. Ende 2004 lag der Gesamtwert der US-Pflichtbeitrags- und Pflichtleistungs-Altersvorsorgepläne bei USD 5'100 Milliarden. Diese Pensionskassenkunden und daher auch ihre Manager werden in ihrem Ausblick globaler. Gemäss der Beratungsfirma Greenwich Associates ist der Anteil der internationalen Aktien von 14% der Gesamtvermögen der US-Pflichtleistungs-Vorsorgepläne im Jahr 2002 auf über 16,5% im Jahr 2005 gewachsen.

Das internationale Wachstum war bei den US-Stiftungen («endowments» und «foundations») noch stärker. Deren ausländische Aktienallokationen schnellten im gleichen Zeitraum von 12,5% auf 17% hoch. Tatsächlich sind, wie die Abb. unten zeigt, die US-Handelsvolumen in ausländischen Wertschriften seit 1990 um beinahe 300% gewachsen. Von Kanada über Grossbritannien bis nach Australien wird die Ausrichtung auf den Heimmarkt weltweit zu einem Ding der Vergangenheit.

Grosse globale Vermögenspools repräsentieren eine neue Dynamik an den Märkten. Das Ergebnis von in Boston und London getroffenen Entscheiden in der Vermögensaufteilung (Asset Allocation) kann sich in Buenos Aires und Lissabon stark auswirken. Die Kosten des grenzüberschreitenden Tradings waren nie tiefer, und die Anreize für Fondsmanager, Gelder aus dem Heimmarkt herauszutransferieren und ihre potenziellen Erträge in einem hoch kompetitiven Markt zu maximieren, waren nie höher.

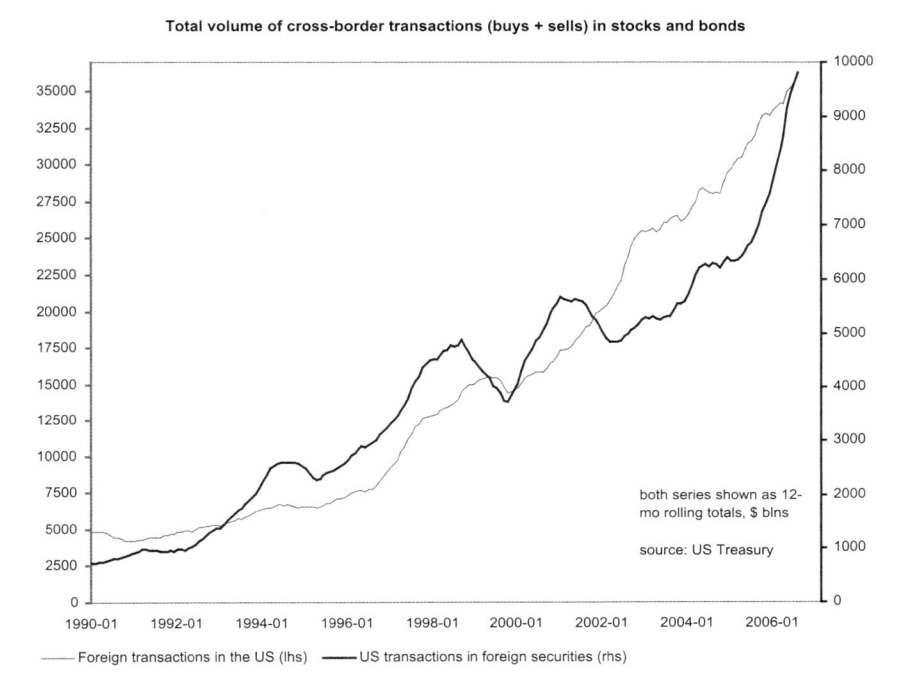

Total volume of cross-border transactions (buys + sells) in stocks and bonds

both series shown as 12-mo rolling totals, $ blns
source: US Treasury

——— Foreign transactions in the US (lhs)   ——— US transactions in foreign securities (rhs)

Abb. 1:   Die Globalisierung der US-Anlagegewohnheiten

Die Regulatoren sind auch besorgt über das Risiko, dass gemeinsame Prozesse und Infrastrukturen sowie der gemeinsame Zugang zur gleichen Information praktisch in Echtzeit ein einheitliches Handeln entstehen lassen. Wenn sich die Herde bewegt, so ist die Wahrnehmung die, dass sie sich *en masse* bewegt und alles auf ihrem Weg niedertrampelt. Es wird befürchtet, dass dies zu Spekulationsblasen an den Märkten und zu Markteinbrüchen führen kann, wobei die kleinen, inlandorientierten Anleger den Preis dafür zu zahlen haben.

Die aggregierte Betrachtung der Verhaltensweisen Insitutioneller gibt einige interessante Aufschlüsse. State Street Corporation als führender Anbieter von Global Custody-Dienstleistungen mit aufbewahrten Vermögen im Umfang von USD 11'300 Milliarden hat einen einzigartigen Einblick in das aggregierte Anlegerverhalten. In dieser Funktion besorgt sie die Aufbewahrung, Abwicklung und Buchführung für annähernd 15% der handelbaren Wertschriften der Welt. Sie kann so das Verhalten der institutionellen Investoren messen, und zwar in Form der aggregierten Kapitalflüsse (Flows) über 45 Aktienmärkte, 13 Märkte für Staatsanleihen und 30 Währungen hinweg. Die Information über die Flows in die Währungen und Aktienmärkte reichen bis ins Jahr 1994 zurück.

Die Verhaltensweise Institutioneller ist, wie zu erwarten, nicht homogen. Es kann durchaus Zeiten geben, in denen die institutionellen Anleger gemeinsam agieren. Beispielsweise dann, wenn eine Herabstufung unter das Rating «investment grade» die meisten US-Anlagefonds zwingt, eine Anleihe zu verkaufen. Meistens aber tun sie das nicht.

Die Herde in der Krise

Als beste aktuelle Illustration für eine Krise an den Weltmärkten kann die Emerging Markets-Krise dienen, welche sich in den Jahren 1997 und 1998 weltweit ausgebreitet hat. Betrachtet man die Kapitalzuflüsse in die asiatischen Aktienmärkte in Abb. 2, so gab es anfangs 1997 umfangreiche Verkäufe. Die Anleger waren bezüglich der Aussichten für die aufstrebenden Märkte, insbesondere in Asien, zunehmend negativ gestimmt.

Um den Monat Juni herum setzte die erste Welle von Währungsabwertungen in Thailand und Indonesien ein, und der Verkaufsdruck intensivierte sich. Die Stimmung gegenüber Asien verschlechterte sich langsam. Zur Jahreswende stellte sich in der Verkaufswelle eine kleine Pause ein. Im Frühling und im Frühsommer 1998 aber geriet Russland in den Fokus von Befürchtungen, und die Stimmung gegenüber den aufstrebenden Märkten verschlechtert sich erneut. Im Spätsommer 1998 schliesslich kam es zu einem umfangreichen Rückzug aus Risikoanlagen, welcher durch den Zahlungsausfall Russlands und den Zusammenbruch von Long Term Capital Management in Gang gesetzt wurde.

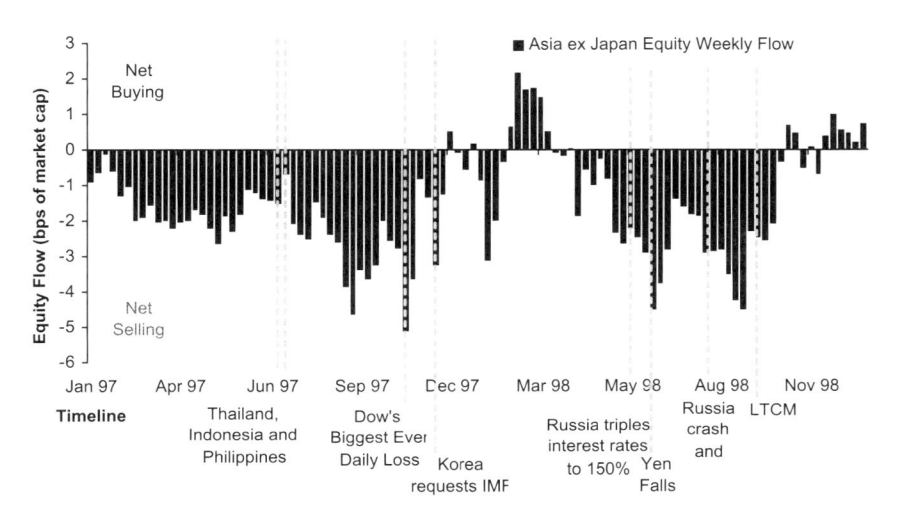

Der Einfluss institutioneller Investoren auf die Entwicklung der Kapitalmärkte

Abb. 2: Ein Blick darauf, wie Investoren auf Schocks reagieren – Flows nach Asien ausserhalb Japans in den Jahren 1997 und 1998

Am interessantesten an dieser Abb. 2 ist, wie der Verkaufsdruck zugenommen hat. Die negative Stimmung war hartnäckig. Dieses Verhalten unterscheidet sich recht deutlich von der Vorstellung eines raschen Ausstiegs. Eine solche Kapitalsumme kann sich nicht rasch bewegen. Sie verkauft hartnäckig und über die Zeit hinweg, während sich die Fundamentaldaten verschlechtern. Im Oktober 1998 ist die Verkaufswelle dann plötzlich zum Stillstand gekommen, und die Stimmung hat sich zaghaft gewendet. Ihre Wahrnehmung hätte jedoch sehr viel anders ausgesehen, wenn sie sich ausschliesslich auf den Nachrichtenfluss verlassen hätten.

Die Broker haben ihre Verkaufstrümpfe ausgespielt und sich beeilt, ihre Konjunkturprognosen so rasch wie möglich nach unten zu revidieren. Mitte Oktober 1998 warnte Präsident Bill Clinton vor der «seit einem halben Jahrhundert ernsthaftesten Finanzkrise.» Die Ökonomen von JP Morgan sprachen von einer Rezession. Der britische Kanzler Gordon Brown sagte am 4. November 1998, dass sich ein Viertel der Welt bereits in einer Rezession befinde. Das fundamentale Makro-Bild erschien sehr negativ. Die Kapitalflüsse (Flows) erzählten jedoch eine ganz andere Geschichte. Der Verkauf asiatischer Aktien war plötzlich zum Stillstand gekommen.

Interessant ist, die Flows und Kurse zusammen zu betrachten (siehe Abb. unten). Die volatilere Linie stellt die Performance der asiatischen Aktien gegenüber dem MSCI World Index dar. Die glatte Linie zeigt den Flow. Die Anleger treten am Markt die gesamte Abwärtsbewegung hindurch als Verkäufer auf.

55

Dann bricht der Verkauf ab. Die institutionellen Anleger haben sicher dazu beigetragen, die Kurse nach unten zu treiben. Dann ziehen die Preise leicht an. Das ist sicher nur ein letztes Aufzucken, eine Aufwärtsbewegung in den Aktien nach einem sehr starken Kursrückgang, die vermutlich nicht anhalten wird. Das ist es, was das Makrobild deutlich zu sagen scheint.

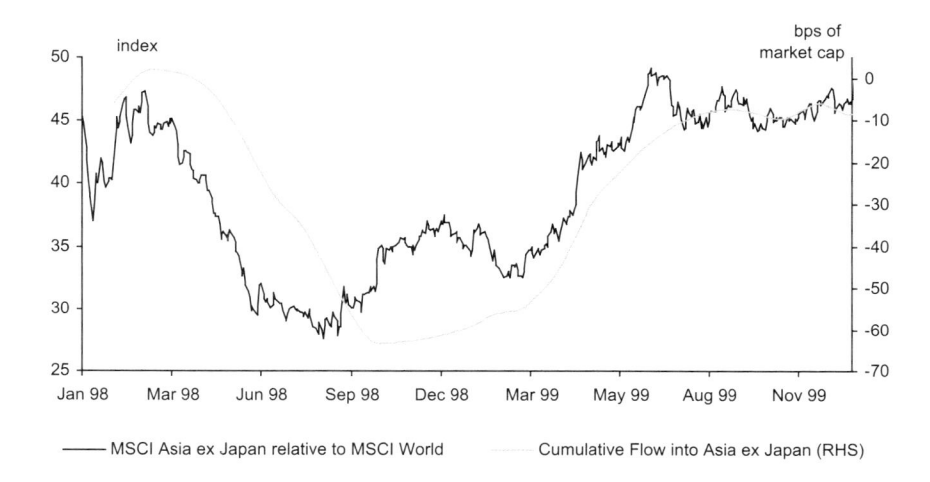

Abb. 3: Kumulative Flows und relative Performance in Asien ausserhalb Japans 1998 und 1999

Die Flows fügen jedoch eine weitere Perspektive hinzu. Die Investoren haben nicht nur aufgehört, zu verkaufen. Sondern sie bauen allmählich auch Positionen auf. Anstatt als unkritische Herde auf Meldungen hin zu verkaufen, sind die institutionellen Investoren am Rande tatsächlich sehr kritisch. Sie haben den Nachrichtenlärm abgeblockt und sind auf das Signal seitens der Fundamentaldaten fokussiert.

Diese Massstäbe für das Anlegerverhalten sind eine neuartige Marktinformation, die nicht mit den standardmässigen fundamentalen, technischen und quantitativen Tools verwandt ist. Kriterien der Anlegerstimmung wurden lange als eine Art und Weise genutzt, den zukünftigen Marktverlauf zu extrapolieren. Diese Stimmungsmasse sind generell durch die Marktkurse getrieben, tendieren also dazu, positiv verstärkend zu wirken: Steigende Märkte und eine Stimmungserholung gehen Hand in Hand. Die Flows bieten dagegen ein anderes Signal.

Anstatt zu versuchen, die Anlegerstimmung durch Betrachtung der breiten Markttrends und Kurse vorauszusehen, sind die Flows ein quantitatives Mass dafür, was gekauft und verkauft wird. Sie beleuchten die offen gezeigten Präferenzen einer Gruppe von institutionellen Anlegern. Oft unterscheidet sich die Botschaft der Flows stark von derjenigen, welche die Marktkurse, der makroökonomische Hintergrund und die Schlagzeilen in den Nachrichten vermuten lassen könnten. Das trifft während der Asien-Krise sicher zu. Es stimmt auch jetzt, Ende 2006.

Der Dow Jones Industrial Average verzeichnet Rekordhochs, und sogar weniger eigenwillige Aktienindizes nähern sich den luftigen Höhen der Dotcom-Ära. Viele Wirtschaftsprognostiker und Marktkommentatoren erscheinen bezüglich der Aussichten optimistisch. Der absolute Höhepunkt dieser strahlenden Aussichten wurde möglicherweise vom angesehenen Wirtschaftsautor Anatole Kaletsky in *The Times* of London am 18. September 2006 zum Ausdruck gebracht.

Kaletsky schreibt: «Für die vielen Fachleute dieser bedrückenden Wissenschaft, die den grössten Teil der letzten zwei Jahrzehnte damit verbracht haben, eine schreckliche Stunde der Wahrheit für die Weltwirtschaft als Strafe für die Verschwendung und Masslosigkeit der amerikanischen und britischen Konsumenten vorherzusagen, wird die jüngste Analyse des IWF eine Enttäuschung sein. Anstatt vor dem wirtschaftlichen Desaster zu warnen, das die Untergangspropheten im US-Wohnbaumarkt heraufziehen sehen, anstatt unter der Last der riesigen Ungleichgewichte im globalen Handel einen Dollarkollaps vorauszusagen, oder anstatt zu sagen, dass eine platzende Spekulationsblase in den Vermögenswerten die Finanzmärkte ruinieren wird, hat der IWF dieses Jahr eine gegenteilige Prognose gewagt. Er hat ein noch nie zuvor verzeichnetes fünftes Jahr raschen Wachstums in der Weltwirtschaft prognostiziert. Er hat gesagt, dass die Weltexpansion sogar zunehmend fest abgestützt sein wird.»

Er schloss mit der inständigen Bitte an seine Leser, «dieses fesselnde Dokument von der Website des IWF herunter zu laden und dann aufzuhören, sich wegen einer Wirtschaftskrise zu sorgen und zu lernen, das goldene Zeitalter zu geniessen.»

Ist dies tatsächlich ein goldenes Wirtschaftszeitalter – eines, in dem der Konjunkturzyklus beinahe abgeschafft worden ist? Die institutionellen Anleger scheinen das offenbar nicht zu glauben. Das derzeitige Muster der Flows, gemessen am hauseigenen Equity Flow Indicator von State Street Global Markets, lässt darauf schliessen, dass der Wirtschaftsausblick nach Ansicht der institutionellen Anleger eher weniger rosig ist, als Kaletsky und der IWF voraussehen.

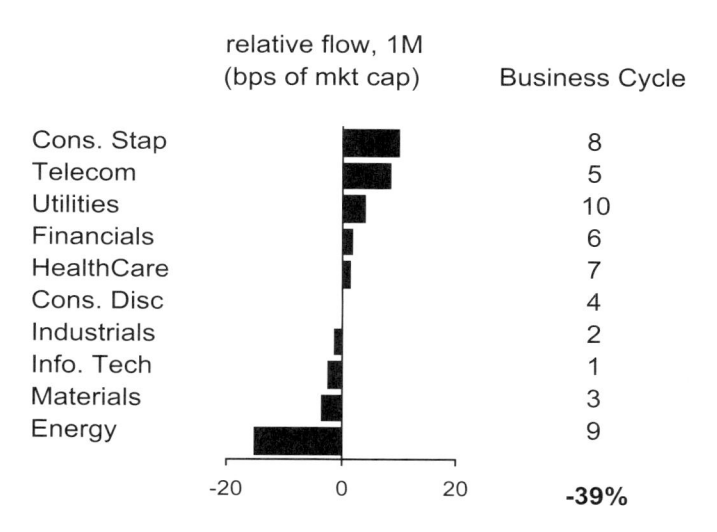

	relative flow, 1M (bps of mkt cap)	Business Cycle
Cons. Stap		8
Telecom		5
Utilities		10
Financials		6
HealthCare		7
Cons. Disc		4
Industrials		2
Info. Tech		1
Materials		3
Energy		9
	-20 0 20	**-39%**

Abb. 4:   Institutionelle Anleger ängstlich bezüglich Wachstum

Die institutionellen Anleger kaufen die Sektoren führende Konsumgüter, Telekom und Versorgung und verkaufen Energie, Materialien und IT. Kurz gesagt: Sie kaufen Sektoren, die eine überdurchschnittliche Performance aufweisen, wenn sich das Wachstum abschwächt und verkaufen jene, die sich tendenziell ungünstig entwickeln. Als Teil eines Aktienstrategie-Prozesses können die Flows verwendet werden, um den dominierenden Faktor oder das Regime zu identifizieren, welche den Markt treiben. Dies mit dem Ziel die Flows mit einer breiten Palette von Faktoren, beispielsweise dem Beta und dem Gewinnwachstum, zu korrelieren. Das aktuelle Muster der Flows weist so eine negative Korrelation mit dem Faktor Konjunkturzyklus von -39% auf.

Das kontrastiert markant mit den bis um das Monatsende April 2006 herum vorherrschenden Regimes. Wie die folgende Abb. der Flows zeigt, haben sich die Institutionen für das goldene Wirtschaftszeitalter zwischen 2003 und 2006 gut positioniert. In diesem Zeitraum haben sie aggressiv Positionen in pro-zyklischen, wachstumsorientierten Sektoren wie Materialien und Industriewerte aufgebaut und defensive Sektoren wie Grundgüter und das Gesundheitswesen verkauft. Wie Abb. 2 zeigt, ist die relative Positionierung der Investoren ziemlich extrem geworden.

Der Einfluss institutioneller Investoren auf die Entwicklung der Kapitalmärkte

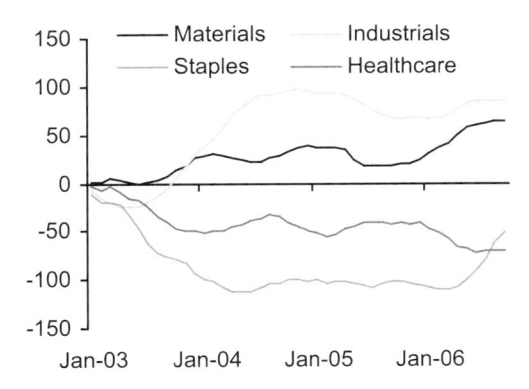

Abb. 5: Die Institutionen haben sich seit 2003 für eine Erholung positioniert

Abb. 3 zeigt die Weltwirtschaft zwischen zwei Höhepunkten ruhend. Der Frühindikator der G7 hat nach unten gedreht. Die Industrieproduktion weist jedoch nach wie vor nach oben. Blickt man auf 11 früher verzeichnete Wachstumsgipfel während der letzten 30 Jahre zurück, so dauert diese Zwischenphase im Schnitt fünf Monate, dies mit einer Bandbreite zwischen zwei und sieben Monaten.

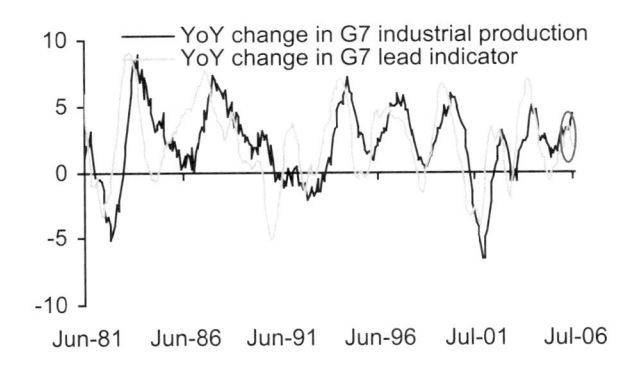

Abb. 6: Der Frühindikator hat den Gipfel erreicht, aber die Produktion steigt noch

In der Zwischenphase ist es schwieriger, Kurstrends zu erkennen. Der längerfristige Trend ist aber klar. Nach dem Höhepunkt im Wirtschaftswachstum verzeichnen die Bereiche Versorgung, Gesundheitswesen und Grundgüter gegenüber den breiten Marktindizes eine bessere Performance und die Bereiche Materialien und Industrie eine schwächere Performance. Das aktuelle Muster der Flows in die Bereiche Versorgung und Gesundheitswesen zeigt klar, dass die Anleger gut auf die längerfristigen Markttrends eingestellt sind.

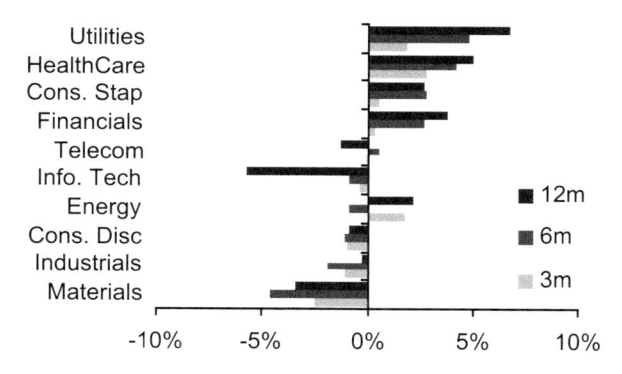

Abb. 7: Relative Sektor-Performance nach Erreichen des Wachstumsgipfels der Industrieproduktion

Institutionelles Verhalten

Die Beispiele illustrieren, dass ein besseres Verständnis der Kapitalflüsse und deren Herkunft dem Investierenden helfen können, in Kombination mit anderen Indikatoren, bessere Anlageentscheide zu treffen. Es hat aber auch das Potential auf der Makroebene die Auswirkungen von wirtschaftspolitischen Maßnahmen besser abschätzen zu können.

Das vermutlich aktuellste Beispiel in der Debatte um den Einfluss von Investoren sind die Aktivitäten der Hedge Funds. Sehr viel der Diskussion basiert auf anekdotischen Referenzen, sehr oft überlagert von politisch motivierten Grundtönen. Dabei wird sehr wenig mit Fakten gearbeitet, die den Einfluss dieses Marktsegments auf zum Beispiel die Preisbildung und Marktrichtung objektiv darlegt.

Dieses bessere Verständnis ist umsomehr von Bedeutung als das aggregierte Verhalten Institutioneller Investoren nicht nur an Bedeutung gewinnt durch das anhaltend hohe Wachstum von institutionell angespartem Kapital. Es reflektiert, im Falle institutioneller Vermögensverwalter, auch Anlageentscheide, die weitgehend von mittel- bis langfristigen Anlagehorizonten getragen sind und von professionellen Asset Managern initiiert werden. Das unterscheidet diese Investoren von der Aktivität der Händler (oder einem Teil der Hedge Funds), die sich weit mehr an kurzfristigen Opportunitäten orientieren oder den Retailkunden.

Der Einfluss institutioneller Investoren auf die Entwicklung der Kapitalmärkte

Ein besseres Verständnis für die Verhaltensweisen aller Marktteilnehmer wird so sicherlich nicht nur zu einer rationaleren Diskussion um den Einfluss von Investoren auf die Kapitalmärkte beitragen, sondern auch seinen Beitrag leisten können zu einem vertieften Verständnis der Funktionsweise der Kapitalmärkte.

Marcel Zutter, Executive Vice President State Street Corporation

Schweizer Chefstratege im Dienste des US-Markleaders

Marcel Zutter leitet den Bereich Strategieentwicklung und Operations Global Markets beim führenden Dienstleister für Institutionelle Investoren, State Street. Er zeichnet nebst dem Strategiebereich und der e-Finance Plattform Global Link verantwortlich für die Bereiche IT&Operations und Risikomanagement.

Seine Karriere bei State Street Corp. startete Marcel Zutter mit einer eigentlichen Pioniertat. Er hat die Präsenz von State Street Corp. in Sued- und Osteuropa aus Zürich heraus aufgebaut und entwickelt. Danach holte ihn Chairman & CEO Ronald Logue an State Street's Hauptsitz in Boston um den Bereich Executive Operations & Strategy zu leiten und State Street bei der weiteren globalen Expansion zu unterstuetzen. Zuvor war er über 10 Jahre bei Credit Suisse tätig und zwar in den Bereichen Asset Management und im Institutional Securities Brokerage, nachdem er zunächst bei Baring Securities in Hongkong und Singapur als Research Analyst tätig gewesen war. Seinen Einstieg ins Berufsleben absolvierte er als Consultant bei Prognos in Basel in den Bereichen Markanalysen und Strategie-Entwicklung für innovative Produkte und neue Technologien für grosse multinationale Organisationen.

Marcel Zutter hat 1986 an der Universität Basel sein Studium mit dem Lizentiat in Wirtschaftswissenschaften (lic.rer.pol) abgeschlossen. Er hat zusätzlich die Swiss Banking School und das Advanced Management Program der Harvard Business School in Boston absolviert.

Marcel Zutter, Executive Vice President State Street Corporation, Boston, Chief Operating Officer State Street Global Markets, Member of the Executive Operating Group, One Lincoln Street, Box 5501, Boston, Massachusetts 02206

Hans-Jörg Baumann

Wertsteigerung durch Freiheit und die Grenzen der Freiheit

Hedge Funds sind wenig regulierte Asset Pools, die sich durch ihre Flexibilität und durch ihre Heterogenität bezüglich der angewandten Handelsstrategien auszeichnen. Die Freiheit der Hedge Funds bei der Wahl der Handelsstrategien und der verwendeten Finanzinstrumente generiert unkorrelierte Renditestrukturen, die attraktiv sind für Anleger. Beim Umgang mit Freiheit ist jedoch das richtige Mass entscheidend. Basierend auf diversen Einzelereignissen als auch bedingt durch das starke Wachstum der Branche hat sich das Verlangen nach stärkerer Regulierung der Branche akzentuiert. In diesem Artikel werden die Freiheiten und deren Grenzen erörtert, die Voraussetzung sind für eine weiterhin hohe Wertschöpfung durch Hedge-Funds.

Bei Hedge Funds handelt es sich um eigentliche Asset Pools, die in verschiedene Assetklassen investieren. Dadurch stellen Hedge Funds im Gegensatz zu Währungen, Aktien, Obligationen und Rohwaren keine eigene Assetklasse dar. Hedge Funds sind in allen geographischen Wirtschaftsräumen und Sektoren aktiv. Sie versuchen durch gezieltes investieren in die verschiedenen Assetklassen, Mehrwerte zu schaffen. Dabei gehen sie aktiv Risiken ein, für deren Übernahme sie eine überdurchschnittliche Rendite erwarten. Eingegangenes Risiko und erwartete Rendite müssen also in einem vorteilhaften Verhältnis zu einander stehen. Weil Hedge Funds mit unterschiedlichen Handelsstrategien und individuellem Talent in den verschiedensten Märkten Risikoprämien abschöpfen, sind sie sehr heterogen bezüglich ihrer Art und den Renditen, die sie generieren. Dies ist eine erste Haupteigenschaft des Hedge Fund Geschäfts. Eine zweite ist die limitierte Skalierbarkeit der angewandten Strategien. Falls eine Handelsstrategie mit zu viel Kapital verfolgt wird, verwässern die Renditen. Die Attraktivität des Hedge Fund Geschäfts liegt in diesen beiden Eigenschaften. Für Investoren sind Heterogenität und limitierte Skalierbarkeit jedoch Attraktivität und Herausforderung zugleich.

Flexibles Markt Exposure

Hedge Funds sind wenig reguliert. Dies erlaubt es dem Management mit spezifischen Instrumenten dem Markt angepasste Investitionsstrategien umzusetzen. Die Möglichkeit ein flexibles Markt-Exposure, d.h. ein flexibles Beta zu haben, unterscheidet Hedge Funds von den traditionellen Anlagen. Bei steigenden Märkten können Hedge Fund Manager das Markt-Exposure erhöhen. Dabei kann auch Fremdkapital eingesetzt werden. Entgegen der weit verbreiteten Meinung agiert ein Grossteil der Hedge Funds mit minimalem Einsatz von Fremdkapital. Umgekehrt senken Hedge Fund Manager ihr Markt-Exposure in Erwartung von fallenden Märkten und haben zuweilen ein negatives Markt-Exposure. Das erlaubt es den Hedge Funds, in fallenden Märkten positive Renditen zu erzielen. Diese Absicherung hat sich insbesondere in den schwierigen Jahren 2001 bis 2003 bewährt. Die dem Markt angepasste Gestaltung des Exposures erlaubt es Hedge Funds, Renditen zu generieren, die wenig korreliert sind mit den Renditen traditioneller Anlagen. Somit kann die Volatilität von traditionell orientierten Portfolios durch die Beimischung von Hedge Funds gezielt reduziert werden.

Die Möglichkeit die Volatilität eines Portfolios mit Hedge Funds gezielt zu steuern, wirkt sich auf das strategische Management aus. Das strategische Asset Management war in der Vergangenheit vielfach benchmark- und long only-orientiert. Neu ist das gezielte Vorgeben eines Volatilität-Budgets. Ein konservativer Bankkunde will per Definition eine tiefe Volatilität mit einem entsprechend geringen Risiko-Exposure. Allein schon die bedarfsgerechte Kundenbetreuung kann hier als Innovation gewertet werden.

Informationsvorteile schaffen Mehrwert

Neben dem flexiblen Beta (Market-Exposure) wird von Hedge Funds auch ein positives Alpha erwartet, d.h. Hedge Funds sollen gegenüber dem Markt einen systematischen Mehrwert generieren. Ein solcher Mehrwert wird in erster Linie durch einen Informationsvorteil geschaffen, der durch das Sammeln von nützlichen Daten erarbeitet wird. Das Analysieren und Umsetzen dieser Informationen in eine geeignete Handelsstrategie lässt den Hedge Fund Manager die gewünschte Überrendite erwirtschaften. Damit ist klar: Information hat einen Wert. Der sensible Umgang mit Informationen ist in diesem Geschäft wichtig. Wer meint, dass jedermann Anrecht auf diese Angaben hat, verkennt das System der freien Marktwirtschaft. Denn das Generieren solcher Informationen bereitet Kosten. Marktteilnehmer sind nur dann bereit solche Kosten zu tragen, wenn sie sich davon einen Nutzen in Form einer Entschädigung versprechen können. Das Verlangen einer hohen Transparenz ist gut und recht, aber auch eine Frage des Ausmasses. Es muss gewährleistet bleiben, dass die Marktteilnehmer für das Sammeln, Analysieren und Umsetzen von Informationen in eine Handelsstrategie fair entschädigt werden.

Aktives Ausüben von Stimmrechten

Hedge Fund Manager können Mehrwert schaffen in dem sie aktiv Stellung beziehen und z.B. ihre Stimmrechte an einem anvisierten Unternehmen ausüben. Mit ihrer Initiative können solche Funds Massnahmen durchsetzen, die Mehrwert generieren, aber im Konflikt mit den Interessen anderer Gruppen stehen. Dies ist in unserer Kultur noch weitgehend ungewohnt und wird als Einmischung aufgefasst. Denn bisher war die Aktivität bei börsenkotierten Unternehmen beim Management konzentriert und beim Aktionär wenig ausgeprägt. Dies im Gegensatz zu den Familienunternehmen, wo die Aktionäre naturgegeben eine sehr aktive Rolle spielen.

Das aktive Wahrnehmen der Aktionärsrechte bei Publikumsgesellschaften stösst auf Ablehnung, weil die unterstützten Massnahmen den Interessen anderer Stakeholder zuwiderlaufen. Leider ist es schwer, bei Veränderungen mit vielen Beteiligten ein Pareto-Optimum zu erreichen. In solchen Situationen wird meist zumindest eine beteiligte Gruppe schlechter gestellt. Für die Beurteilung, ob aktives Ausüben von Aktionärsrechten durch Hedge Funds von Nutzen ist, muss daher das entscheidende Kriterium sein, ob die Gesellschaft als Ganzes besser gestellt wird. Wenn dies der Fall ist, sind aktive Manager erwünscht. Hedge Funds vertreten in einem funktionierenden Finanzmarkt nur Positionen, von denen sie erwarten, dass sie die Marktkapitalisierung der anvisierten Unternehmen positiv beeinflussen. Wertsteigerungen von Unternehmen sind sicherlich positiv zu bewerten. Folglich sind aktive Hedge Fund Manager erwünscht. Sie generieren in einem funktionierenden Finanzmarkt einen Mehrwert für sich und für die Gesellschaft.

Rasanter Strukturwandel

Das Hedge Fund Geschäft befindet sich in einem rasanten Strukturwandel. Die Anreize für talentierte Asset Manager, sich aus dem Korsett einer Grossbank zu lösen und einen eigenen Hedge Fund zu gründen, sind hoch. In einer Grossbank müssen sie sich den übergeordneten Zielen der Bank unterstellen und werden mit administrativem Zusatzaufgaben belastet. Als Hedge Funds Manager hingegen können sie aktiv Risiken eingehen und als eigenständige Unternehmer agieren. Hedge Funds bieten somit für diese ein attraktives Arbeitsumfeld, das geprägt ist durch hohe Handlungsfreiheit und im Erfolgsfall insbesondere durch eine hohe finanzielle Entschädigung abgerundet wird. Damit sind die Grossbanken gefordert. Denn viele der Anlagestrategien, die für Hedge Funds typisch sind, waren aufgrund der notwendigen technologischen Infrastruktur bis vor kurzem vorwiegend den Banken und Treasury Abteilungen von Grosskonzernen vorbehalten gewesen. Neuerdings ist diese Markteintritts-Barriere deutlich gesunken. Die ehemals überaus kostspielige und proprietäre technologische Infrastruktur steht nun auch einem breiteren Kreis von Investoren zur Verfügung. Zudem fliessen inzwischen beträchtliche Summen von Kapital in das Hedge Fund Geschäft, was es den talentierten Asset Managern erst ermöglicht, sich selbständig zu machen.

Die Hedge Funds Branche ist durch den Strukturwandel ebenso gefordert wie die Grossbanken. Nicht alle talentierten Asset Manager, die sich in einem Grossunternehmen bewährt haben und nun ihre Informationen eigenständig umsetzen und honorieren lassen wollen, verfügen auch über die unternehmerischen Fähigkeiten einen Hedge Fund zu führen. Die Hedge Fund Manager wissen, dass ihr Unternehmen ihr grösstes persönliches Risiko darstellt. Die Hedge Fund Manager haben dadurch ein ausgesprochen grosses Bewusstsein für die inhärenten Risiken am Finanzmarkt und sind bestrebt, die Handelsstrategien ihres Funds sorgfältig auszuwählen und genau im Auge zu behalten. Bei der grossen Zahl an aktiven Hedge Funds ist es trotzdem nicht weiter verwunderlich, dass es immer wieder Funds gibt, die aufgrund von Verlusten oder aufgrund von mittelfristigem Nichterreichens der kritischen Fundgrösse schliessen müssen.

Der vermehrte Zufluss von Kapital institutioneller Anleger führt dazu, dass eine umfassende Professionalisierung der Anlageprozesse erfolgt. Ohne sorgfältig implementierten Anlageprozess sind institutionelle Anleger sehr zurückhaltend bei der Vergabe von Assets. Professionelle Strukturen können auch vom Regulator verlangt werden. Über eine Offenlegungspflicht der Organisationsstruktur, der Qualifikation der Partizipanten und ein explizites Festhalten der Investitionsprozesse von Hedge Funds kann der Regulator wirkungsvoll dazu beitragen, dass die Anzahl Hedge Funds mit markanten Verlusten nachhaltig verringert wird. Dabei muss der Forderung von vollständiger Transparenz für «Alle», d.h. auch für nicht wirtschaftlich tangierte Interessenten, nicht nachgegeben werden.

Restrisiko bleibt

Hedge Funds agieren aktiv und mit komplexen Finanzinstrumenten am Markt. Das heisst, sie gehen bewusst Risiken ein, um die entsprechenden Risikoprämien abzuschöpfen. Beim systematischen Eingehen von Risiken können neben attraktiven Gewinnen auch Verluste entstehen, aller implementierten Investitionsprozessen und Risikomanagement-Techniken zum Trotz.

Diese Systemrisiken sind nicht wegen der Existenz der Hedge Funds entstanden. Eher die Grössenordnungen überraschen in Einzelfällen und führen unweigerlich zu erhöhter Präsenz in den Medien und zur Diskussion von möglichen Systemrisiken. Das Debakel um LTCM drohte 1998 aufgrund der milliardenhohen Verluste und des unvernünftig hohen Leverages zum Systemrisiko auszuarten. Der Vergleich mit internationalen Grossbanken ist durchaus zulässig. Ein Ausfall eines Mitglieds der Top Ten Gruppe würde das Finanzsystem genauso in Mitleidenschaft ziehen. Der Unterschied zwischen den beiden Branchen liegt eher in deren unterschiedlicher Erfahrung und Reife im Umgang mit Risiken. Immerhin scheint die Hedge Fund Branche seit 1998 gelernt zu haben. Extrem hohe Leverages werden nicht mehr verwendet. So drohte denn auch der Verlust von Amaranth im September 2006, obwohl der Amaranth-Verlust noch grösser war als derjenige von LTCM, nicht zum Systemrisiko auszuarten.

Trotzdem muss für die Hedge Funds das geeignete regulatorische Regelwerk erst noch gefunden werden. Das Festlegen der regulativen Bestimmungen erfordert viel Fingerspitzengefühl. Die Regulatoren müssen sich überlegen, wie hoch die Risiken sein dürfen, damit sie vom Finanzsystem getragen werden können. Werden die Regeln locker angesetzt, bleibt ein ungewünscht grosses Systemrisiko bestehen. Und falls die Regeln zu restriktiv ausfallen, wandert ein Teil des lukrativen Geschäfts in den nicht regulierten Bereich oder in liberalere Länder ab. Zudem müssen sich die Regeln adaptiv an den aktuellen

Stand des Best-Practice anpassen und diesen von den Hedge Funds verlangen, ansonsten sind die Regeln rasch veraltet. Das Implementieren eines guten Regelwerkes ist wichtig, denn die Angebots-Erweiterung, welche Hedge Funds vielen Investoren gebracht hat, ist nicht mehr wegzudenken.

Funktionierender Preiswettbewerb

Gegenwärtig wird die Szene durch die Diskussion um die Gebühren (Fees) der Hedge Funds dominiert. Die Management Fee sorgt für die Nachhaltigkeit des Hedge Funds. Infrastruktur-intensive Hedge Funds beanspruchen dementsprechend eine höhere Management Fee. Die Performance-Fee stellt eine reine Erfolgsentlöhnung dar, die nur dann zur Anwendung kommt, wenn Mehrwerte generiert werden.

Die Gebühren sind weniger elastisch, je erfolgreicher der Hedge Fund Manager ist. Der Markt ist dennoch fähig, die Frage über die angemessene Gebührenhöhe selbst zu regeln, weil die Voraussetzungen für eine Monopolisierung des Marktes nicht gegeben sind. Aufgrund der limitierten Skalierbarkeit der Handelsstrategien ist der Hedge Funds Markt atomistisch strukturiert, d.h. es gibt viele kleine Hedge Funds. Unangemessene Gebührenstrukturen werden in solch einem Umfeld durch eine tiefere Nachfrage automatisch genügend korrigiert. Eine Regelung der Gebührenhöhe durch eine Aufsichtsbehörde wäre daher sicherlich fehl am Platz. Der Markt als liberales Gebilde wird für ein faires Gleichgewicht sorgen.

Zusammenfassung

Das Hedge Fund Geschäft ist gekennzeichnet durch aussergewöhnliche Freiheiten in Bezug auf die angewandten Handelsstrategien. Die Freiheiten sind jedoch auch eine Verpflichtung zum verantwortungsvollen Umgang mit ihnen und zur stetigen Weiterentwicklung. Um die Anzahl grosser Verluste nachhaltig zu verkleinern, braucht es darüber hinaus eine zweckmässige und nicht zu stringente Basis-Regulation, welche von den Hedge Fund Managern einen hohen Standard in Bezug auf Qualifikationsanforderungen, den Investitionsprozess als auch das Risikomanagement verlangt. Davon auszugehen, dass mit Regulation Verluste vollständig vermieden werden können, wäre unbedarft. Investieren heisst Risikoprämien abschöpfen. Dazu ist es notwendig, Risiken bewusst einzugehen. Der Grundsatz, dass erwartete positive Returns möglichen Verlusten gegenüberstehen, ist damit auch im Hedge Fund Geschäft gültig. Angestrebt wird natürlich eine asymmetrische Verteilung der Wahrscheinlichkeiten zu Gunsten positiver Renditen.

Das Hedge Fund Geschäft basiert auf hoher Handlungsautonomie, Heterogenität und limitiertem Zugang zu Talenten. Die Thematik der Freiheit des Handelns und den Grenzen der Freiheit wird auch in mittelbarer Zukunft genügend Diskussionsstoff gewidmet werden. Für Hedge Fund Manager gilt schlussendlich das Selbe wie für Spitzensportler: Langfristig werden nur jene erfolgreich sein, die sich konsequent weiterentwickeln. So werden die Voraussetzungen erarbeitet und erhalten, um erfolgreich zu sein, denn «winning is the science of being better prepared».

**Hans-Jörg Baumann, Senior Partner und CEO
Swiss Capital Group**

Grenzen ausloten aber nie überschreiten

Hans-Jörg Baumann ist Absolvent der Universität Zürich (lic.oec. publ.). Vor dem Sprung in die Selbständigkeit war er während über 13 Jahren in den Bereichen Trading, Sales und Riskmanagement bei der Schweiz. Bankgesellschaft (SBG) tätig, zuletzt als Head Switzerland Trading & Sales, Fixed Income, Risk Management, Foreign Exchange and Precious Metals. 1998 hat er mit weiteren Partnern die Swiss Capital Group gegründet, ein auf Alternative Investments, Strukturierte Produkte und Corporate Finance spezialisiertes Finanzinstitut.

Neben dem ausgewiesenen unternehmerischen Engagement im Finanzgeschäft ist er auch ein passionierter Fallschirmspringer mit über 8000 Absprüngen und gehörte der Schweizer Nationalmannschaft an, die anlässlich der Weltmeisterschaft 1992 die Bronzemedaille gewonnen hatte. Für ihn gibt es viele Parallelen zwischen Spitzensport und Geschäftsleben. Beides erfordere Professionalität, Dynamik und Präzision.

Hans-Jörg Baumann bezeichnet sich als Teamplayer, der seine Grenzen kennt, aber nicht überschreitet. Dies zur Sicherheit aller involvierter Parteien. Und dies nicht nur im Leistungssport, sondern vor allem auch im Finanzgeschäft. Neben dem bedarfsgerechten Einsatz der traditionellen Finanzinstrumente kennt er aufgrund seiner langjährigen Erfahrung auch die Vorzüge und Gefahren der derivativen Instrumente. Hans-Jörg Baumann weiss, dass die derivativen Instrumente ein profundes Know-How und eine grosse Expertise erfordern. Wer komplexe Finanzierungsmodelle aufbauen wolle, der müsse zunächst die einfachen Instrumente verstehen und darüber hinaus das Spiel mit Zinssätzen, Kredit-Spannen und den relevanten Risikotransformations-Techniken kennen, sagt der Profi in seinem Fach und verweist auf sein Credo: Kenne die Grenzen der Freiheit, setzte der Freiheit auch bestimmte Limiten, aber ohne den Aktionsspielraum massiv einzuschränken!

Hans-Jörg Baumann, Swiss Capital Group , Talacker 41, Postfach 2865, 8022 Zürich

Thorsten Hens/Mei Wang

Hat Finance eine kulturelle Dimension?

Gemäß der traditionellen Finance bestimmt ausschließlich rationales Verhalten die Renditen von Finanzanlagen. Rationales Verhalten ist durch Axiome festgelegt, die unabhängig vom kulturellen Hintergrund der Anleger sind. In diesem Artikel zeigen wir auf, dass der kulturelle Hintergrund sehr wohl die Entscheidungen von Anlegern prägt. Die systematischen Abweichungen vom Ideal des rationalen Verhaltens führen vor allem zu kulturellen Unterschieden im Risikoverhalten. Vertragsverhandlungen bei Direktinvestitionen oder Mergers & Acquisitions sowie Anlagen in Aktien und Obligationen an internationalen Kapitalmärkten sollten diese kulturelle Dimension der Finance berücksichtigen.

Rationales Anlegen basiert auf den Axiomen von Von Neumann und Morgenstern (1944), welche die Erwartungsnutzenhypothese fundieren. Ein rationaler Anleger bestimmt seine Asset-Allokation im Rahmen seiner Risikofähigkeit durch Optimierung seiner Risikopräferenz und ohne Verzerrung der Risikowahrnehmung. Zudem nimmt man in Finance gewöhnlich an, dass der rationale Anleger eine konstante relative Risikoaversion hat, so dass sich seine Risikoaversion nicht mit der Höhe seines Vermögens verändert. Im Verlaufe der Zeit datiert der rationale Anleger seine Erwartungen gemäß der Bayesianischen Statistik auf. Zudem ist es nach der Effizienzmarkthypothese so, dass sich die Chancen und Risiken der Finanzanlagen im Zeitverlauf nicht grundsätzlich ändern, da der effiziente Markt zu jedem Zeitpunkt alle neuen Informationen bereits eingespeist hat. Die Kombination der beiden Aspekte, konstante relative Risikoaversion und Effizienzmarkthypothese, impliziert, dass der rationale Anleger, solange seine Risikofähigkeit nicht gefährdet ist, seine Asset-Allokation unverändert lässt, da für Ihn das Anlageproblem jederzeit identisch ist (Samuelson [1969]).

Einen Gegenentwurf zum rationalen Anleger haben Kahneman und Tversky (1979) basierend auf umfangreichen Laboruntersuchungen gemacht. Gemäß der so genannten Prospekttheorie unterlaufen Anlegern in der Risikowahrnehmung systematische Fehler. Zudem ist bei der Bewertung von risikobehafteten Lotterien die Risikoaversion davon abhängig, ob man Gewinne oder Verluste betrachtet. Anleger reagieren stärker auf Verluste als auf Gewinne, und im Gewinnbereich sind Anleger risikoavers, während sie im Verlustbereich risikofreudig sind. Abb. 1 zeigt eine typische Bewertungsfunktion gemäß der Prospekttheorie. Der Referenzpunkt teilt die Auszahlungen in Gewinne und Verluste. Die Bewertungsfunktion ist steiler im Verlustbereich als im Gewinnbereich (Verlustaversion). Zudem ist sie konkav im Gewinnbereich (Risikoaversion) und konvex im Verlustbereich (Risikofreude). Letzteres hat zur Folge, dass anstatt einen sicheren Verlust zu erleiden der typische Prospektnutzenmaximierer lieber eine Lotterie wählt, bei der er noch eine Chance hat den Verlust zu vermeiden – obwohl er dann aber auch wirklich hohe Verluste erleiden kann.

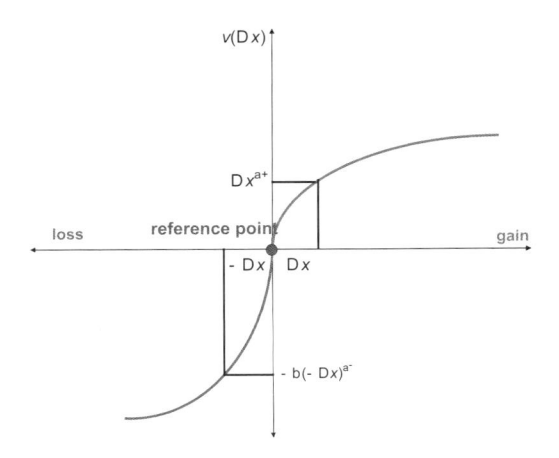

Abb. 1: Bewertungsfunktion der Prospekttheorie von Kahneman und Tversky

Kulturelle Regionen

Kulturelle Regionen werden in den Sozialwissenschaften anhand von Eigenschaften wie Leistungsorientierung, Unsicherheitsaversion, Zukunftsorientierung, Individualismus und Gleichberechtigung von Mann und Frau identifiziert.

Auf diesen Kriterien basierend finden Gupta, Hanges und Dorfman (2002), zum Beispiel, folgende kulturelle Regionen: angelsächsische Länder, romanisches Europa, nordisches Europa, germanisches Europa, Osteuropa, Lateinamerika, Afrika südlich der Sahara, arabische Kulturen, Südasien, konfuzianisches Asien. Hofstede (2001) kommt zu einer ähnlichen Einteilung. Insbesondere ist Hofstedes Index des Individualismus ein wertvolles kulturelles Unterscheidungsmerkmal (http://www.geert-hofstede.com), da diese kulturelle Dimension großen Einfluss auf die Risikoeinstellung, die Denkweise und die Verhaltensweise der Befragten hat. Ein weiterer wichtiger Aspekt ist die Unsicherheitsaversion, dargestellt in Abb. 2, welche auch Aspekte der Risikoaversion abdeckt. Obwohl Hofstedes kulturelle Indizes in vielen Sozialwissenschaften, einschließlich der Ökonomie, weithin akzeptiert sind, sind Sie noch wenig in der Finance betrachtet worden.

Andere Wissenschaftler versuchen kulturelle Unterschiede anhand sozioökonomischer Strukturen und Denkweisen zu erfassen. Douglas & Wildavsky (1982), zum Beispiel, klassifizieren kulturelle Regionen anhand der Marktorientiertheit bzw. einer hierarchischen Orientierung. Nisbett et al. (2001) unterscheiden Kulturen nach ganzheitlichem und analytischem Denken.

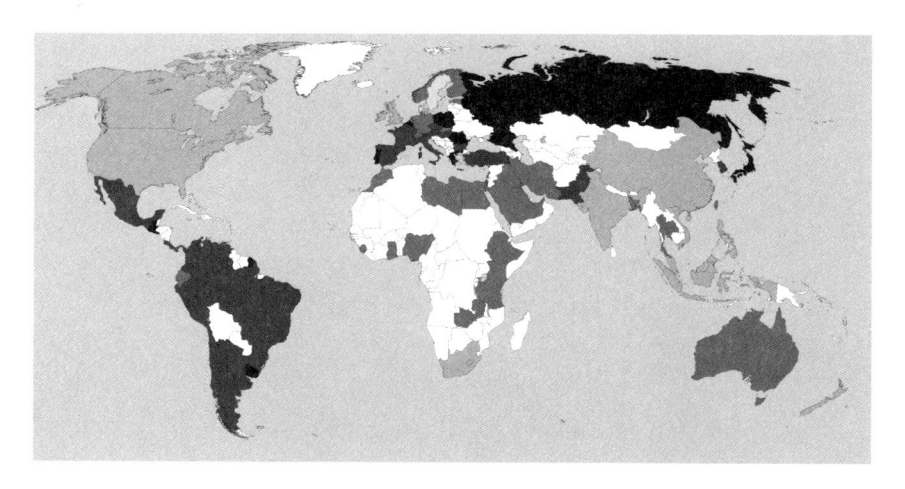

Abb. 2: Kulturelle Unterschiede im Index „Vermeidung von Unsicherheiten". Dunkel gefärbte Länder weisen einen relativ hohen, hell gefärbte einen niedrigen Index auf. Für weiß belassene Länder liegen keine Daten vor.

Kulturelle Unterschiede im Individuellen Risikoverhalten

Untersuchungen zur Risikoaversion zeigen signifikante Unterschiede in Abhängigkeit von den oben zitierten kulturellen Regionen. Im Allgemeinen findet man, dass Chinesen weniger risikoscheu sind als Anleger in der westlichen Welt. Bontempo, Bottom and Weber (1997) haben Studenten in Hong Kong, Taiwan, den Niederlanden und den USA Lotterien auswählen lassen und fanden, dass die Risikoaversion der Studenten in Hong Kong und Taiwan mehr von der Höhe eines möglichen Verlustes geprägt ist und weniger von der Wahrscheinlichkeit eines möglichen Gewinnes kompensiert wird als dies in den Niederlanden und den USA der Fall ist. Überträgt man dieses Ergebnis auf die Prospekttheorie, so ergibt sich ein signifikant verschiedener Verlauf der Bewertungsfunktion, wie Abb. 3 zeigt.

In einer viel beachteten Studie haben Weber and Hsee (1998) Studenten in China, Deutschland, Polen und den USA Lotterien auswählen lassen und fanden, dass es ebenfalls signifikante Unterschiede in der Risikowahrnehmung gab. Überträgt man dieses Ergebnis auf die Prospekttheorie, so ergibt sich ein signifikant verschiedener Verlauf der Bewertungsfunktionen, wie die Abbildungen 4 und 5 zeigen. Abb. 4 basiert auf einer Umfrage, in der die Studierenden ihre Zahlungsbereitschaft für verschiedene Lotterien angeben mussten, während sie bei Abb. 5 das wahrgenommene Risiko angeben mussten.

Hat Finance eine kulturelle Dimension?

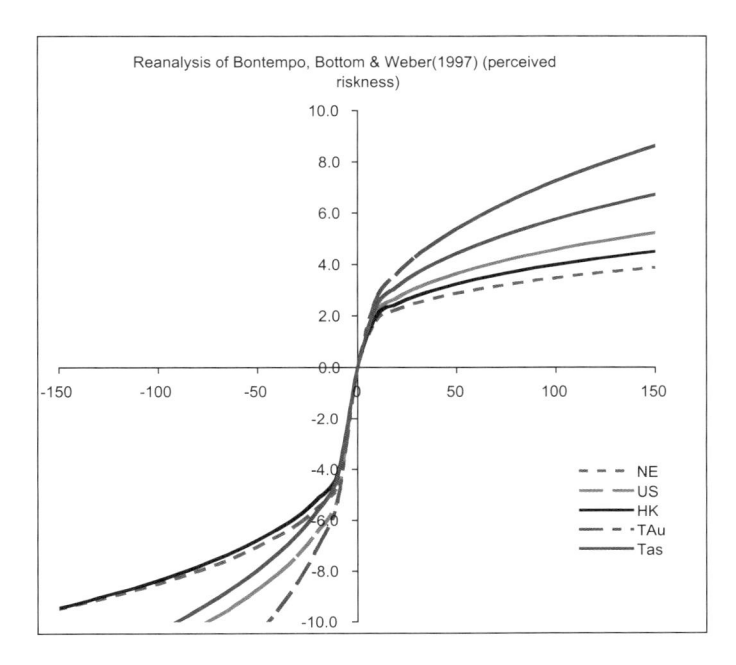

Abb. 3: Verlauf der Prospekttheorie-Wertfunktionen für Niederländer, US Amerikaner, Hong Kong Chinesen, Taiwanesen (Studenten und Praktiker). Studenten und Praktiker in Taiwan reagieren stärker auf die Höhe der Auszahlung.

Im Allgemeinen zeigen diese Untersuchungen, dass im Vergleich zu den Teilnehmern in den USA und in Europa chinesische Studierende risikotoleranter und weniger verlustavers sind (Fan & Jiao, 2006). Weber & Hsee (1998) haben zur Erklärung die «Soziale Absicherungshypothese» formuliert. Sie argumentieren, dass sich Bürger in einer kollektivistischen Gesellschaft wie in China darauf verlassen, im Falle von finanziellen Schwierigkeiten von ihren Familien und Freunden unterstützt zu werden. Deshalb nehmen sie finanzielle Risiken nicht so stark wahr wie in individualistischen Gesellschaften. In anderen Entscheidungssituationen, wie zum Beispiel bei Gesundheitsrisiken sind Chinesen jedoch stärker risikoavers, was mit den höheren Grad an Unsicherheitsaversion, gemessen in Hofstedes kultureller Dimension «Uncertainty Avoidance», übereinstimmt.

Die Kultur, in welcher eine Person lebt, beeinflusst auch Ihren Umgang mit Wahrscheinlichkeiten. Wright & Phillips (1980) zum Beispiel haben beobachtet, dass Teilnehmer von Studien in Hong Kong Ereignissen häufig extreme Wahrscheinlichkeiten zuordnen (z.B. «100%» oder «unmöglich»), während britische Teilnehmer stärker differenzierte Wahrscheinlichkeiten benutzen.

Weber &Hsee (Pricing Task)

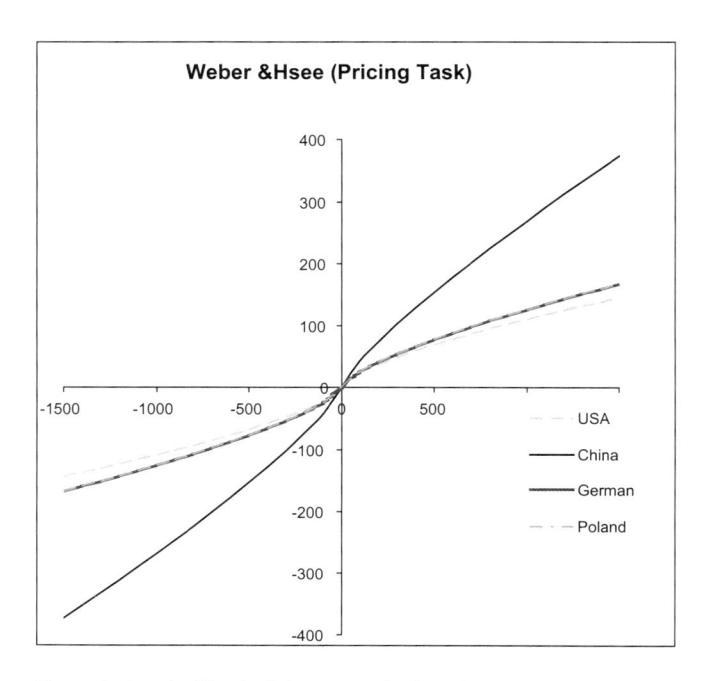

Abb. 4: Prospekttheorie-Wertfunktionen ermittelt anhand von Zahlungsbereitschaft für Lotterien für die USA, China, Deutschland und Polen. Chinesen reagieren stärker auf die Höhe der Auszahlung.

Diese Beobachtung ist in jüngeren Studien in den USA, Japan, China, und anderen asiatischen Ländern bestätigt worden. Yates & Shinotsuka (1996) vermuten, dass die zu extreme Wahl der zu extremen Wahrscheinlichkeiten auch von der kollektivistischen Kultur geprägt ist, da diese Konformität fordert und wenig Freiräume für differenzierte Betrachtungen lässt.

Da die Wertefunktion der Prospekttheorie anhand des Referenzpunktes definiert ist, ist dieser ein wesentlicher Bestandteil der Bestimmung der Risikotoleranz. Ein hoher Referenzpunkt bzw. ein hohes Anspruchsniveau erhöht die Akzeptanz von Risiko. Wie genau Personen in verschiedenen Kulturen Referenzpunkte wählen ist noch nicht abschließend geklärt. Es wurde jedoch für die Wahl von Versicherungsverträgen empirisch belegt, dass Chinesen mehr auf Darstellungsunterschiede reagieren und auch mehr von ihrem sozialen Umfeld beeinflusst sind als Personen aus westlichen Kulturen (Wang & Fischbeck, 2004; Levinson & Peng, 2006). Ein möglicher Grund hierfür könnte sein, dass Chinesen noch immer sehr unerfahren mit solchen Finanzprodukten sind

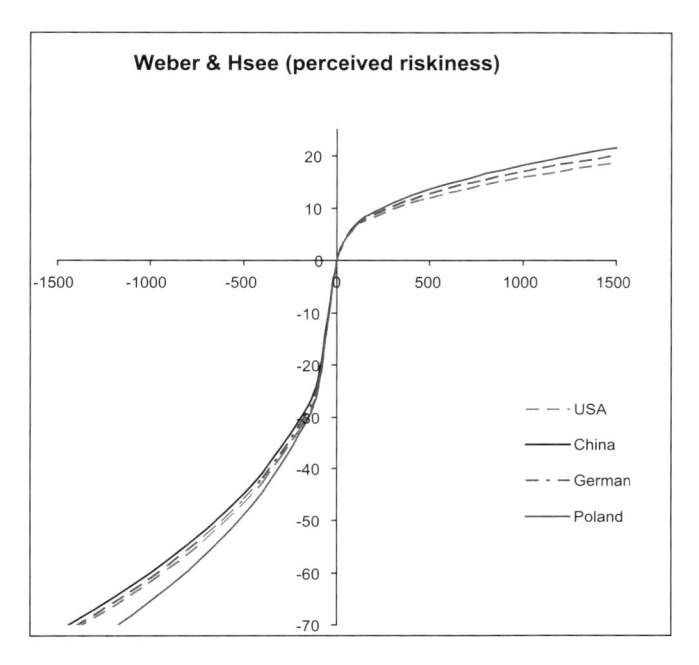

Abb. 5: Prospekttheorie-Wertfunktionen ermittelt anhand von Risikowahrnehmung für Lotterien für die USA, China, Deutschland und Polen. Chinesen empfinden Lotterien mit hohen Auszahlungen als weniger riskant.

oder aber, dass ihre mehr ganzheitliche Denkweise sie stärker auf den Kontext und damit auf die Darstellung der Versicherungsprodukte lenkt.

Gemäß der Prospekttheorie resultiert Risikoverhalten aus dem Zusammenwirken der Wahl des Referenzpunktes, der Risikoaversion/freude im Gewinn- bzw. im Verlustbereich, dem Grad der Verlustaversion und der Wahrscheinlichkeitswahrnehmung. Diese verschiedenen Aspekte der Prospekttheorie sind sehr gut geeignet, kulturelle Unterschiede im Risikoverhalten zu verstehen. Die in der Finance übliche einfache Erwartungsnutzentheorie mit konstanter relativer Risikoaversion ist hierfür ganz und gar ungeeignet. Ein Investor, der Vertragsverhandlungen bei Direktinvestitionen oder Mergers & Acquisitions führt, kann von dem Wissen über die kulturellen Unterschiede im Risikoverhalten profitieren. Wenn man selbst zum Beispiel verglichen mit dem Vertragspartner stärker die Höhe als die Wahrscheinlichkeit eines Verlustes scheut, so sollte dies in der Allokation der mit dem Geschäft verbundenen Risiken berücksichtigt werden.

Kulturelle Unterschiede in den Marktrenditen

Bislang haben wir aufgezeigt, dass kulturelle Unterschiede individuelles Verhalten unter Unsicherheit und unter Risiko beeinflussen. Haben kulturelle Unterschiede auch einen Einfluss auf Marktrenditen in Aktienmärkten einzelner Länder? Die traditionelle Finanztheorie würde diese Frage klar verneinen. Da heutzutage alle Aktienmärkte global verbunden sind, sollte ein rationaler Anleger ein international wohl diversifiziertes Portfolio halten, in welchem sein Herkunftsland keine große Rolle spielt. Der in der Behavioural Finance häufig nachgewiesene Home Bias, widerlegt diese traditionelle Sicht (e.g.; Coval & Moscovitz, 1999, French & Porterba, 1991, Kogan & Stulz, 1997). Zudem haben Grinblatt & Keloharju (2001) anhand von finnischen Firmen dokumentiert, dass Investoren eher Aktien von Firmen halten, deren Chief Executives denselben kulturellen Hintergrund haben, die in der Nähe ansässig sind und die in der Muttersprache der Investoren kommunizieren.[1] Chan, Covrig & Ng (2005) bestätigen diesen kulturellen Aspekt des Home Bias sogar für Mutual Funds und für 26 Ländern.

Griffin, Ji & Martin (2003) haben anhand von 40 Ländern gezeigt, dass die Profitabilität von Momentum-Strategien international nur schwach miteinander korrelieren und nicht durch makroökonomische Faktoren erklärt werden können. Können kulturelle Unterschiede Momentum erklären? Basierend auf Aktienrenditen in 41 Ländern und dem Individualismusindex von Hofstede (2001), haben Chui, Titman & Wei (2005) zum einen herausgefunden, dass individualistische Kulturen ein höheres Handelsvolumen haben. Sie fanden auch, dass Momentum und langfristiges Reversal in individualistischen Kulturen größer sind. Dieses Muster gilt auch dann noch, wenn man andere Unterschiede wie Markteffizienz, approximiert zum Beispiel durch Rechtssicherheit und Buchhaltungsstandards, berücksichtigt. Chui et al. (2005) argumentieren, dass Personen in individualistischen Kulturen sich eher selbst überschätzen, da sie von Kindheit an ermutigt wurden, sich von anderen zu unterscheiden, und da Selbstvertrauen sehr hoch angesehen wird. Auf der anderen Seite legt die Behavioural Finance Literatur nahe, dass ein übertriebenes Selbstvertrauen zu einem exzessiven Handelsvolumen führt. Kombiniert man diese beiden Aspekte, so erklärt sich, dass ein hoher Grad an Individualismus mit hohem Handelsvolumen einhergeht. Da sich selbst überschätzende Personen ihren privaten Informationen zuviel Bedeutung beimessen, reagieren

---

[1] Finnische Firmen sind besonders interessant für interkulturelle Studien, da Finnland zwei Landessprachen hat (Finnisch und Schwedisch), in denen auch die Firmen kommunizieren. Ein anderes sehr interessantes Beispiel wäre die Schweiz, ein Land mit vier Landessprachen und vier kulturellen Regionen. Aber eine zu Grinblatt & Keloharju (2001) vergleichbare Studie ist für die Schweiz bislang nicht durchgeführt worden.

Sie langfristig zu wenig auf Neuigkeiten, so dass Chui et al. auch einen Zusammenhang zwischen Individualismus und mittelfristigem Momentum sowie langfristigem Reversal sehen. Die Daten bestätigen alle diese Vermutungen auf Länderebene.²

Momentum Around the World

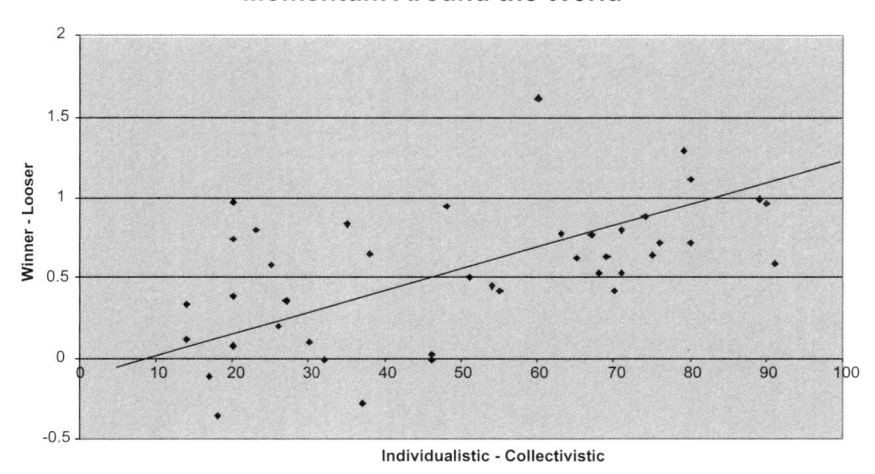

Abb. 6: Zusammenhang von Momentum-Renditen und Individualismus basierend auf Chui, Titman & Wei (2005). Jeder Punkt zeigt die Höhe der Renditen durch eine standardisierte Momentum-Strategie in Abhängigkeit des Scores im Individualismusindex für das betreffende Land.

Internationale Vergleiche von Finanzmärkten sind schon sehr häufig durchgeführt worden (e.g., Dimson, Marsh, & Staunton, 2006). Wenige davon studieren jedoch den Einfluss kultureller Unterschiede.

Manche wahrscheinlich kulturell geprägten Marktbesonderheiten sind deshalb nach wie vor ungeklärt. So weist beispielsweise der italienische Aktienmarkt im Vergleich zu anderen westlichen Ländern zwei Besonderheiten auf: Zum einen ist es nur in Italien so, dass die Volatilität der Renditen in steigenden Märkten höher ist als in fallenden Märkten (Papa, 2004) wie Abb. 7 zeigt. Zum anderen kann man in allen bislang untersuchten Ländern lang-

---

² Man beachte, dass der hier verwendete Begriff der Selbstüberschätzung sich von dem zuvor verwendeten unterscheidet: Hier beziehen wir uns auf die Selbsteinschätzung der Fähigkeiten im Vergleich zu anderen (better than average effect), während wir zuvor Selbstüberschätzung im Zusammenhang mit einem zu engen Sicherheitsintervall bei Wahrscheinlichkeits-Einschätzungen benutzt haben (miscalibration bias).

	MSCI STOCKS INDEX							
	Sample Period	Mean up	Mean down	Volatility Up	Volatility Down	Corr	Corr up	Corr Down
World	1970.1-2003.10	21.00%	-15.00%	14.35	17.86	0.89	0.86	0.9
USA	1970.1-2003.10	24.00%	-17.00%	15.65	17.61	1	1	1
GER	1970.1-2003.10	28.00%	-23.00%	19.63	22.62	0.51	0.35	0.6
UK	1970.1-2003.10	29.00%	-21.00%	22.3	23.3	0.61	0.47	0.66
CH	1970.1-2003.10	25.52%	-19.90%	17.9	21.15	0.64	0.5	0.7
CAN	1970.1-2003.10	25.73%	-19.11%	17.41	19.66	0.71	0.65	0.72
IT	1970.1-2003.10	35.89%	-29.41%	25.45	23.84	0.35	0.2	0.41
FR	1970.1-2003.10	32.94%	-26.00%	21.71	23.45	0.54	0.4	0.6
AUS	1970.1-2003.10	28.96%	-23.53%	20.42	23.74	0.53	0.33	0.62
JAP	1970.1-2003.10	27.45%	-22.05%	19.42	20.4	0.36	0.24	0.37

Abb. 7: Quelle Papa (2004). In allen betrachteten Aktienmärkten ist die Volatilität in steigenden Märkten geringer als in fallenden Märkten. Nur in Italien ist es genau umgekehrt.

		Sorted by:						
		Book-to-market		Earnings-price		Cash flow-price		Dividend-price	
	Market	Value	Glamour	Value	Glamour	Value	Glamour	Value	Glamour
U.S.	9.57	14.55	7.75	14.09	7.38	13.74	7.08	11.75	8.01
	(14.64)	(16.92)	(15.79)	(18.10)	(15.23)	(16.73)	(15.99)	(13.89)	(17.04)
Japan	11.88	16.91	7.06	14.14	6.67	14.95	5.66	16.81	7.27
	(28.67)	(27.74)	(30.49)	(26.10)	(27.62)	(31.59)	(29.22)	(35.01)	(27.51)
U.K.	15.33	17.87	13.25	17.46	14.81	18.41	14.51	15.89	12.99
	(28.62)	(30.03)	(32.32)	(27.00)	(35.11)	(26.55)	(32.18)	(26.32)	
France	11.26	17.10	9.46	15.68	8.70	16.17	9.30	15.12	6.25
	(32.35)	(36.60)	(30.88)	(32.35)	(36.92)	(31.26)	(30.06)	(33.16)	
Germany	9.88	12.77	10.01	11.13	10.58	13.28	5.14	9.99	10.42
	(31.36)	(30.35)	(32.75)	(24.62)	(34.82)	(29.05)	(26.94)	(24.88)	(34.42)
Italy	8.11	5.45	11.44	7.62	12.99	11.05	0.37	10.07	12.68
	(43.77)	(35.53)	(50.65)	(42.36)	(54.68)	(43.52)	(38.42)	(38.28)	(56.66)
Netherlands	13.30	15.77	13.47	14.37	9.26	11.66	11.84	13.47	13.05
	(18.81)	(33.07)	(21.01)	(21.07)	(20.48)	(33.02)	(23.26)	(21.38)	(30.81)
Belgium	12.62	14.90	10.51	15.12	12.90	16.46	12.03	15.16	12.26
	(25.88)	(28.62)	(27.63)	(30.47)	(27.88)	(28.84)	(25.57)	(26.47)	(29.26)
Switzerland	11.07	13.84	10.34	12.59	11.04	12.32	9.78	12.62	10.44
	(27.21)	(30.00)	(28.57)	(31.44)	(28.81)	(36.58)	(27.82)	(31.00)	(27.83)
Sweden	12.44	20.61	12.59	20.61	12.42	17.08	12.50	16.15	11.32
	(24.91)	(38.31)	(26.26)	(42.43)	(24.76)	(30.56)	(23.58)	(29.55)	(25.13)
Australia	8.92	17.62	5.30	15.64	5.97	18.32	4.03	14.62	6.83
	(26.31)	(21.03)	(27.32)	(28.19)	(28.89)	(29.08)	(27.46)	(28.43)	(28.57)
Hong Kong	22.52	26.51	19.35	27.04	22.05	29.33	20.24	23.66	23.30
	(41.96)	(48.68)	(40.21)	(44.83)	(40.81)	(46.24)	(42.72)	(38.76)	(42.05)
Singapore	13.31	21.63	11.96	15.21	13.12	13.42	8.03	10.64	13.10
	(27.29)	(36.89)	(27.71)	(29.55)	(34.68)	(26.24)	(28.92)	(22.01)	(33.92)

Abb. 8: Quelle: Fama & French (1998): Aktien werden am Ende eines Jahres nach Value und nach Glamour sortiert. Die Value Portfolios beinhalten die top 30% aller Aktien und die Glamour die Bottom 30%. Die Marktrendite jedes Landes ist kapitalgewichtet. Die Zahlen in den Klammern geben die durchschnittliche Standardabweichung in den Jahren 1975–1995 an.

fristig mit Value-Aktien eine Überrendite zum Marktindex und zu Glamour[3]-Aktien erzielen. Nur in Italien ist dies umgekehrt: Glamour schlägt Value, wie Abb. 8 zeigt.

Weitere Aspekte

Wir haben aufgezeigt, dass kulturelle Unterschiede verschiedene kognitive Fehler bei Entscheidungen unter Unsicherheit und unter Risiko erklären können. Hierbei ist zu bemerken, dass kein kultureller Hintergrund zu wirklich rationalem Verhalten zu führen scheint. Vielmehr treten unterschiedliche Fehler je nach kulturellem Hintergrund auf. Personen aus individualistischen Kulturen neigen eher zur Selbstüberschätzung, während Personen aus kollektivistischen Kulturen eher auf Darstellungseffekte hereinfallen.

Neben den kognitiven Fehlern studiert man in jüngster Zeit mehr und mehr Fehler, die auf Gefühle zurück zu führen sind. Zum Beispiel führt Ärger dazu, dass man verstärkt Risiken eingeht, während Trauer zu Risikoscheue führt. Die fundamentalen Gefühle sind in allen Kulturen identisch. Jedoch fördern bzw. unterdrücken unterschiedliche Kulturen unterschiedliche Gefühle (Aaker &Williams, 1998; Berry, Dasen, & Sarawathi, 1997). Auch dieser Aspekt kann kulturelle Unterschiede im Risikoverhalten begründen.

Literaturverzeichnis

Aaker, J.L. and P. Williams (1998): «Empathy versus Pride: The Influence of Emotional Appeals across Cultures», Journal of Consumer Research, 25, 241–261.

Berry, J.W., Dasen, P.R., and T.S. Sarawathi (1997): «Handbook of Cross-Cultural Psychology», 2nd edition, Allyn&Bacon (publisher).

Bontempo, R.N., W.P. Bottom, and E.U. Weber (1997): «Cross-Cultural Differences in Risk Perception: A Model Based Approach», Risk Analysis 17(4), 479–488.

Chan,K., V. Covrig, and L. Ng (2005): «What determines the domestic bias and foreign bias? Evidence from mutual fund equity allocations worldwide». Journal of Finance, LX(3):1495–1534, June.

Choi , I. and R. E. Nisbett (2000): «Cultural psychology of surprise: holistic theories and recognition of contradiction». Journal of Personality and Social Psychology, 79(6):890–905.

Chui, A.C.W., S. Titman and K.C.J. Wei (2005): «Momentum Around the World», Mimeo university of Texas.

Coval, J.D., and T.J. Moskowitz (1999): «Home Bias at Home: Local Equity Preference in Domestic Portfolios,» Journal of Finance 54, 2045–2073.

---

[3] Glamour-Aktien werden auch als Growth-Aktien bezeichnet.

Dimson, E., P. Marsh, and M. Staunton (2006): «The worldwide equity premium: A smaller puzzle». Working paper, London Business School.

Fama, Eugene F. und Kenneth R. French (1998): «Value versus Growth. The International Evidence»; Journal of Finance Vol. 53, p. 1975–1999.

French, K.R., and J.M. Poterba (1991): «Investor Diversification and International Equity Markets», American Economic Review 81, 222–226.

Fan J. X. and Xiao J. J. (2006). «Cross-cultural differences in risk tolerance: A comparison between Chinese and Americans». Journal of personal finance, forthcoming.

Griffin, J. M., X. Ji, and J. S. Martin (2003): «Momentum investing and business cycle risk: Evidence from pole to pole». The Journal of Finance, 58(6): 2515–47.

Grinblatt, M. and M. Keloharju (2001): «How Distance, Language, and Culture Influence Stockholdings and Trade», The Journal of Finance 56(3), 1053–1073.

Gupta, V., Hanges P.J. and P. Dorfman (2002): «Cultural Clusters: Methodology and Findings», Journal of World Business, Vol. 37, 11–15.

Hofstede, G. (2001): «Culture's Consequences: Comparing Values, Behaviors, Institutions and Organizations accross nations», 2nd edition, Sage Publication.

Hsee, C. K. and E. U. Weber (1999): «Cross-national differences in risk preference and lay predictions». Journal of Behavioral Deicision Making, 12:165–179.

Kahneman and Tversky (1979): «Prospect theory: An analysis of decisions under risk», Econometrica, Vol (47): 313–327.

Kang, J.-K., and R.M. Stulz (1997): «Why Is There a Home Bias? An Analysis of Foreign Portfolio Equity Ownership on Japan», Journal of Financial Economics 46, 3–28.

Kilka, M., and M. Weber (2000): «Home Bias in International Stock Return Expectations,» Journal of Psychology and Financial Markets 1, 176–192.

L.-J. Ji, K. Peng, and R. E. Nisbett (2000): «Culture, control, and perception of relationships in the environment». Personality Processes and Individual Differences, 78(5): 943–955.

Levinson, J. D. and K. Peng (2006) «Valuing cultural differences in behavioral economics. SSRN working paper». Available at http://ssrn.com/abstract=899688

Mesquita, B., N.H. Frijda and K. Scherer (1997): «Culture and Emotion», Chapter 8 in Volume 2 of Berry et al.

Nisbett, R. E., Peng, K., Choi, I., & Norenzayan, A. (2001): «Culture and systems of thought: Holistic vs. analytic cognition». Psychological Review, 108, 291–310.

Nurmi, J-E. (2001): «Cross-Cultural Differences in Self-Serving Bias: Responses to the Attributional Style Questionnaire by American and Finnish Students», The Journal of Social Psychology, 132(1), 69–76.

Papa, B. (2004): «Stock market volatility: A puzzle? An investigation into the causes and consequences of asymmetric volatility», Master Thesis For the Master of Advanced Studies in Finance, UZH and ETHZ.

Peng, K. and R. E. Nisbett (1999). «Culture, dialectics, and reasoning about contradictions». American Psychologist, 54:741.

Samuelson, P. A., (1969): «Lifetime Portfolio Selection by Dynamic Stochastic Programming», The Review of Economics and Statistics, Vol. 51(3): 239–46.

Von Neumann, J. und O. Morgenstern (1944): «Theory of Games and Economic Behavior», Princeton University Press.

Wang, M. and P. Fishbeck (2004): «Similar How to Frame but Different in What to Choose», Marketing Bulletin 15 Article 2, 1–12.

Weber, E. and C. Hsee (1998): «Cross-Cultural Differences in Risk Perception, but Cross-Cultural Similarities in Attitudes towards Perceived Risk», Management Science, 44(9), 1205–1217.

Wright, G. and L. D. Phillips (1980): «Cultural variation in probabilistic thinking: Alternative ways of dealing with uncertainty». International Journal of Psychology, 15, 239–257.

Yates, F.J, J-W Lee and H. Shinotsuka (1996): «Beliefs about Overconfidence, Including ist cross-national variations», Organizational Behavior and Human Decision Processes, 65 (2), 138–147.

Prof. Dr. Thorsten Hens, Universität Zürich

Verhaltensforscher in der Finance

Wirtschaftssubjekte verhalten sich nicht rational. Der Homo Oeconomicus, wie ihn die Väter der Wirtschaftswissenschaften als rational denkendes und handelndes Wesen beschrieben haben, ist ein Mythos. Dies haben die Vertreter der Behavioural Finance bewiesen und dafür auch den Nobelpreis erhalten. Professor Hens hat sich mit Leib und Seele diesem Forschungszweig verschrieben. Auf illustrative und lustige Art entlarvt er den irrationalen Herdentrieb der Anleger und vor allem auch ihre mangelhafte Lernfähigkeit.

Seit 2006 ist Thorsten Hens ordentlicher Professor für Financial Economics am Institut für Schweizerisches Bankwesen (Swiss Banking Institute) der Universität Zürich. Er lehrte bereits zuvor an der Universität Zürich, allerdings als Professor für Finanzmärkte und Makroökonomie am Institut für Empirische Wirtschaftsforschung. Seit 2001 ist er Adjunct Professor for Financial Economics, Department of Finance, der Norwegian Business School in Bergen (Norwegen). Seine erste ordentliche Professur erhielt er 1996 an der Universität Bielefeld, wo er Wirtschaftstheorie las.

Professor Hens ist Research Fellow des renommierten Center of Economic Policy Associate Research (CEPR, 90–98 Goswell Road, London EC1V 7RR UK, cepr@cepr.org), sowie Mitglied der Econometric Society und der European Economic Association und der European Finance Association. Seit 2001 amtet er als stellvertretender Dekan sowie Prüfungsdelegierter der wirtschaftswissenschaftlichen Fakultät der Universität Zürich. 2007 ist er der Direktor des Instituts für Schweizerisches Bankwesen.

Prof. Dr. Thorsten Hens, Institut für Schweizerisches Bankenwesen, Universität Zürich

Prof. Dr. Mei Wang, Institut für Schweizerisches Bankwesen, Universität Zürich

Interkulturelle Finanzwissenschaftlerin

Prof. Dr. Mei Wang hat an der Carnegie Mellon University in Pittsburgh (USA) in «Behavioural Decision Theory» promoviert, und zwar zum Thema: «Prospect Theory, Framing and Risk Preferences – a US-China Comparison». Dabei kommen die kulturellen Unterschiede im Verhalten von amerikanischen und chinesischen Investoren zum Ausdruck. Dr. Mei Wang erwarb 1994 an der Xiamen Universität (China) ihr Bachelor Degree in Computer Science und darauf das Master Degree in Decision Science an der Carnegie Mellon University.

Praxiserfahrung holte sie sich in ihrer Tätigkeit als Computer Engineer bei Beijing Banknote Printing Corporation in Beijing (China), sowie als Teaching and Research Assistant an der Carnegie Mellon University. Danach folgte ein Postdoc an der Universität Mannheim, eine visiting position an der ETH Zürich sowie ein Postdoc am National Centre of Competence Research NCCR-FINRISK an der Universität Zürich. Seit März 2006 forscht und lehrt sie als Assistant Professor in Finance and Financial Markets am Institut für Schweizerisches Bankwesen an der Universität Zürich.

Prof. Mei Wang, Ph. D., Institut für Schweizerisches Bankenwesen, Universität Zürich

Globalisierung & Rechtsetzung

JOSEF ACKERMANN

Nationale Aufsichtsstrukturen als Herausforderung an global agierende Institute – Anforderungen an die Finanzaufsicht aus Sicht eines Global Player

Die institutionelle Struktur der Finanzaufsicht steht weltweit in einem Spannungsfeld: Während sich einerseits immer mehr transnationale Finanzinstitute herausbilden, bleibt andererseits die Bankenaufsicht nicht zuletzt aus rechtlichen Gründen fest im nationalen Rahmen verankert. Je stärker die Transnationalisierung der Finanzinstitute fortschreitet, desto gravierender wird die Kluft zwischen diesen beiden Welten – gravierender sowohl mit Blick auf die Tatsache, dass die Effektivität der Bankenaufsicht beeinträchtigt wird, als auch in Hinblick auf die resultierenden Kostenbelastungen für die beaufsichtigten Institute. Insofern erstaunt es nicht, dass diese Thematik immer größere Bedeutung in der politischen Diskussion erlangt.

Um seine Bestimmung zu erreichen, muss ein Bankenaufsichtsregime eine Reihe von Voraussetzungen erfüllen. Diese Kriterien eignen sich gleichzeitig, um die Angemessenheit eines bestimmten Regimes im Lichte der jeweils existierenden Finanzmarktstruktur zu beurteilen.

- Das Aufsichtsregime soll die Finanzmarktstabilität sichern – aber gleichzeitig den Rahmen für einen dynamischen und wettbewerbsintensiven Finanzsektor setzen.
- Die Aufsichtsstruktur muss kosteneffizient sein.
- Sie muss wettbewerbsneutral sein, d.h. ein level-playing field schaffen.
- Sie muss transparent sein und dadurch das Vertrauen der Öffentlichkeit und der Institutionen in die Stabilität des Systems sichern.
- Sie muss ein effektives und transparentes Verfahren für das Krisenmanagement vorsehen.
- Sie muss die Marktintegration und Effizienz des Finanzsystems begünstigen und auf Veränderungen des Marktes reagieren.
- Da es sich bei der Finanzaufsicht um einen hoheitlichen Akt im öffentlichen Interesse handelt, muss die Struktur der Finanzaufsicht klare Strukturen für die politische Rechenschaftspflicht aufweisen.

Das Dilemma

Die historisch gewachsenen Aufsichtsstrukturen und Formen der internationalen Kooperation zwischen Finanzaufsichtsbehörden reflektieren noch die Welt weitgehend national abgegrenzter Finanzmärkte, in denen Banken nur ein geringes Auslandsgeschäft hatten sowie die Institute eine klar identifizierbare Nationalität besaßen. Gleichzeitig repräsentierten in dieser Ordnung die Aktivitäten ausländischer Banken nur einen kleinen Teil der Bankenaktiva eines Landes, waren also aus Sicht der jeweiligen Finanzaufsicht von nachrangigem Interesse im Vergleich zu den Aktivitäten heimischer Institute. Schließlich: Soweit Banken Auslandsaktivitäten in größerem Umfang tätigten, taten sie dieses aus in jenen Ländern inkorporierten Tochtergesellschaften heraus, die über ein eigenständiges Kapital-, Liquiditäts- und Risikomanagement verfügten und in die Sicherungssysteme des Gastlandes eingebunden waren.

Alle diese Merkmale haben sich über die vergangenen Jahre hinweg fundamental verändert. Es gibt eine wachsende Anzahl von Instituten, die genuin multinational aufgestellt sind. Zudem repräsentieren die ausländischen Operationen der Banken in vielen Fällen nicht mehr einen vernachlässigbar kleinen, sondern vielmehr einen substantiellen Teil der Bankenaktiva und/

oder der Kapitalmarktaktivitäten eines Landes – die mittel- und osteuropäischen Länder sind hier sicher besonders illustrativ. Darüber hinaus sind diese transnationalen Häuser divisional, nicht geographisch organisiert, d.h. die interne Organisationsstruktur orientiert sich an den Geschäftsbereichen und Produkten, wobei für jede Produktdivision eine global einheitliche Struktur existiert. Daraus folgt, dass die interne Steuerung über die Verantwortung für bestimmte Produkte und Prozesse erfolgt, wohingegen die geographische Dimension allenfalls im Sinne einer virtuellen Matrixstruktur über die divisionale Organisation gelegt wird – im Wesentlichen, um im Außenverhältnis zu lokalen Aufsichtsbehörden und sonstigen Ansprechpartnern aus dem öffentlichen und privaten Sektor Zuständigkeiten definiert zu haben. Nota bene: Eine global organisierte, divisionale Struktur bedeutet natürlich nicht, dass Produkte nicht den Gesetzen, Konventionen und Nachfragestrukturen entsprechend in lokalen Märkten angepasst werden; ebenso wenig steht sie einer lokal organisierten Vertriebsstruktur im Weg, die der Notwendigkeit einer engen Kundennähe entspricht. Entscheidend ist jedoch, dass die Geschäftssteuerung, die Risiko- und Erfolgskontrolle und das Produktmanagement global organisiert sind.

Dementsprechend – und dies ist entscheidend für das Spannungsverhältnis zur national organisierten Finanzaufsicht – verfügen divisional organisierte Finanzinstitute über integrierte Systeme der Risiko-, Kapital- und Liquiditätssteuerung. Diese Funktionen werden von einem Ort aus gruppenweit wahrgenommen. Daraus folgt auch: Eine umfassende und wahrhaftige Einschätzung der tatsächlichen Risiko- und Liquiditätslage einer transnationalen Bank kann nur über den Blick auf Gruppenebene erreicht werden – der isolierte Blick auf einzelne operative Einheiten ist bestenfalls irrelevant, schlimmstenfalls irreführend. Dies gilt insbesondere dann, wenn das Auslandsgeschäft nicht mehr in selbständigen Tochtergesellschaften, sondern in Zweigstellen geführt wird – in diesem Fall ist die Autonomie der ausländischen Einheiten besonders gering.

Es gilt im Übrigen festzuhalten: Die Entwicklung hin zu zentralisierten Strukturen für das Risiko-, Kapital- und Liquiditätsmanagement reflektiert teilweise auch den Einfluss des sich verändernden regulatorischen Umfelds und regulatorischer Anforderungen: Basel II etwa hat zweifelsohne einer Zentralisierung des Risiko- und Kapitalmanagements auf Gruppenebene Vorschub geleistet. Auch Änderungen im Gesellschaftsrecht spielen hierbei eine Rolle: Durch die Einführung der Gesellschaftsform der *Societas Europaea* etwa wird die Nationalität von Unternehmen zusätzlich diffundieren.

Bedenken angesichts der Zersplitterung der Aufsicht

Die Divergenz zwischen nationaler Aufsichtsstruktur und transnationalen Finanzmärkten ist aus mehreren Gründen problematisch:

- *Effektivität:* Eine fragmentierte Struktur der Finanzaufsicht erhöht das Risiko, dass Störungen in einem (nationalen) Teil des Finanzmarkts in andere Märkte hinüberschwappen. Gleichzeitig besteht bei einer Fragmentierung ein höheres Risiko, dass notwendige Informationen über die Risiko- und Ertragslage einer Bank nicht im notwendigen Umfang und rechtzeitig zwischen den Aufsichtsbehörden geteilt werden. Noch gravierender ist: Je weniger die nationalen Aufsichtsregime verzahnt sind, desto größer die Wahrscheinlichkeit, dass es in einem akuten Krisenfall nicht zu einer effektiven Zusammenarbeit der Aufsichtsbehörden, Zentralbanken und Finanzministerien kommt, um die Auswirkungen der Krise zu minimieren. Bestenfalls geht wertvolle Zeit – in Krisen ohnehin ein knappes Gut! – verloren. Schlimmstenfalls versuchen nationale Behörden, die Auswirkungen auf ihre Jurisdiktion zu minimieren, ohne dem Gesamtbild hinreichend Aufmerksamkeit zu schenken.

- *Effizienz:* Eine fragmentierte Aufsichtsstruktur schafft duplizierende Berichtspflichten und inkonsistente Anforderungen für transnational aufgestellte Banken. Dies produziert unnötige Kosten, denen kein signifikanter Erkenntnisgewinn der einzelnen Aufsichtsbehörden gegenüber steht. Nicht zuletzt begründet unkoordiniertes Handeln nationaler Aufsichtsbehörden die Gefahr von Überregulierung, die sich zu einem zunehmenden Problem für die Finanzindustrie auswächst.

- *Wettbewerbsneutralität:* Eng verbunden mit dem Problem mangelnder Effizienz ist das Problem mangelnder Wettbewerbsneutralität. Die global aufgestellten Finanzinstitute stehen in direktem Wettbewerb miteinander. Sie konkurrieren mit vergleichbaren, nicht patentier- und daher leicht kopierbaren Produkten um sehr preissensitive Kunden. Selbst geringe Unterschiede in Niveau und Art der Regulierung können daher entscheidend für den Erfolg im Wettbewerb sein. Je mehr die Finanzmärkte globalisiert werden, desto mehr wird die Wettbewerbsneutralität der Regulierung eine Voraussetzung für einen unverzerrten Wettbewerb, bei dem der Erfolg einzelner Anbieter auf ihrer Innovations- und Vertriebskraft, nicht auf regulatorisch begründeten Wettbewerbsvorteilen beruht.

- *Politische Verankerung und Rechenschaft:* Aufsichtliches Handeln ist die Ausübung staatlicher Hoheitsgewalt. Es muss daher verfassungsrechtlich verankert und einer politischen Rechenschaftspflicht unterworfen sein. Pragmatische Lösungen, mit denen Aufsichtsbehörden versuchen, dem oben beschriebenen Dilemma Herr zu werden, mögen hilfreich sein; sie bergen jedoch die Gefahr, in eine rechtliche Grauzone zu führen, in der Zuständigkeiten und Rechenschaftspflichten nicht mehr eindeutig definiert sind. Die zunehmende Kritik aus Parlamenten am weitgehend autonomen, kollektiven Handeln von Aufsichtsbehörden ist in diesem Sinn ein deutliches Warnsignal.

Wichtig ist festzuhalten: Bei der Thematisierung des Dilemmas von nationaler Aufsicht und transnationalen Banken geht es nicht darum, Sonderinteressen der «Global Players» zu entsprechen. Vielmehr gibt es ein erhebliches Interesse der Öffentlichkeit an einer effizienten Gestaltung des Regimes für transnationale Banken. Transnational agierende Banken mögen nicht zahlreich sein, sie haben aber überproportionale Bedeutung[1], denn sie sind Katalysatoren im Guten wie im Schlechten: Sie sind diejenigen, die die Kanäle für die grenzüberschreitende Übertragung von Finanzmarktrisiken darstellen, und damit diejenigen, die besonders im Fokus der Maßnahmen zur Wahrung der systemischen Stabilität stehen müssen. Sie sind aber gleichzeitig die Motoren für die Integration und damit die Steigerung der Effizienz der Finanzmärkte.

Die bisherige Reaktion auf das Dilemma

Die nationalen Aufsichtsbehörden haben auf die stärkere Marktintegration und das Auftreten transnationaler Banken in erster Linie mit einer Intensivierung der Kooperation reagiert. Entsprechend dem Anspruch, nicht nur eine zunehmende Marktintegration, sondern die Schaffung eines echten Finanzbinnenmarkts zu erreichen, ist sowohl die Notwendigkeit als auch die Intensität der Kooperation in der EU besonders hoch. Kooperation hat dabei drei unterschiedliche Dimensionen:

- *Kooperation bei Umsetzung von Regulierungsstandards bzw. von EU-Recht:* Ziel ist es hier, ex ante gemeinsame Interpretation internationaler Standards festzulegen, um eine einheitliche Anwendung sicherzustellen und potentielle Überlappungen in der Aufsicht bzw. der Regeln zu vermeiden. Zielsetzung ist hierbei gleichermaßen die Vermeidung unnötiger Belastungen für die Unternehmen und das Erreichen der Wettbewerbsneutralität bzw., positiv formuliert, einer Finanzmarktintegration. Für die größtmögliche Effektivität erfordert dies die Zusammenarbeit aller Regulierungsbehörden – in der EU also der Vertreter aller 27 Mitgliedsstaaten. Fora sind zu diesem Zweck innerhalb der EU die so genannten Level-3 Gremien – CESR,

---

[1] Die 50 größten europäischen Banken bspw. repräsentieren mehr als 60% der Gesamtaktiva aller EU-Banken.

CEBS und CEIOPS[2] – sowie im globalen Rahmen Gremien wie die Accord Implementation Group (AIG) des Baseler Ausschusses, die eine weltweit harmonisierte Implementation von Basel II sicherstellen soll. Ebenso dienen allgemeine Vereinbarungen zwischen Aufsichtsbehörden wie z.B. die über Home/Host Issues des Baseler Ausschusses diesem Zweck.

- *Kooperation bei der makroprudentiellen Aufsicht:* Ziel ist hier die Bewahrung der systemischen Stabilität. Hierzu ist die Zusammenarbeit von Finanzaufsichtsbehörden und Zentralbanken hilfreich, wie dies beispielsweise in der EU im Rahmen des so genannten Banking Supervision Committee des ESZB erfolgt. Eine derartige multilaterale Zusammenarbeit bei der makroprudentiellen Aufsicht sollte dort besonders intensiv sein, wo es regional aufgestellte Institute gibt, die einen Großteil des Geschäfts in der dortigen Region abdecken. In solchen Fällen sollte die makroprudentielle Aufsicht eine starke regionale Komponente haben.

- *Kooperation bei laufender Überwachung einzelner Institute:* Erforderlich ist hierfür, anders als bei der makroprudentiellen Aufsicht bzw. der Koordination der Implementierung, die enge Kooperation nicht aller, sondern vielmehr der betroffenen nationalen Aufsichtsbehörden. Diese erfolgt – nach den entsprechenden Vereinbarungen im Rahmen des Baseler Ausschusses – unter Führung des jeweiligen Heimatlandaufsehers auf der Basis des Heimatlandprinzips.

Die Basler Vereinbarung stammt allerdings noch aus einer Welt, in der die Auslandsaktivitäten einer Bank einen vergleichsweise geringen Umfang hatten. Insofern können die in dieser Vereinbarung niedergelegten Prinzipien für die grenzüberschreitende Zusammenarbeit von Aufsichtsbehörden nur noch die Basis sein, auf der aufgebaut werden muss. Angesichts der oben beschriebenen Veränderungen in der organisatorischen Struktur der Unternehmen ist eine Intensivierung der institutionellen Vorkehrungen notwendig. Dies gilt insbesondere in jenen Fällen, in denen lokale Niederlassungen einer Bank von systemischer Bedeutung für das jeweilige Gastland sind. In diesem Fall bedarf es einer besonders engen, v.a. regelmäßigen Zusammenarbeit einer kleinen Gruppe der Aufsichtsbehörden, in deren Länder das Institut eine besonders zentrale Rolle spielt. In diese Richtung zielt die Initiative, die unlängst im Rahmen von CEBS zur Errichtung sog. «operational networks» ergriffen wurde. Der Wert dieser Initiative wird sich in der konkreten Umsetzung erst erweisen müssen; nicht zuletzt gilt es, Bedenken hinsichtlich der Gleichbehandlung großer Banken in der EU auszuräumen, da die unterschiedlich zusammenge-

---

[2] Committee of European Securities Regulators, Committee of European Banking Supervisors, Committee of European Insurance and Occupational Pensions Supervisors.

setzten Gruppen offenkundig in der Praxis zu sehr unterschiedlichen Formen der Zusammenarbeit kommen können.

Kooperation ist besser geworden – aber weiterhin unzureichend

Die Bemühungen der Aufsichtsbehörden um eine engere Koordination ihres Handelns sind unverkennbar – unverkennbar ist aber auch, dass das Ergebnis der Bemühungen aus Sicht eines Global Player noch immer unzureichend ist. So ist das Niveau der Kooperation nach wie vor sehr ungleich, je nach dem Grad des Vertrauens und der Vertrautheit einzelner Aufsichtsbehörden miteinander. Hierbei spielt auch die Tatsache eine Rolle, dass die Aufsichtsbehörden über unterschiedliche Kompetenzen verfügen, was ihre Fähigkeit, effektiv miteinander in die Kooperation zu treten, beschränken kann. Nicht zuletzt spielt das Qualifikationsniveau der Mitarbeiter eine Rolle – angefangen bei solchen banalen Aspekten wie den Fremdsprachenkenntnissen.

Insofern überrascht es nicht, dass die Ergebnisse der Bemühungen um eine engere Kooperation zu wünschen übrig lassen – leider selbst innerhalb der EU. Beispiel Basel II: Die Hoffnung war, dass die global agierenden Banken einen global gültigen, wenigstens einen innerhalb der EU einheitlichen Standard bekommen. Stattdessen werden allein in der EU wegen der nationalen Wahlrechte de facto 27 nationale Standards zur Anwendung kommen. International agierende Banken müssen daher einen Basel II-Ansatz auf konsolidierter Ebene anwenden und gleichzeitig für nationale Tochtergesellschaften den jeweiligen lokalen Standard.

Nicht weniger problematisch ist der Autorisierungsprozess für die internen Modelle zur Schätzung der Ausfallrisiken im Rahmen des sog. IRB-Ansatzes. So verlangten einige Aufsichtsbehörden eine nationale Validierung der IRB-Parameter – auch wenn der Umfang der Portfolien dafür gar nicht ausreichte. Zudem sahen sich die Banken konfrontiert mit zahlreichen duplizierenden Nachfragen zum IRB-Ansatz – die Deutsche Bank beispielsweise erhielt insgesamt 30 Anfragen zu ihrer Basel II-Methodologie. In naher Zukunft droht sich dieser unzureichende Zustand noch zu verstärken, wenn sich die Aufsichtsbehörden der Konkretisierung der Umsetzung der sog. Säule 2, dem sog. *Supervisory Review Process*, zuwenden werden. Da die Bestimmungen der Säule 2 weniger stark quantitativ kodifiziert sind als die Bestimmungen der Säule 1, den Mindestkapitalvorschriften, drohen die jeweiligen nationalen Vorschriften stark zu divergieren.

Die genannten Beispiele erschweren nicht nur den Banken das Geschäft und senken ihre Produktivität; vielmehr hat das Versagen, effiziente Strukturen der Finanzaufsicht zu finden, auch ganz konkret negative Konsequenzen für das Finanzsystem insgesamt. Viele transnationale Banken, so auch die Deutsche Bank, haben aufgrund der unkoordinierten Anfragen zum IRB-Ansatz und vor dem Hintergrund der zahlreichen nationalen Wahlrechte entschieden, in den ausländischen Lokationen nur den Standardansatz anzuwenden. Offenkundig führen Schwächen der Aufsichtsstrukturen also zu kontraproduktiven Ergebnissen, denn schließlich war es ja ursprünglich Ziel von Basel II, Anreize für die Anwendung der bestmöglichen Verfahren zu setzen. Gleichzeitig resultiert die Anwendung des Standardansatzes in einer weniger risikosensitiven und insgesamt höheren Kapitalbelastung für die Banken, da die Summe des zu haltenden Eigenkapitals größer ist als das auf konsolidierter Gruppenebene eigentlich zu haltende Eigenkapital.

Notwendige Fortentwicklung der Aufsichtsstrukturen

Tatsache ist also, dass die internationale Kooperation der Aufsichtsbehörden nur unzureichend funktioniert und an eine gegenseitige Anerkennung der Entscheidungen der Heimatlandbehörde für alle Teile eines transnationalen Instituts gegenwärtig selbst in der EU nicht zu denken ist – noch viel weniger darüber hinaus. Wie also geht es weiter?

Kurzfristig gibt es wohl keine Alternative zu einer Politik der kleinen Schritte zur Verbesserung der praktischen Zusammenarbeit – die Möglichkeiten sind hier bei Weitem noch nicht ausgeschöpft. Dazu zählt die bereits erwähnte Errichtung von «operational networks». Dazu zählt des Weiteren ein intensivierter Personalaustausch zwischen den Aufsichtsbehörden, der das gegenseitige Vertrauen stärken und den grenzüberschreitenden Know-how Transfer erleichtern würde. Dazu gehören ferner Umsetzungs-Workshops, in denen Finanzaufsichtsbehörden untereinander und im Austausch mit den Banken Informationen über die praktische Umsetzung von neuen Regulierungen austauschen. In ähnlicher Weise müssen alle am Krisenmanagement beteiligten Institutionen Trockenübungen abhalten, um die Informations- und Entscheidungsverfahren bei grenzüberschreitenden Finanzkrisen einzustudieren und zu verbessern.

Innerhalb der EU, die in ihrem Anspruch aber auch in ihrer Realität bei der Schaffung eines integrierten Finanzmarkts am weitesten fortgeschritten ist, muss es das Ziel sein, eine weitestgehenden Angleichung der jeweiligen nationalen Bestimmungen sowie der tatsächlichen Aufsichtspraxis zu erreichen. Nationale Regelungen müssen die strikte, durch sehr spezifische lokale Marktbedingungen begründete Ausnahme werden. Je stärker die Regeln und die Aufsichtspraktiken angeglichen sein werden, desto eher werden nationale Aufsichtsbehörden bereit sein, Aufgaben und, darauf aufbauend, dann auch Verantwortungen an andere Aufsichtsbehörden in der EU zu delegieren – und desto eher werden nationale Parlamente auch bereit sein können, eine solche Delegation zu tolerieren. Voraussetzung dafür ist freilich, dass alle Finanzaufsichtsbehörden in der EU über gleiche Kompetenzen verfügen.

Die bloße inter-gouvernmentale Zusammenarbeit hat aber sowohl was die praktische Zusammenarbeit angeht, als auch was die rechtlichen Grundlagen angeht, ihre Grenzen. Je intensiver die Zusammenarbeit wird und de facto zu supranationalem Handeln der Aufsichtsbehörden führt, desto mehr stellen sich Fragen der verfassungsrechtlichen Vereinbarkeit. *Als nächste Stufe* muss daher die Stärkung der Stellung des Heimatlandaufsehers erfolgen. In der EU wurde hierzu bereits ein erster Schritt getan in Gestalt des Art. 129 der Kapital-Adäquanz-Richtlinie, die Basel II in europäisches Recht umsetzt. Danach wird dem Heimatlandaufseher das Recht eingeräumt, über die Anerkennung gruppenweiter IRB-Verfahren zu entscheiden, wenn es den beteiligten nationalen Aufsichtsbehörden in der EU innerhalb von sechs Monaten nicht gelingt, zu einer gemeinsamen Position zu kommen. Diese Bestimmung könnte einen dynamischen Prozess für den zukünftigen Umgang mit der home-host-Problematik in Gang setzen – auch wenn man die praktischen Erfahrungen mit dem Einsatz dieser Regel sicher erst noch abwarten muss.

Darauf aufbauend sollte das Prärogativ der Heimatlandbehörde grundsätzlich zur Anwendung kommen, am besten in Gestalt des sog. «lead supervisor models», mit dem die transnational agierenden Institute einen zentralen, allein zuständigen Ansprechpartner bekämen, der für alle Fragen der Autorisierung zuständig und der «single point of contact» für alle Berichtspflichten wäre. Voraussetzung hierfür ist ein weitgehend vereinheitlichtes Regelwerk der Finanzmarkt- oder wenigstens der Bankenregulierung; innerhalb der EU wird dies eher zu erreichen sein als darüber hinaus – mit der möglichen Ausnahme eines transatlantischen Finanzmarkts, der aufgrund der relativ großen Ähnlichkeit und des vergleichbaren Entwicklungstandes beider Partner bei entsprechendem politischen Willen realisierbar wäre.

Stärkere Kooperation sowie der Übergang zum lead-supervisor-Modell sind kurzfristig notwendige Maßnahmen. *Mittel- bis langfristig* sind sie jedoch nicht hinreichend, um die eingangs beschriebenen Probleme zu lösen. Realismus bedingt anzuerkennen, dass man kurzfristig keine neue institutionelle Struktur etablieren kann. Realismus verlangt aber auch anzuerkennen, dass kleine Schritte alleine nicht in der Lage sein werden, den Anforderungen gerecht zu werden. Politik hat vernünftigerweise und mit großem Engagement die Grenzen durchlässig gemacht, die einer Integration der Finanzmärkte im Wege standen. Umso unerklärlicher ist es, dass die Politik nun nicht den Mut aufbringt, die daraus logisch folgenden Konsequenzen zu ziehen, was die Struktur der Finanzaufsicht angeht. Dies will nicht die Herausforderungen klein reden, die eine Anpassung der Aufsichtsstrukturen mit sich bringt – rechtlich wie politisch sind die dafür zu lösenden Probleme substantiell. Es darf aber nicht sein, dass der einzel- wie auch gesamtwirtschaftlich positive Effekt einer Internationalisierung eines Finanzkonzerns sich ins Gegenteil verkehrt, dergestalt, dass die negativen Effekte aus der Konfrontation mit divergierenden Aufsichtsregimes die positiven Effekte der Risiko- und Ertragsstrukturdiversifizierung überwiegen.

Insofern sollte zumindest innerhalb der EU der Schritt des «lead supervisor»-Modells über die Jahre ultimativ in ein pan-europäisches System der europäischen Finanzaufsichtsbehörden münden. Dieses wäre nicht etwa ein zentraler Moloch in Gestalt einer europäischen Superbehörde, sondern vielmehr föderal organisiert analog dem Modell des Europäischen Systems der Zentralbanken. Die europäischen Global Players sollten in einem solchen System freilich einen zentralen Ansprechpartner in Gestalt einer Europäischen Finanzaufsichtsbehörde haben.

Praktische Konsequenzen für global agierende Banken

Banken müssen in ihrem eigenen Interesse eng mit den Aufsichtsbehörden zusammenarbeiten, um praktische Lösungen für die anstehenden Probleme zu finden. Jenseits der Lösung praktischer Fragen sind global agierende Banken aber gut beraten, sich aktiv in den Politikprozess einzubringen, um die Konvergenz der Aufsichtspraxis und die Schaffung einheitlicher Regeln voranzutreiben. Dabei gilt, dass sich der Lokus für die Einflussnahme verschoben hat: Reichte es vor nicht allzu langer Zeit noch aus, auf nationaler Ebene den Dialog mit Politik und Aufsichtsbehörden zu suchen, muss der Ansatzpunkt heute die Diskussion auf europäischer, wenn nicht gar globaler Ebene sein. Dies bedeutet in der Konsequenz, dass sich global agierende Finanzinstitute entsprechende eigene Möglichkeiten des politischen Lobbyings verschaffen müssen. Um die Wirksamkeit zu stärken, ist es zudem ergänzend erforderlich, mit anderen Finanzinstitutionen, die ähnliche Probleme haben, gemeinsam Positionen zu entwickeln und diese zu vertreten. Nur so kann eine kritische Masse erreicht werden, die ein einzelnes Institut gegenüber einer ausländischen Regierung bzw. Aufsichtsbehörde in der Regel nicht auf die Waage bringt. Beispielhaft für diese Entwicklungen ist die Gründung des European Financial Services Roundtable (EFR), eines Zusammenschlusses von führenden Repräsentanten von 20 pan-europäisch tätigen Finanzinstituten; exemplarisch ist auch die Tatsache, dass das Institute of International Finance (IIF), welches seinen Ursprung in der Lösung von internationalen Schuldenproblemen und der Länderrisikoanalyse hat, sich zunehmend der Thematik globaler Finanzmarktregulierung zuwendet. Das Engagement der Finanzindustrie bei

Fragen der *global governance* von Finanzmärkten wird damit vielschichtiger: Nicht mehr nur agiert man gemeinschaftlich mit anderen Finanzinstituten aus dem Heimatland, vielmehr sind die Koalitionen internationaler und vielfältiger: Koalitionen mit anderen grenzüberschreitend agierenden Banken sind mindestens ebenso wahrscheinlich wie solche mit Banken aus dem eigenen Land.

Das Bemühen der Banken um ein stärkeres öffentliches Profil bei Regulierungsfragen stößt dabei erfreulicherweise auf eine grundsätzlich größere Bereitschaft der Aufsichtsbehörden, einen regelmäßigen Dialog mit den Banken zu führen. Dies reflektiert die Erkenntnis, dass effiziente und effektive Aufsicht in einem sich schnell wandelnden Finanzmarkt nur durch das gemeinschaftliche Handeln der Aufsichtsbehörden und der Banken erfolgen kann. Gleichzeitig ist mit dem Übergang zu einer prozessorientierten Aufsichtsstruktur, wie sie z.B. auch in Basel II angelegt ist, ein intensivierter Dialog zwischen Industrie und Aufsicht ohnehin notwendig. Schließlich ist es gute Übung im Rahmen der sog. «better regulation»-Prinzipien, dass die Expertise des Finanzsektors frühzeitig in die Beratung von Regulierungsvorhaben einfließt. Konkreter Ausfluss sind z.B. die bei den Level 3 Gremien eingerichteten Beratergremien.

Fazit

Die Schaffung eines angemessenen institutionellen Rahmens für die Aufsicht über global agierende Finanzinstitutionen und globale Finanzmärkte ist ein evolutorischer Prozess, bei dem die Aufsichtsstruktur stets auf ihre Vereinbarkeit mit dem Stand der Marktintegration überprüft werden muss. Das Grunddilemma der Koexistenz nationalstaatlich verfasster Aufsichtsregime und globaler Akteure und Märkte wird dabei auf absehbare Zeit nicht aufgelöst, sondern nur handhabbar gemacht werden können. Allerdings bietet die besondere Struktur der EU Möglichkeiten, die Vereinbarkeit von – in diesem Fall – supra-staatlicher Gewalt und ökonomischer Realität besser miteinander in Einklang zu bringen, als dies in anderen Teilen der Welt möglich ist.

Dies verkennt nicht: Die richtige Aufsichtsstruktur für Global Player und globale Finanzmärkte zu finden, ist diffizil. Es gilt, eine Balance zu finden zwischen pragmatischen Ansätzen, die kurzfristig Lösungen für dringende Sachfragen bringen, aber neue Probleme schaffen; zwischen politischen Realitäten und wirtschaftlichen Notwendigkeiten. Und schließlich dürfen bei all dem ordnungspolitische Prinzipien wie das der Wettbewerbsneutralität nicht vergessen werden. Eine anspruchsvolle Aufgabe – aber eine, die staatliche Autoritäten und Global Player gemeinschaftlich lösen können.

Dr. Josef Ackermann, Deutsche Bank AG

Leading Global Banker

Er könnte ebenso gut ein führender Politiker sein: Josef Ackermann, Vorsitzender des Vorstands und des Group Executive Committee der Deutschen Bank, hat nicht nur alle Qualitäten, die eine Führungskraft auszeichnet, ihm wurde auch ein grosses Quantum Charisma in die Wiege gelegt. Er wurde 1996 in den Vorstand der Deutschen Bank berufen und war zunächst für den Investmentbanking-Bereich zuständig. Unter seiner Leitung entwickelte sich die Sparte Corporate und Investment Banking zu einer der wesentlichen Ertragssäulen der Bank. Die Deutsche Bank rückte in die Spitzengruppe der internationalen Investmentbanken auf. Dabei war die Integration von Bankers Trust im Jahre 1998 ein wichtiger Meilenstein. Im Jahre 2002 wurde Ackermann Sprecher des Vorstands und Vorsitzender des Group Executive Committee.

Der promovierte Oekonom mit Vertiefungsfach Bankwesen hat sein Studium an der Universität St. Gallen absolviert und war dort auch als wissenschaftlicher Mitarbeiter am Institut für Volkswirtschaft tätig.

Sein Einstieg in die Praxis erfolgte bei der damaligen Schweizerischen Kreditanstalt, wo er rasch Karriere machte. 1990 wurde er in das Executive Board der SKA berufen und 1993 übernahm er das Amt des Präsidenten der Generaldirektion. In dieser Funktion zeichnete er sich u.a. für die Eingliederung der Schweizerischen Volksbank in die Credit Suisse-Gruppe verantwortlich.

Ackermann ist Mitglied des Aufsichtsrats der Siemens AG. Er engagiert sich massgebend bei der Initiative Finanzstandort Deutschland, dem Institute of International Finance, dem World Economic Forum, dem International Students' Committee der Universität St.Gallen, der World Trade Center Memorial Foundation und der Metropolitan Opera New York.

Dr. Josef Ackermann, Deutsche Bank AG, Taunusanlage 12,
DE-60325 Frankfurt am Main

René Karsenti

Globale Kapitalmärkte erfordern Selbstregulierung

In den letzten vier Jahrzehnten verzeichnete der globale Kapitalmarkt punkto Neuemissionen und Handelsvolumen ein ausserordentliches Wachstum. Das aktuelle Volumen des internationalen Bondmarkts wird in Bezug auf die im Umlauf befindlichen Emissionen auf einen Wert von über 10 Billionen USD geschätzt (Quelle: ICMA-Info). Weltweit handeln Emissionsbanken und Händler mit Emissionen, die in allen Hauptwährungen ausgestellt und vielseitig und innovativ strukturiert sind. Zudem erfreut sich der Markt grosser Beliebtheit unter Geldnehmern und Investoren aus allen Regionen.

Der Erfolg des internationalen Kapitalmarkts war sehr früh gefährdet. Ende der 60er Jahre führten die rasant ansteigende Zahl von Emissionen sowie das deutlich zunehmende Handelsvolumen am internationalen Anleihemarkt (Eurobondmarkt) zu einem erheblichen Anstieg offener Transaktionen. Vor diesem Hintergrund drohte eine mögliche Aussetzung des Handels. Den Marktteilnehmern wurde deutlich, dass Selbstregulierungsregeln für den Markt dringend erforderlich waren, um dessen stabiles und professionelles Funktionieren zu gewährleisten. Eine Gruppe von Anleihehändlern, welche die Emissionsbanken und Wertpapierhäuser der wichtigsten Finanzzentren des Marktes repräsentierten, entwickelte 1969 eine marktinterne Lösung für diese Problematik und gründete mit der Association of International Bond Dealers (AIBD) eine Selbstregulierungsorganisation. In den folgenden Jahren agierte die Vereinigung im Namen einer wachsenden Anzahl internationaler Mitglieder und beaufsichtigte die Formulierung einer Reihe neuer Regeln und Empfehlungen, die international anerkannter Standard für die Emission von Wertpapieren, den Handel und die Abwicklung am internationalen Kapitalmarkt geworden sind.

Knapp vierzig Jahre später arbeitet dieselbe Selbstregulierungsorganisation, die nach dem Zusammenschluss der Vereinigungen der International Securities Market Association und der International Primary Market Association den Namen International Capital Market Association (ICMA) trägt, weiterhin an der Aufrechterhaltung des ICMA-Regelwerks und am Handbuch für den Primärmarkt. Diese definieren die Best Practise für die Emission von Wertpapieren. Bei beiden handelt es sich um dynamische Dokumente, die von den Marktteilnehmern innerhalb der ICMA-Strukturen regelmässig überprüft und abgeändert werden, um sie an geänderte Marktbedingungen, technologische Innovationen und die Marktpraktiken anzupassen. Dieses Regelwerk der Selbstregulierung, das auf branchenspezifischen Regeln und Empfehlungen beruht, spielt nach wie vor eine entscheidende Rolle am Markt, der aufgrund seiner inhärenten und grenzüberschreitenden Natur sowie einer fehlenden einheitlichen Handelsplattform nicht im selben Masse Gesetzesvorschriften kennt wie reine Inlandsmärkte.

Einfluss der EU-Direktive

Die Branche hat in der Vergangenheit ihren Willen bewiesen, diese Selbstregulierung einzuhalten, wovon sie zweifellos profitierte. Wir befinden uns jedoch derzeit in einer Phase, in der sich die Regulierungslage insbesondere in Europa, der ursprünglichen «Heimat» des internationalen Kapitalmarkts, entscheidend ändert. Aktuell befassen wir uns damit, die Regulierungsstrukturen für die europäischen Finanzmärkte durch die Umsetzung der «Markets in Financial Instruments Directive» (MiFID) sowie weiterer Massnahmen wie z.B. der EU-Prospektrichtlinie zu überarbeiten. Diese Massnahmen sollen zu einer verringerten Fragmentierung der europäischen Finanzmärkte beitragen, den Unternehmen den Zugang zu den Kapitalmärkten erleichtern und den Anlegern eine erweiterte Auswahl von Investmentprodukten bieten.

Die ICMA beteiligte sich als Selbstregulierungsorganisation der Kapitalmarkteilnehmer aktiv an diesem Prozess. Dabei repräsentierte sie die Interessen der einzelnen Marktteilnehmer und des Markts in seiner Gesamtheit in einem konstruktiven Dialog mit den Regulierungsbehörden und war in diesem Zusammenhang bestrebt, ein ausgewogenes und international wettbewerbsfähiges System der Marktüberwachung zu fördern, welches den Bedürfnissen aller Beteiligten gerecht wird. Unter den gegebenen Umständen stellt sich jedoch die Frage, ob man überhaupt noch von einer internationalen Selbstregulierung sprechen kann bzw. ob die europäischen Regulierungsbehörden diese Selbstregulierung anerkennen werden. Glücklicherweise ist man sich weitgehend einig, dass eine unangemessene bzw. exzessive Regulierung der Finanzmärkte den Kunden, Unternehmen und dem Wirtschaftswachstum im Allgemeinen zum Nachteil gereicht. In verschiedenen Ländern haben daher die Regierungen, Regulierungsbehörden und Marktteilnehmer folgerichtig einige «verbesserte Regulierungsmassnahmen» auf den Weg gebracht. Der International Council of Securities Associations, ein globales Gremium der Branche, formulierte zehn «Prinzipien für eine bessere Regulierung», die als Basis für künftige Gespräche zwischen Regulierungsbehörden und dem Markt dienen sollen. Diese bestimmen die Kriterien für die Anwendung von Regulierungsmassnahmen zunächst durch die Feststellung, dass ein deutliches Marktversagen vorliegt, dem mit den vorhandenen Regulierungen nicht «geeignet beggenet werden kann und es zudem unwahrscheinlich ist, dass die Marktkräfte diesen Missstand in angemessener Zeit beheben können». Das ist ein deutliches Signal an die Regulierungsbehörden, nur dann gesetzliche Regelungen einzuführen, wenn der Markt nicht in der Lage ist, Missstände mit den eigenen Selbstregulierungsmassnahmen in den Griff zu bekommen.

Die Transparenz der Anleihemärkte erhöhen

Im Jahr 2006 diskutierte die Branche über die von der EU-Kommission geforderte Transparenz der Anleihemärkte und verwies auf die Möglichkeit, die Vor- und Nachhandelstransparenz der MiFID für Aktien auf Anleihen und Derivate auszudehnen. Unabhängige Studien für den europäischen Sekundärmarkt für Staats- und Unternehmensanleihen wurden beim «Center for European Policy Research» von einer Reihe von Handelsvereinigungen (inkl. ICMA) in Auftrag gegeben, um eine detaillierte Analyse der Marktmechanismen zu erstellen und dadurch diese Bestrebungen zu unterstützen. Die wichtigsten Erkenntnisse in Bezug auf den Markt für Unternehmensanleihen waren, dass eine gesetzlich vorgeschriebene Vorhandelstransparenz riskant wäre, da hierfür erhebliche Veränderungen der Mikrostruktur des Marktes erforderlich wären und einige Marktteilnehmer von einer grösseren Nachhandelstransparenz profitieren könnten. Die evtl. Regelungen sollten vor ihrer Einführung zudem sorgfältig geprüft werden und die Selbstregulierung des Marktes soweit möglich Vorrang geniessen. Im weiteren Verlauf des Jahres kam die Kommission in ihrer eigenen Einschätzung zur Schlussfolgerung, dass «die meisten Marktteilnehmer der Ansicht sind, dass in Bezug auf das Niveau der obligatorischen Transparenz entweder keine Änderungen erforderlich seien, oder aber eine Selbstregulierungslösung vorzuziehen sei. Zudem erklärte sie, dass «am Markt die Meinung dominiert, dass keine bzw. keine signifikanten Probleme vorhanden sind und kein nachweisliches Marktversagen vorliegt, welches einen Eingriff des Gesetzgebers rechtfertigen würde.» Die ICMA zeigte sich zudem ermutigt, dass die Kommission in diesem Bereich die Option von Selbstregulierungsmassnahmen anerkennt. Die Vereinigung plant weitere Beratungen mit ihren Mitgliedern auf Käufer- und Verkäuferseite, um festzustellen, ob in Bezug auf die Selbstregulierung mehr getan werden könnte oder sollte, um dadurch die Transparenz zu erhöhen. Die ICMA hat der Kommission Anfang 2007 die Ergebnisse dieser Beratungen vorgetragen und begrüsst die enge Zusammenarbeit und die Empfehlungen der Kommission und des CESR (Commission of European Securities Regulators), falls diese Organisation die phasenweise bzw. experimentelle Einführung einer verbesserten Transparenz befürwortet und sich im Rahmen dieser brancheninternen Initiative auf das von ICMA eingeführte TRAX-System für das Trade Matching und Reporting stützt.

Schliesslich ist die ICMA vor dem Hintergrund ihrer 30-jährigen Erfahrung als einzige europäische Selbstregulierungsorganisation der Kapitalmärkte überzeugt, dass die Selbstregulierung häufig eine nachweisliche und erfolgreiche Alternative zu gesetzlichen Regulierungsmassnahmen zur Behebung von Marktversagen darstellt. Selbstregulierung kann eine Garantie für eine sinnvolle Kontrolle des Wertpapierhandels sein und war ein entscheidender Faktor bei der erfolgreichen Entwicklung des internationalen Anleihemarkts in Europa. Dabei gilt es jedoch zu bedenken, dass unangemessene bzw. exzessive Regulierungen gewisse Märkte aus Europa in andere Regionen und Kontinente vertreiben könnten.

Dr. René Karsenti, International Capital Market Associaion

Karriere in internationalen Organisationen

Die International Capital Market Association vereinigt alle wichtigen internationalen Market Player. Je internationaler die Märkte und Kapitalbewegungen werden, desto dringlicher wird der Bedarf an Selbstregulierung auf internationaler Ebene.

René Karsenti übernahm im Mai 2006 das Amt des Executive President der International Capital Market Association ICMA – ein Amt, das im Laufe der Jahre vermehrt an Bedeutung gewonnen hat.

Zuvor zeichnete René Karsenti als Generaldirektor für das Finanzdepartement der Europäischen Investment Bank (EIB) in Luxemburg verantwortlich. Dies nach seiner Tätigkeit als First Treasurer der Europäischen Bank für Wiederaufbau und Entwicklung (EBRD) in London.

Von 1980–1991 wurde René Karsenti mit verschiedenen verantwortungsvollen Aufgaben innerhalb des Finanzdepartements der Weltbank und der International Finance Corporation betraut.

Bevor er zu diesen internationalen Organisationen stiess, war Karsenti als Analyst und Portfolio Manager für die Caisse des Dépôts in Paris tätig. Er verfügt über einen Ingenieur-Abschluss der Universität von Lyon und promovierte in Wirtschaftswissenschaften an der Sorbonne in Paris. Nach dem Abschluss seiner Studien war er zunächst in der Wirtschaftsforschung an der University of California in Berkeley tätig.

René Karsenti ist Mitglied des Manager Selection Committee des französischen Pensionsreserve-Fonds (FRR) sowie Mitglied des Strategie-Ausschusses der Agence France Trésor des französischen Finanzministeriums. Seit 2004 ist er Chairman der Euro Debt Market Association (AMTE), einem Diskussionsforum für wichtige Teilnehmer im Euro Markt für Anleihen und Derivate.

Dr. René Karsenti, Executive President International Capital Market Association ICMA, Talacker 29, P.O.Box, 8022 Zürich

Peter Nobel

Börsenmigration

Mit der Elektronisierung sind auch die Börsen mobil geworden, ja man kann bereits von einer Börse der Börsen sprechen; alles ist hier im Flusse. Die Leute, die hinter der SWX steckten, haben die dynamisierende Bedeutung der neuen Technologie eigentlich als erste erkannt. So kam es früh (1998) zur Gründung von Eurex aus der schweizerischen SOFFEX und der Deutschen Terminbörse (DTB), ein Zusammenschluss, der sich zur grössten Derivatebörse der Welt entwickelte.[1] Technisch wurde das Unterfangen dadurch erleichtert, dass sich die Software auf einem gemeinsamen, ursprünglich aus den USA stammenden Entwicklungspfad befand (USA-CH-D). Rechtlich ist die entscheidende Idee darin zu sehen, dass man auf einer gemeinsamen Plattform regulatorisch mehrere quasi-selbständige Börsen betreiben kann, aber die Harmonisierung der Teilnahmebedingungen und Börsenregeln doch zu einem einheitlichen Markt führt. Dieses Set-up kann dann noch durch Verträge und Verschränkungen der Equity-Struktur unterstützt oder verstärkt werden. Im Derivate-Markt gestalteten sich die Dinge darum einfacher, weil diese «neuen» Märkte weniger in die alt-traditionelle Börsengesetzgebung eingebunden sind.

---

[1] Allerdings kann die EUREX mit dem Zusammenschluss der CME oder ICE und CBoT auf den 2. Platz verdrängt werden, vgl. http://www.chicagobusiness.com/cgi-bin/news.pl?id=23182. CBoT war früher Partnerin von Eurex; die Gründe der Auseinanderentwicklung wären eine Studie wert.

So besteht Eurex aus einer schweizerischen gemischten Holding, die von der Deutschen Börse AG (DBAG) und der SWX gehalten wird und die Eurex Zürich AG betreibt, gleichzeitig aber Muttergesellschaft der Eurex Frankfurt AG ist. Die wesentliche Eurex Clearing AG hängt an der deutschen Tochter.[2] Da ein grenzüberschreitender Beteiligungstausch (steuerlich) nicht möglich war, ist das Ganze, was die Komplexität sowohl erhöht wie auch herabsetzt, als Auftragssystem ausgestaltet, d.h. dass die Gewinne nach dem verabredeten Beteiligungsschlüssel (heute 85/15) direkt den Muttergesellschaften zugerechnet werden. Dieses Set-up für die standardisierten Derivate wird nun durch ein analog aufgebautes Joint Venture zwischen SWX und DBAG für die verbrieften Warrants ergänzt, welches allerdings auf der deutschen Kassamarktplattform Xetra läuft.[3, 4]

Mit beachtlichem Erfolg ging auch Euronext als sog. föderalistisches System konstruktiv den analogen Weg. Börsensystem ist das französische NSC (Nouveau Système de Cotation) und als Holding fungiert eine holländische NV (Aktiengesellschaft), in die die teilnehmenden Börsen (Paris, Amsterdam, Brüssel, Lissabon und LIFFE) gegen Beteiligungsnahme eingebracht wurden.

Es ist aber natürlich auch im Börsenbereich möglich, reine, allenfalls gegenseitige, Beteiligungsnahmen zu erreichen (verabreden oder erkämpfen) und die Marktsynergien dann erst anschliessend zu realisieren versuchen. Das ist das Modell, das Euronext jetzt mit der New York Stock Exchange (NYSE) arrangiert und in die erste transatlantische Börse münden soll; NYSE wird hier aber die herrschende Gesellschaft in einer Delaware Corporation sein.[5, 6] In Bezug auf die regulatorischen Bedenken werden verschiedene Massnahmen studiert und eingerichtet, um den amerikanischen «regulatory spillover» oder

---

[2] Für eine grafische Darstellung siehe Peter Nobel, Schweizerisches Finanzmarktrecht, § 10 N 194.

[3] Vgl. gemeinsame Medienmitteilung der SWX und DBAG vom 24.10.2006 (abrufbar unter: www.swx.com).

[4] Ursprünglich wurde für die Börse die Bezeichnung «Alex» vorgesehen (www.alexchange.com). Aus rechtlichen Gründen ist nun allerdings eine andere, noch nicht publizierte Bezeichnung vorgesehen.

[5] Die jetzigen Aktionäre der NYSE Group werden nach Abschluss der Fusion in der zu gründenden Holding «NYSE Euronext» 59%, die Aktionäre der Euronext 41% der Holdinganteile halten: vgl. NYSE Group Proxy Statement/Prospectus for the NYSE Group Special Meeting, 27.11.2006, p. 1, abrufbar unter: www.nyse.com/pdfs/proxystatement-27nov2006.pdf. Das Board wird sich hingegen paritätisch aus elf amerikanischen und elf europäischen Vertretern zusammensetzen: Euronext/NYSE Press release, 21.11.2006, abrufbar unter: http://www.euronext.com/file/view/0,4245,1626_53424_ 973025262,00.pdf.

[6] Am 19.12. resp. 20.12.2006 haben sowohl die Euronext- als auch die NYSE-Aktionäre der Fusion zugestimmt. Vgl. NZZ vom 20.12.2006, Nr. 296, S. 31, sowie NZZ vom 21.12.2006, Nr. 297, S. 33.

«creep» einzudämmen, weil die Europäer vor Sarbanes-Oxley mindestens so viel Angst wie die Amerikaner selbst haben. Das Mittel sollen auflösende Call Optionen in der Hand einer Stiftung niederländischen Rechts sein.[7] Diese kann eingreifen, wenn ein «material adverse change in law» stattgefunden hat.[8] Die Call Optionen können ausgeübt werden, wenn die Markt- oder Kotierungsregeln, Informations- und Kommunikationspflichten oder Clearing und Settlement-Technologien ändern.[9]

Dies alles geschah zum Nachsehen der DBAG, die sich selbst mit Euronext verbünden wollte und jetzt auf ein Übernahmeangebot, mehr oder weniger freundlich, von Euronext wohl nur noch warten kann. Ein erfolgreiches Ergebnis wird dann zwar zur wettbewerbsrechtlich interessanten Frage der Behandlung des Zusammenkommens der beiden Derivatebörsen von Eurex und LIFFE (die zur Frustration der DBAG von Euronext erworben wurde) unter einem Dach führen. Die wesentliche Frage dürfte sein, ob der relevante Markt nur die (standardisierten) Derivate umfasst oder auch die Warrants- und OTC-Märkte dazugehören. Euronext würde sich selbst eine abspaltende Verselbständigung (IPO) von Eurex dannzumal aber jedenfalls leisten können.

Auch die Alternative für die DBAG, nämlich die Kürung des London Stock Exchange (LSE) zum Partner, auf den aber schon zwei Angriffsversuche scheiterten[10], ist mit den interessierten Beteiligungsnahmen und den Angeboten der NASDAQ verbaut.[11] Und die ebenfalls gescheiterte italienische Option (Borsa di Milano) ist gar keine Option, sondern höchstens eine zusätzliche Verstärkung einer bestehenden Allianz.[12]

Insbesondere auch im Abwicklungsbereich sind die Dinge in Bewegung. Vorerst scheint glücklicherweise einmal der ideologisch gewordene Streit zwi-

---

[7] Vgl. NYSE Group Proxy Statement (FN 5), p. 121 ff. Als Pendant zur europäischen Stiftung wird ein Delaware Trust eingerichtet.
[8] NYSE Group Proxy Statement (FN 5), p. 122 f. Der Stiftung stehen verschiedene Eingriffsmittel zur Verfügung, so auch die Abgabe von nicht-bindenden oder bindenden Ratschlägen zuhanden von Euronext, NYSE Group oder NYSE Euronext.
[9] NYSE Group Proxy Statement (FN 5), p. 125.
[10] Zur gescheiterten Allianz zwischen DBAG und LSE mit dem Projektnamen iX im Jahr 2000 vgl. Nobel, Finanzmarktrecht (FN 2), § 10 N 214 f.
[11] Die Nasdaq hält zurzeit knapp 29% an der LSE und hatte Mitte Dezember 2006 ein Übernahmeangebot von £ 12.43 je LSE-Aktie unterbreitet; vgl. Financial Times vom 9.1.2007 (www.ft.com); sowie NZZ vom 9.1.2007, Nr. 6, S. 31; NZZ vom 3.1.2007, Nr. 1, Sonderbeilage Finanzjahr 2006, S. B12; NZZ vom 21.11.2006, Nr. 271, S. 31. Ferner hält der US-Investor Samuel Heyman als zweitgrösster Aktionär zurzeit knapp über 10% an der LSE (vgl. «Samuel Heyman: Mistery Shopper», in: Financial Times Deutschland vom 10.1.2007, abrufbar unter: www.financial-times.de).
[12] Für eine Chronologie über den «Endkampf in der Bataille der Börsen» siehe NZZ vom 3.1.2007, Nr. 1, Sonderbeilage Finanzjahr 2006, S. B12.

schen Vertikal- und Horizontal-Modell im Verhältnis zwischen Trading und Clearing/Settlement einer funktionalen Betrachtungsweise Platz gemacht zu haben.[13] Die Prüfung der Euronext- und der DBAG-Offerten im Zusammenhang mit der geplanten LSE-Übernahme im Jahr 2004 durch das Office of Fair Trading (OFT)[14] ergab aber wesentliche wettbewerbsrechtliche Bedenken.[15] Die DBAG hat ihr Geschäftsmodell (Clearstream) aber jetzt wenigstens strukturell retten können. Transparenz und «Unbundling» sind nun die neuen Konzepte der EU-Kommission, denen sich auch die Schweiz angeschlossen hat.[16] Damit wird auch der Wettbewerb im grenzüberschreitenden Clearing und Settlement zunehmen.

Die Stellung der SWX und virt-x

Die Entstehung der virt-x

Die frühe Eurex-Kooperation der SWX hat sich zur wahren Ertragsnabelschnur für beide beteiligten Börsenorganisationen entwickelt.[17] Eine natürliche Entwicklung hätte die Ausweitung dieser fruchtbaren Allianz auf den Kassamarkt sein können. Das konnte aber nicht soweit kommen, weil die DBAG zum «englischen Patienten» wurde, d.h. hier: abortive Avancen in Richtung LSE machte. Als man sich (der Schweizer Werner Seifert) auf die schweizerische SWX zurück besann, gebärdete sich diese als «Stachelschwein» und wollte, trotz ökonomisch vorteilhaftesten Bedingungen, von ihrer Selbständigkeit nichts aufgeben. Heute blasen zwar wieder Schalmeien, doch winken keine gefüllten Dudelsäcke mehr.

In einer Art von Defensiv-Offensiv-Strategie, um einerseits nicht besonders mit dem international gewordenen Handel der grossen Titel (Swiss Market Index, SMI) ins Abseits zu geraten und andererseits den Versuch einer echt internationalen Plattform für Europäische Blue Chips zu wagen, hatte die SWX zudem die virt-x eingerichtet. Virt-x war vorerst eine Mehrheitsbeteiligung an

---

[13] Zu dieser Entwicklungslinie vgl. Peter Nobel, Transnationales und Europäisches Aktienrecht, Bern 2006, Kapitel 5 N 57 ff.
[14] www.oft.gov.uk.
[15] Deutsche Börse AG, Euronext NV and London Stock Exchange plc, A report on the proposed acquisition of London Stock Exchange plc by Deutsche Börse AG or Euronext NV, November 2005, § 2.21, abrufbar unter: http://www.competition-commission.org.uk/rep_pub/reports/2005/504lse.htm.
[16] Vgl. den neuen Verhaltenskodex der Branche, den European Code of Conduct for Clearing and Settlement, 7 November 2006, abrufbar unter: http://ec.europa.eu/internal_market/financial-markets/docs/code/code_en.pdf. Die Schweiz begrüsst diesen Verhaltenskodex.
[17] EBIT Terminhandel SWX (Eurex) im Jahr 2005: CHF 76,2 Mio. (gemäss Aufteilungsschlüssel 85 (DBAG):15 (SWX); Quelle: SWX Group Geschäftsbericht 2005, EUREX).

der von (den elf grössten) Investmentbanken betriebenen, aber Not leidenden englischen Börsen-Publikumsgesellschaft namens Tradepoint. Das Engagement der Banken war, mit wenigen Ausnahmen, aber unbefriedigend und mit einem Übernahmeangebot im Dezember 2002 ging die Organisation dann ganz auf die SWX über.[18] Anlass für diese Emigration des schweizerischen Handels war aber nicht nur der kühne Versuch einer europäischen Plattform, sondern auch die auf die Stempelsteuer (Umsatzstempel[19]) zurückzuführende Zunahme des für die Schweiz ungewohnteren off-exchange-Handels auf dem Platze London in Schweizer Aktien, dann aber auch der Anschluss an den europäischen Kapitalmarkt über einen «Brückenkopf» auf dem wichtigsten Finanzplatz und die Wahrung der Kombinationsfähigkeit der Schweizer Plattform im Fall weiterer Konsolidierungsschritte. Wer europäisch kombinationsfähig sein will, muss nach europäischem Recht leben.

Die Idee einer pan-europäischen Blue-Chips-Plattform war keineswegs falsch, sondern einigermassen verfrüht. Virt-x könnte gerade in diesem Bereich eine zweite Chance erhalten, wenn die Grossbanken, auf der Suche nach einer pan-europäischen Handelsplattform, hier einen zweiten Versuch wagen[20], dessen Erfolg aber eben wieder von ihnen abhängen würde. An dieser Stelle ist nebenbei darauf hinzuweisen, dass allein die beiden schweizerischen Grossbanken im Jahr 2006 durchschnittlich einen Anteil von rund 20% am Gesamthandel der SWX vorweisen konnten.[21]

Rechtliche Grundlagen der Bildung der virt-x

Regulatorisch ist virt-x eine Trapez-Übung zirzensischer Art; die Börse, die Teilnehmer und auch die meisten Emittenten leben sowohl nach schweizerischem als auch europäischem Recht eines regulierten Marktes, Letzteres in der UK-Umsetzungsart.

Anfänglich war alles einfacher: Die Engländer unterschieden strategisch feinsinnig zwischen «listing» und «admission for trading». Die Schweizer SMI-

---

[18] Zur Entstehung und zum Konstrukt der virt-x vgl. im Einzelnen Nobel, Finanzmarktrecht (FN 2), § 10 N 200 ff., sowie Nobel, Transnationales Aktienrecht (FN 13), Kapitel 5 N 102 ff.
[19] Art. 13 ff. StG (Bundesgesetz über die Stempelabgaben, SR 641.10).
[20] Zum Vorhaben des Joint Ventures von sieben Investmentbanken (Citigroup, Credit Suisse, Deutsche Bank, Goldman Sachs, Merrill Lynch, Morgan Stanley und UBS) namens «Project Turquoise» vgl. Transaction Networks and Technologies vom 5.12.2006, Project Turquoise seeks to create pan-European electronic trading platform, p. 1 und 6 (abrufbar unter: www.a-teamgroup.com/tnt.php); eFinancialNews vom 19.12.2006, Turquoise banks to form rival clearing system (abrufbar unter: www.efinancialnews.com).
[21] Vgl. jeweilige «Statistical Monthly Reports» (abrufbar unter: http://www.swx.com/market/statistics/monthly_data/overview_2006_de.html).

Titel[22] wurden (und werden) so in der Schweiz gelistet (kotiert, d.h. grundsätzlich für den Handel zugelassen, also handelsfähig erklärt[23]) und dann in England auf virt-x effektiv gehandelt. Die SWX und ihr Regelwerk waren als ein «Recognised Overseas Investment Exchange» (ROIE) anerkannt. Die Regulatoren, die Financial Services Authority (FSA) und die Eidgenössische Bankenkommission (EBK), kamen in einem Memorandum of Understanding überein, die Arrangements kooperativ zu begleiten.

Grössere Probleme ergaben sich nicht; Unsicherheiten bestanden zwar in Bezug auf die Verfolgungszuständigkeiten bei Insiderdelikten, doch kam es nie zu einem Testfall.

Das Ganze wurde natürlich dadurch erleichtert, dass bei der Erarbeitung des auf das damals neue Börsengesetz (BEHG[24]) gestützten Kotierungsreglementes (KR) die EU-Richtlinien als «internationale Standards» in der Weise Beachtung fanden, dass man sie als zu erreichende Vorlagen betrachtete.[25] Das BEHG schreibt in Art. 8 Abs. 3 denn auch vor, dass «internationalen Standards» Rechnung zu tragen sei; die Bedeutung solcher Standards hat seither bekanntlich noch gewaltig an Bedeutung gewonnen.[26]

Die Marktverschiebung erfolgte kollektiv, d.h. durch grundsätzlichen Beschluss der SWX-Organe.[27] Die rechtliche Basis dazu ist in Art. 2 des Kotierungsreglements zu finden, der wie folgt lautet:

> «Die Zulassungsstelle entscheidet ferner über die Zuordnung von Effekten zu einzelnen Börsensegmenten der SWX. Sie kann Kriterien festlegen, nach welchen bestimmte Effekten oder Effektenkategorien auf Börsenhandelssystemen (Börsenhandelsplattformen) zu handeln sind, welche die SWX mit Dritten,

---

[22] Bisher 26; per Ende September 2007 wird der Swiss-Market-Index (SMI) allerdings auf 20 SMI-Titel schrumpfen, vgl. SWX-Medienmitteilung vom 5.1.2007 betreffend Neustrukturierung SMI- und SPI-Indexfamilie, abrufbar unter: http://www.swx.com/information/media_releases/2007_de.html.
[23] Vgl. Art. 2 lit. c BEHG.
[24] SR 954.1.
[25] So die Einleitung zum alten Kotierungsreglement von 1996, S. 1.
[26] Vera Schreiber, International Standards, Neues Recht für die Weltmärkte?, St. Galler Studien zum Privat-, Handels- und Wirtschaftsrecht, Bd. 75, Diss. St. Gallen, Bern 2005; Peter Nobel, Globalization and International Standards with an Emphasis on Finance Law, in: Peter Nobel (Hrsg.), International Standards and the Law, Bern 2005, S. 43 ff.; ders., Transnationales Aktienrecht (FN 13), Kapitel 7; Johannes Köndgen, Privatisierung des Rechts, Private Governance zwischen Deregulierung und Rekonstitutionalisierung, AcP-Sonderausgabe zur Tagung der Zivilrechtslehrervereinigung in Basel im September 2005, Tübingen 2006, S. 477 ff.
[27] Vgl. zum Ganzen Peter Nobel/Michael Blair/Thomas Schönholzer, virt-x: a real European Stock Exchange, SZW 5/2001, S. 217 ff.

im In- oder Ausland, verabredet. Bei ihrem Entscheid berücksichtigt die Zulassungsstelle die Interessen des Marktes und der Emittenten.»

Die einschlägigen europäischen Richtlinien wurden v.a. im Vollzuge des Financial Services Action Plan (FSAP[28]) der Union aber evolutiv geändert, um das Ziel eines einheitlichen europäischen Finanzmarktes energisch zu erreichen.

In diesem Rahmen wurde auch das gesellschaftsrechtliche Harmonisierungswerk, das einigermassen stagniert hatte, mit neuer Dynamik versehen;[29] es sind ja die Emittenten, die die marktgängigen Produkte liefern.

Gesetzgebungstechnisch geschah dies im Vereine mit dem 4-Ebenen-Modell (nach Lamfalussy[30]), also insbesondere Rahmenrichtlinien und dann die Vollzugsebene, wo sich vor allem die CESR (Commission of European Securities Regulators)[31] hervortat, zu lesen und auszusprechen am besten wie «Cäsar», denn hier werden die Würfel geworfen.

Neue finanzmarktrechtliche EU-Richtlinien

Die einschlägigen Richtlinien sind hier die Folgenden:

- Prospektrichtlinie (PD): Richtlinie 2003/71/EG vom 4. November 2003 betreffend den Prospekt, der beim öffentlichen Angebot von Wertpapieren oder bei deren Zulassung zum Handel zu veröffentlichen ist und zur Änderung der Richtlinie 2001/34/EG[32]

- Transparenzrichtlinie (TD): Richtlinie 2004/109/EG vom 15. Dezember 2004 zur Harmonisierung der Transparenzanforderungen in Bezug

---

[28] Mitteilung der Kommission, Finanzdienstleistungen: Umsetzung des Finanzmarktrahmens, Aktionsplan vom 11.5.1999, KOM (1999) 232. Der FSAP strebte die Errichtung eines einheitlichen Firmenkundenmarktes für Finanzdienstleistungen, die Schaffung offener und sicherer Privatkundenmärkte sowie die Modernisierung der Aufsichtsregeln und Überwachung an.

[29] So wurde nach dem FSAP ein Aktionsplan für Gesellschaftsrecht vorgelegt: Mitteilung der Kommission, Modernisierung des Gesellschaftsrechts und Verbesserung der Corporate Governance in der Europäischen Union – Aktionsplan, KOM (2003) 284. Vgl. hierzu Peter Nobel, Europäisches Gesellschaftsrecht, in: Astrid Epiney et al. (Hrsg.), Schweizerisches Jahrbuch für Europarecht 2005/2006, Bern/Zürich 2005, S. 202 ff., insb. S. 206 ff.

[30] Schlussbericht des Ausschusses der Weisen über die Reglementierung der europäischen Wertpapiermärkte, 15.2.2001, Brüssel.

[31] Die CESR ist ein unabhängiger Ausschuss europäischer Wertpapierregulatoren, der die Koordination unten den Regulatoren verbessern soll, die EU-Kommission auf dem Gebiete des Wertpapierhandels berät und den nationalen Umsetzungsprozess unterstützt. Vgl. www.cesr-eu.org.

[32] ABl. Nr. L 345 vom 31.12.2003, S. 64.

auf Informationen über Emittenten, deren Wertpapiere zum Handel auf einem geregelten Markt zugelassen sind, und zur Änderungen der Richtlinie 2001/34/EG[33]

- Marktmissbrauchsrichtlinie (MAD): Richtlinie 2003/6/EG vom 28. Januar 2003 über Insider-Geschäfte und Marktmanipulation (Marktmissbrauch)[34]
- MiFID: Richtlinie 2004/39/EG vom 21. April 2004 über Märkte für Finanzinstrumente, zur Änderung der Richtlinien 85/611/EWG und 93/6/EWG des Rates und der Richtlinie 2000/12/EG des Europäischen Parlaments und des Rates und zur Aufhebung der Richtlinie 93/22/EWG des Rates.[35]

Der Kenner wird sofort fragen, warum in dieser Liste die 13. Richtlinie zur Harmonisierung des Gesellschaftsrechtes[36], die Übernahmerichtlinie, nicht aufgeführt ist. Dies liegt darin, dass die Richtlinie nur für EU-Angehörige gilt;[37] auf der anderen Seite können aber Rückwirkungen von der Art noch nicht abgesehen werden, dass Übernahmeangebote schweizerischer Gesellschaften auf zusätzlichen rechtlichen Widerstand stossen könnten, wenn die schweizerische Ordnung als abschliessender als diejenige des betreffenden EU-Landes, insbesondere in Bezug auf die sog. Durchbruchsregel,[38] betrachtet würde.

Die aufgelisteten Richtlinien sind für virt-x von Bedeutung geworden und es ergaben sich Anpassungsnotwendigkeiten (vgl. sogleich S. 115 ff.); zum Teil konnte aber auch von einem «grandfathering» profitiert werden, da virt-x und die darauf gehandelten Valoren schon vorher ein EU-regulierter Markt waren.

---

[33] ABl. Nr. L 390 vom 31.12.2004, S. 38.
[34] ABl. Nr. L 096 vom 12.4.2003, S. 16.
[35] ABl. Nr. L 145 vom 30.4.2004, S. 1.
[36] Dreizehnte Richtlinie 2004/25/EG vom 21.4.2004 betreffend Übernahmeangebote (Übernahmerichtlinie), ABl. Nr. L 142 vom 30.4.2004, S. 12.
[37] Art. 1 Abs. 1 der Übernahmerichtlinie verlangt für deren Anwendung, dass die Anteile der Gesellschaft mindestens teilweise an einem EU-geregelten Markt zugelassen sind. Vgl. Nobel, Transnationales Aktienrecht (FN 13), Kapitel 4 N 45 ff.; ders., Die 13. Richtlinie der EU betreffend Übernahmeangebote im Vergleich zur schweizerischen Rechtsordnung, in: Rudolf Tschäni (Hrsg.), Mergers & Acquisitions VIII, EIZ Bd. 63, Zürich 2006, S. 35 ff.
[38] Nach Art. 11 der Übernahmerichtlinie werden bestimmte in der Satzung der Zielgesellschaft vorgesehene oder vertraglich vereinbarte Übernahmehindernisse ausser Kraft gesetzt, wenn ein Übernehmer 75% des Kapitals erreicht. Durchbrochen werden zum einen Beschränkungen bei der Übertragung von Wertpapieren und zum anderen solche für Abstimmungen über Verteidigungsmassnahmen.

Wesentlich ist in diesem Prozess aber, dass neu (ohne nähere dogmatische oder sonstige Erläuterungen) nicht mehr das «Listing» im Vordergrund steht, sondern das individuelle Begehren der Emittenten um Zulassung zu einem regulierten Markt im Sinne der MiFID.

Für Emittenten aus Drittländern wurde voraussehend eine Reihe von sorgfältig redigierten Bestimmungen eingefügt, die eine Anerkennung der Drittlandsordnung erlauben, sofern diese «gleichwertig», «äquivalent» ist.

Die CESR hat eine Umschreibung von «equivalence» geprägt, die wie folgt lautet:

> «Equivalence can be declared when general disclosure rules of third countries provide users with understandable and broadly equivalent assessment of issuers' position that enable them to make similar decisions as if they were provided with the information according to requirements under the Transparency Directive, even if the requirements are not identical. However, equivalence should be limited to the substance of the relevant information and no exception as regard the time-limits set by the Transparency Directive should be accepted.»[39]

Auswirkungen der Richtlinien auf die virt-x

Für die *Prospektrichtlinie* ist einschlägig, dass Art. 20 eine Anerkennungsklausel für Drittstaats-Prospekte enthält, die sowohl den IOSCO-Standards[40] (für die non-financial-Angaben), als auch internationalen, anerkannten Rechnungslegungsstandards entsprechen. Dem zweiten Kriterium könnte die SWX entsprechen, während das erste eine doch grössere Revision des KR (Anhang) bedingen würde. Der Ausweg konnte dann aber so gefunden werden, dass die EU-Prospektrichtlinie selbst eine Ausnahme i.S. einer 10%-Klausel enthält.[41] Auch SWX-Emittenten haben so erst einen EU-konformen Prospekt zu erstellen, wenn sie eine Kapitalerhöhung von über 10% vornehmen. Allerdings ist ein solcher Prospekt auch vonnöten, wenn ein Emittent neu ins EU-regulierte SMI-Segment aufgenommen wird (dazu unten), da er vom «grandfathering» nicht mehr profitieren kann.

---

[39] CESR's Final Technical Advice on Possible Implementing Measures of the Transparency Directive, June 2005, § 448.
[40] International Organization of Securities Commissions, International Disclosure Standards for Cross-Border Offerings and Initial Listing by Foreign Issuers, September 1998.
[41] Art. 4 Abs. 2 Bst. a PD.

Mittelfristig wäre eine Revision des schweizerischen Prospektrechtes angezeigt.[42]

In Bezug auf die *Marktmissbrauchsrichtlinie* wurde die rechtliche Situation «spitziger», obwohl die Schweiz über ein implizit als äquivalent betrachtetes Insider- und Kursmanipulationsabwehrrecht verfügt (Art. 161, 161bis StGB) und dieses jetzt endlich auch noch revidiert werden soll.[43] Art. 9 der Richtlinie sieht Ausnahmen von den EU-Massnahmen zur Abwehr von Marktmissbrauch vor, wenn kein Zulassungsantrag für den EU-regulierten Markt gestellt wurde.[44] Die Absenz individueller Zulassungsanträge konnte man für die SMI-Emittenten, die ja kollektiv, aufgrund eines SWX-Entscheides verschoben worden waren, konstatieren.

Mittelfristig ist aber auch hier eine Angleichung an die EU-Standards angezeigt.

Im Bereiche der *Transparenzrichtlinie* ist die Drittstaatsklausel von Art. 23 einschlägig, die für eine Reihe von Pflichten die Anerkennung der Gleichwertigkeit vorsieht. Art. 23 Abs. 1 der Transparenzrichtlinie lautet wie folgt:

> «Befindet sich der Sitz eines Emittenten in einem Drittland kann die zuständige Behörde des Herkunftsmitgliedstaats diesen Emittenten von den Anforderungen der Artikel 14, 15 und 16 bis 18 ausnehmen, sofern das Recht des betreffenden Drittlandes zumindest gleichwertige Anforderungen vorsieht oder der Emittent die Anforderungen der Rechtsvorschriften eines Drittlandes erfüllt, die die zuständige Behörde des Herkunftsmitgliedstaats als gleichwertig betrachtet.»

Die schweizerischen Regelungen für die Regel- (IFRS) und die Ad hoc-Publizität sind gleichwertig.[45] Allerdings bleibt stets die politisch bedingte Unsicher-

---

[42] Es genügt ja auch schon Art. 652a OR nicht mehr.
[43] Die Teilrevision der Insiderstrafnorm sieht die ersatzlose Streichung der kritisierten Ziff. 3 des Art. 161 StGB vor, was bereits vor Jahren vorgeschlagen wurde: Christoph Peter, Aspekte der Insiderstrafnorm, insbesondere der «ähnliche Sachverhalt von vergleichbarer Tragweite», Diss. Zürich/Chur 1991; ferner ders., Soll der schweizerische Insiderartikel demnächst wirklich als hinkender exotischer Zwitter einbetoniert werden?, in: Festschrift Peter Nobel, Bern 2005, S. 583 ff. Botschaft zur Änderung des Schweizerischen Strafgesetzbuches (Streichung von Art. 161 Ziff. 3 StGB) vom 8.12.2006, BBl 2007, S. 439 ff.
[44] Art. 9 Abs. 3 MAD besagt, dass für Emittenten, die für ihre Finanzinstrumente keine Zulassung zum Handel an einem geregelten Markt in einem Mitgliedstaat beantragt oder erhalten haben, die Pflichten in Bezug auf die Veröffentlichung von Insiderinformationen (Art. 6 MAD), nicht gelten.
[45] N 10 der SWX-Richtlinie betr. Anforderungen an die Finanzberichterstattung (RLFB) für das Hauptsegment. Zur Ad hoc-Publizität vgl. Art. 72 ff. KR (Kotierungsreglement der SWX) sowie SWX-Richtlinie betreffend Ad hoc-Publizität (RLAhP) und Kommentar

heit betreffend US-GAAP, deren Bestimmungen in der EU einstweilen nur von einer Übergangsregelung (bis Ende 2008[46]) profitieren können, während die Schweizer Regelung sowohl IAS/IFRS als auch US-GAAP zulässt.

Die Halbjahresberichte bereiteten keine Probleme, da sie allenthalben vorgesehen sind.

Die Schweizer Emittenten im EU-regulierten Segment haben sich aber grundsätzlich auch an die EU-Alternative zu halten, die ja sehr umstritten war, nämlich entweder Quartalsberichte zu publizieren oder eine Zwischenmitteilung der Geschäftsführung (nach Art. 6 TD) zu veröffentlichen.

Probleme schienen sich eigentlich nur in einem, praktisch eher nebensächlichen Punkt zu ergeben, nämlich in Bezug auf die Schwellenwerte bei der Offenlegung von Beteiligungen. Die EU-Ordnung folgt (im unteren Bereich) einer 5%-Abstufung. Und so fehlen dann in Art. 20 BEHG (im Verhältnis zur Reihe nach europäischem Recht) die Werte von 15% und 25%. Es besteht im Schweizer Recht für die SWX auch keine Möglichkeit, eine solche zusätzliche Offenlegung den Emittenten und vor allem deren Aktionären aufzuerlegen. Ein Kompromiss konnte so erreicht werden, dass die Gesellschaften selber, die Kenntnis davon haben, dass Aktionäre eine solche Schwelle überschreiten, dies offen legen.[47, 48]

Die *MiFID* ist insofern von Bedeutung, als unter anderem die Qualität eines EU-regulierten Marktes dort festgelegt wird (Transparenz, best execution, Interessenkonflikte).

Anpassungen der SWX an das neue euro-regulatorische Umfeld

Um den neuen Anforderungen gerecht werden zu können, spaltete die SWX sowohl das Kotierungs- als auch das vorher einheitliche EU-Markt-Segment virt-x in ein EU-reguliertes und in ein UK-reguliertes Segment; beide zusammen bilden aber das einheitliche SMI-Segment.

---

zur RLAhP (alles abrufbar unter: http://www.swx.com/admission/regulation/guidelines_de.html).
[46] Vgl. Draft Commission Regulation, Working Document ESC/23/2006-rev3, Article 1 par. 2.
[47] Vgl. Art. 28 des Zusatzreglements für die Kotierung im EU-kompatiblen Segment der SWX (ZREU) (ab 20.1.2007).
[48] Ein Modell für diese Meldevorschrift kann in Art. 663c Abs. 1 OR gesehen werden.

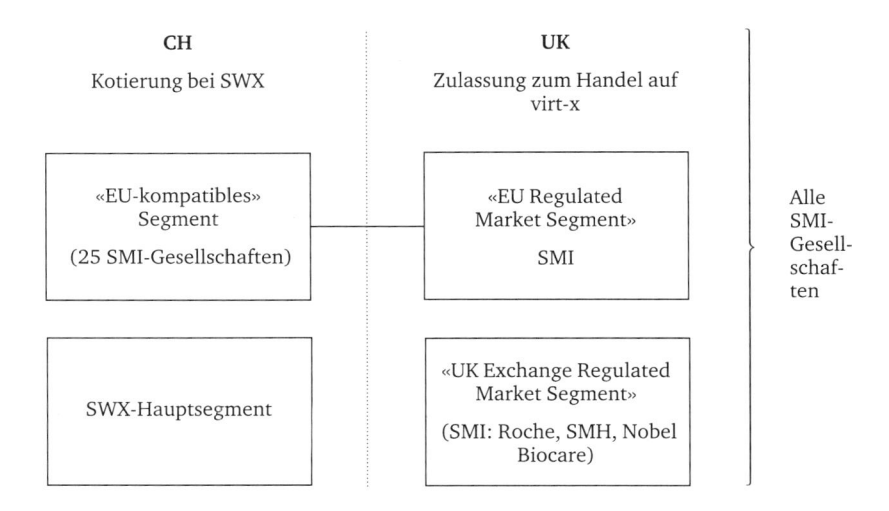

CH	UK	
Kotierung bei SWX	Zulassung zum Handel auf virt-x	
«EU-kompatibles» Segment (25 SMI-Gesellschaften)	«EU Regulated Market Segment» SMI	Alle SMI-Gesellschaften
SWX-Hauptsegment	«UK Exchange Regulated Market Segment» (SMI: Roche, SMH, Nobel Biocare)	

Würdigung

Die Migration des Handels der SMI-Titel in virt-x kann als partielle Exterritorialisierung und erfolgreiche Einpassung in ein verändertes europäisches Finanzmarktumfeld gesehen werden.

Das Risiko einer Abkoppelung des Schweizer Marktes von Europa und europäischen Standards ist damit vermindert worden. Der Schweizer Markt konnte so bislang auch zusammengehalten werden, denn für die SWX ist ein Risiko auch darin zu sehen, dass einzelne wichtige Emittenten abwandern könnten. Der SMI-Handel macht 90% des Kassamarkt-Umsatzes aus und 60% allein die fünf grössten Emittenten. Diese Konzentration ist Chance und Risiko zugleich.

Es dürfte sich aber doch für alle lohnen, den Schweizer Markt möglichst zusammen zu halten.

Ausblick

Man muss sich fragen, wie die sog. Börsenkonsolidierung, die geradezu zu einem Modethema geworden ist, weitergehen wird, hier vor allem aus der Sicht von SWX und virt-x.

Es ist möglich, dass die MiFID hier eine Rolle spielen wird, denn das vor allem französische Streben nach Börsenzwang (concentration rule) führte – in Verbindung mit dem Anliegen nach best execution – zu einer derartigen «Aufladung» der zulässigen alternativen Handelstechniken (MTF und Internalisierung) mit Informationspflichten, dass sich ein im Verhältnis zur ursprünglichen Absicht geradezu kontraproduktiver Effekt einstellt, indem sich echte Alternativen zu den etablierten Börsen entwickeln könnten.

Die Börsen werden versuchen, die sich am Horizonte abzeichnenden alternativen Handelssysteme[49] an sich zu ziehen. Für die Interessenten wird dies eine Kostenfrage sein, denn es bestehen doch Zweifel, ob bankeigene Systeme sich rechnen; auf der anderen Seite könnten die Börsentarife auch noch kompetitiver werden.

Virt-x ist hier an sich gut positioniert, jedenfalls wesentlich besser, als es die SWX selber wäre. Eine Zusammenlegung mit den DAX-Werten – an sich ein attraktiver Gedanke – stösst sich an der Finanzplatzförderpflicht, welche die DBAG mit iX eingehandelt hat. Doch bestehen auch Vorerfahrungen aus der Tradepoint-Zeit. Es ist schwierig, Liquidität zu transferieren. Und dann scheint es, dass in den Banken, angesichts des Ertragspotentials dieser Sparte, niemand auf dem «Befehlswege» an den Händlern und ihren Gewohnheiten vorbeikommt. Es braucht also «incentives» und eine hohe Liquidität. Nur vermutet werden kann, dass die Konzentration der Handelsstrategien auf einer Plattform auch dazu führen kann, dass die Konkurrenz besser beobachtet werden könnte, was man allenfalls vermeiden will. Die Zeichen stehen in diesem Lichte nicht optimal, doch kann der Aufbau eines Systems von den Banken allenfalls als noch mühsamer eingeschätzt werden.

---

[49] Vgl. FN 20.

Prof. Dr. Peter Nobel

Innovativer weltoffener Querdenker

Er hat ein Faible und Feeling für unkonventionelle Lösungen als Antworten für neue Herausforderungen, zum Beispiel wenn es darum geht den neuen finanzmarktrechtlichen EU-Richtlinien aus Schweizer Sicht Rechnung zu tragen. Professor Peter Nobel hat frühzeitig erkannt, dass sich Wirtschaft und Gesetzgebung gegenseitig beeinflussen. Deshalb hat er an der Universität St.Gallen den Lehrgang eines Masters in Law and Economics (MLE) initiiert. Er ist Extraordinarius für Privat-, Handels- und Wirtschaftsrecht an der Universität St. Gallen und Direktor am Institut für Europarecht an der Universität St. Gallen. Per 1. März 2007 wurde Prof. Peter Nobel zum ordentlichen Professor ad personam für schweizerisches und internationales Handels- und Wirtschaftsrecht an der Universität Zürich ernannt. Seit 1995 ist er Chefredaktor des Periodikums «Schweizerische Zeitschrift für Wirtschaftsrecht« (SZW).

Vor 25 Jahren hat er seine eigene Kanzlei (heute Nobel & Hug) in Zürich eröffnet. Zuvor studierte er an der Universität St. Gallen Staatswissenschaften und promovierte mit einer viel beachteten Dissertation zum Thema «Europäisierung des Aktienrechts» zum Dr. rer. publ. Danach folgten Assistenzen bei Professor Dr. Arthur Meier-Hayoz an der Universität Zürich, sowie ein Forschungsaufenthalt bei Professor Dr. Franz Wieacker an der Universität Göttingen. Professor Nobel war Visiting Scholar an der Lomonossov Universität in Moskau und an der Columbia University School of Law in New York. Danach habilitierte er an der Universität St. Gallen, wo er seither eine regelmässige Lehrtätigkeit ausübt.

Während 17 Jahren (1980 bis 1997) war er als Ersatzrichter am Obergericht/Handelsgericht des Kantons Zürich mit regelmässigem Einsatz als Instruktionsrichter tätig; 1998 wurde er zum Handelsrichter gewählt. 1988 bis 2000 war er Mitglied der Eidgenössischen Bankenkommission.

Er übt bei den folgenden Organisationen Verwaltungsrats-Mandate aus: Mitreva Treuhand und Revision AG, Zürich (Präsident) AtDta-Stiftung, Stiftung zur Selbsthilfe, Jona (Präsident), Fondazione Hermann Hesse, Montagnola (Präsident), Mitreva Stiftung, Zürich, Magazine zum Globus, Zürich, Vescore Solutions AG, St. Gallen (Investment Consulting Group AG), Zürcher Festspielstiftung, Zürich.

Prof. Dr. Peter Nobel, Nobel & Hug Rechtsanwälte, Dufourstrasse 29, 8032 Zürich

PETER LEIBFRIED

Finanzinnovationen aus Sicht der Rechnungslegung: Offene Fragen

Der äusserst mühsame Prozess zur Verabschiedung der heutigen Regelungen für Finanzinstrumente macht deutlich, dass es auf diesem Gebiet keine einfachen Lösungen gibt. Das Instrumentarium der Rechnungslegung basiert noch immer auf einer reinen Abbildung der Vergangenheit, und dem verzweifelten Versuch der verlässlichen und allgemeingültigen Bewertung einzelner Positionen. Die hier dargestellten offenen Fragen lassen erkennen, dass mit dem aktuellen IAS 32/39 sowie IFRS 7 wohl nur die Spitze des Eisbergs bearbeitet ist. Je grösser der Anteil der Finanzinnovationen an der volkswirtschaftlichen Wertschöpfung wird, desto mehr werden gänzlich neue Regelungen gefragt sein, um über diesen Schwarm an Einzelrisiken angemessen berichten zu können. Dies wird mit Sicherheit auch bedeuten, über die klassische Buchhaltung des Luca Pacioli aus dem 15. Jahrhundert hinaus zu gehen und nach den Finanzinnovationen auch «Rechnungslegungs-Innovationen» zu entwickeln.

Traditionell werden der unternehmerischen Rechnungslegung zwei zentrale Aufgaben zugeschrieben: Erstens, das schon sprachlich sehr nahe liegende *Ablegen von Rechenschaft* über vergangene Ereignisse. Zweitens, die Schaffung einer verlässlichen Basis zur *Prognose der Zukunft*.

Die Rechenschaft über die Vergangenheit steht insbesondere in der kontinentaleuropäischen Tradition im Mittelpunkt. Eine der zentralen Überlegungen auf Basis des Jahresabschlusses ist hier die Festlegung des Ausschüttungspotentials unter Berücksichtigung eines angemessenen Verhältnisses zwischen Eigen- und Fremdkapital. Eine stichtagsbezogene Betrachtung steht im Mittelpunkt; die Bilanz bildet das wichtigste Element der Berichterstattung. Ihre Wurzeln hat diese Sichtweise in der traditionellen kontinentaleuropäischen Finanzierungsstruktur von Unternehmen, die von hohen Bankverbindlichkeiten und einem engen, oft familienbezogenen Eigentümerkreis geprägt war. Hier geht es um einen Interessensausgleich, bei dem mit möglichst vorsichtiger Bilanzierung eine Benachteiligung der Fremdkapitalgeber zu verhindern ist (Gläubigerschutz).

In der angelsächsischen, schon viel früher und umfangreicher über organisierte Märkte für Eigenkapital finanzierten Welt steht seit jeher die zweite Aufgabe der Rechnungslegung im Mittelpunkt, nämlich die Schaffung einer verlässlichen Basis zur Prognose für die Zukunft. Die Zahlen der Vergangenheit sollen eine Einschätzung des zukünftigen Potentials eines Unternehmens ermöglichen, und so ein Urteil über die Angemessenheit des derzeitigen Aktienkurses und entsprechende Kauf- oder Verkaufsentscheidungen begründen. Da die beteiligten Aktionäre – im Gegensatz zu Banken und im Management involvierten Familien als Geldgebern – kaum über die Rechnungslegung hinaus gehende Einsichtsmöglichkeiten haben, bildeten sich sehr komplexe, auf einer Vielzahl von Einzelbestimmungen basierende Regelwerke heraus (rule-based accounting). Der Begriff des «Rechenschaft Ablegens» spielt zwar auch eine Rolle, ist aber wegen des meist familienfremd besetzten Managements gänzlich anders belegt: nämlich als Element einer guten Corporate Governance, um eine Verfolgung der Eigeninteressen des Managements zum Schaden der Aktionäre zu verhindern.

Nun ist Rechnungslegung keine Naturwissenschaft, in der Gesetze wie die Schwerkraft für immer und ewig ihre Gültigkeit besitzen. Unternehmerische Berichterstattung ist vielmehr ein Element der Gesellschafts- und Sozialwissenschaften; sie besteht aus Konventionen und Vereinbarungen, auf die sich eine Gruppe von Akteuren verständigt. Veränderungen an den Systemen sind daher immer wieder notwendig und gewünscht, vor allem dann, wenn sich Veränderungen in der Unternehmensumwelt ergeben. Die Rechnungslegung verliert sonst ihre Funktion als Spiegel der Realität, sie wird vielmehr ein Zerrspiegel, und als solcher bedeutungslos. Welche Konsequenzen sich hieraus ergeben können, haben die Bilanzskandale der vergangenen Jahre gezeigt: fehlendes Vertrauen in unternehmerische Berichterstattung führt zu einem Käuferstreik am Kapitalmarkt, zu steigenden Risikoprämien und zu sinkenden Kursen.

Im Zuge der Globalisierung der internationalen Märkte für Kapital kommt es daher in den letzten Jahren auch zu einer Konvergenz der weltweiten Systeme der Rechnungslegung. Die treibende Kraft hierbei ist das in London ansässige International Accounting Standards Board (IASB), das die International Financial Reporting Standards (IFRS) veröffentlicht. Nach einem etwas schleppenden Start in den 70er Jahren hat das IASB in den letzten Jahren – nicht zuletzt unter dem Druck grosser Börsenplätze und Unternehmen – einen bemerkenswerten Bedeutungszuwachs erlebt. So hat die Europäische Union eine Bilanzierung nach IFRS für alle kapitalmarktorientierten Unternehmen vorgeschrieben, und auch die US-amerikanische Börsenaufsicht SEC hat nach jahrelangen Widerständen in Aussicht gestellt, die IFRS als Basis für eine Notierung anzuerkennen.

In konzeptioneller Hinsicht stellen die IFRS weitgehend eine Übernahme der angelsächsischen Tradition der Rechnungslegung dar, typisch kontinentaleuropäische Elemente finden sich kaum. Während dies in Europa vereinzelt bedauert wird, stellt es die logische Konsequenz einer immer stärkeren Ausrichtung der Berichterstattung auf die Bedürfnisse global integrierter Finanzmärkte dar. Im Mittelpunkt der Anforderungen moderner Rechnungslegung stehen heute daher zwei Elemente: erstens, Rechnungslegung als Basis für eine Prognose der Zukunft. Zweitens, Rechnungslegung als Grundlage für eine Beurteilung der Leistungen des Managements im Sinne guter Corporate Governance. Über die Erwartungen an die Rechnungslegung besteht mittlerweile damit wohl weitgehend globale Übereinstimmung. Wie bei den meisten gesellschafts- und sozialwissenschaftlichen Fragen stellt aber die konkrete Umsetzung eines abstrakten Ziels (z.B. «Gerechtigkeit») eine wesentlich komplexere Aufgabe dar, als die blosse Festlegung des gewünschten Zustands. Die derzeitige Rechnungslegung für Finanzinnovationen und die damit verbundenen offenen Fragen bilden hierfür ein Paradebeispiel.

Derzeitige Rechnungslegung für Finanzinstrumente

Die zentralen Regelungsgrundlagen für die Rechnungslegung von Finanzinstrumente findet sich derzeit in den International Accounting Standards (IAS) 32 sowie 39 sowie im International Financial Reporting Standard (IFRS) 7. Dabei zeichnen insbesondere zwei Aspekte diese Vorgaben aus: erstens, die genannten Standards sind das Ergebnis eines äusserst kontroversen und langwierigen Verabschiedungsprozesses, der weit aufwendiger war, als bei irgendeinem anderen Regelungsbereich der internationalen Rechnungslegung. In einem bis dahin beispiellosen Kräftemessen waren die vom IASB verabschiedeten Regelungen von der Europäischen Union nur teilweise in nationales Recht umgesetzt worden, um so das Board zur Anpassung einiger missliebiger Bestimmungen zu drängen. Die sich abzeichnende Gefahr eines Auseinanderfallens der IFRS-Anwendung zwischen Europa und dem Rest der Welt vor Augen, gab das IASB in einigen strittigen Punkten nach. Zweitens, mit insgesamt rund 500 Seiten aus Standards, Interpretationen, Anwendungshinweisen und Gesetzesbegründungen sind die Regelungen zu den Finanzinstrumenten der mit Abstand umfangreichste Bereich der IFRS. Immer wieder ist die berechtigte Frage zu vernehmen, ob angesichts der Menge und Komplexität der Vorgaben überhaupt noch eine fehlerfreie Anwendung sichergestellt werden kann.

Schon diese Ausführungen machen deutlich, dass die Rechnungslegung für Finanzinstrumente ganz besonderen Bedingungen unterworfen ist. Ganz im Sinne einer Rechnungslegung als Spiegel der Realität massgeblich verantwortlich hierfür ist die Vielfalt und Komplexität der abzubildenden Sachverhalte. Das IASB hat versucht, diesem Problem dadurch Herr zu werden, dass man einerseits allgemeine Grundsätze aufgestellt hat, nach denen Finanzinstrumente zu erfassen sind (principle-based accounting). Andererseits ergeben sich – von findigen Produktentwicklern angeregt – immer wieder Detailprobleme, bei denen die Anwendung wenig konkreter Grundsätze zu Mängeln in der Vergleichbarkeit führt, und bei denen detaillierte Einzelvorgaben (rule-based accounting) notwendig sind. Das Ergebnis ist eine konzeptionelle Mischung, die den Anwender zwar grundsätzlich in die Lage versetzt, eine grobe Richtung zu kennen, aber immer auch die Gefahr des Übersehens einzelner Details besteht.

Ohne allzu sehr auf die technischen Fragen eingehen zu wollen, kann für den Bereich der Finanzinnovationen allgemein Folgendes festgehalten werden:

- Grundsätzlich sind alle Finanzinstrumente, die ein Unternehmen abgeschlossen hat, als Vermögenswert oder Schuld bilanzierungspflichtig. Dies gilt auch für sämtliche Derivate wie Optionen, Futures, Forwards, Swaps oder aus verschiedenen Bestandteilen zusammengesetzte synthetische Produkte. Die in der kontinentaleuropäischen Rechnungslegung vielfach übliche reine Angabe im Anhang oder unter der Bilanz reicht nicht aus.

- Die Bewertung von Finanzinstrumenten hat in den meisten Fällen zum Fair Value zu erfolgen. Als Fair Value gilt dabei derjenige Wert, der zwischen sachkundigen und unabhängigen Dritten zum Zeitpunkt der Bilanzerstellung zu bezahlen wäre. Je nachdem, ob ein Finanzinstrument einen positiven oder negativen Wert aufweist, ergibt sich ein Vermögenswert oder eine Schuld. Wertänderungen sind insbesondere bei Instrumenten mit spekulativem Charakter unmittelbar in der Erfolgsrechnung zu erfassen, lediglich bei wenigen Ausnahmen wie z.B. langfristigem Anlagecharakter oder klar zu einem Grundgeschäft zuordenbaren Sicherungsgeschäften kommt eine erfolgsneutrale Erfassung (im Eigenkapital) in Betracht.

- Im Anhang zum Jahresabschluss sind umfangreiche Angaben zu den Finanzinstrumenten erforderlich. Im Falle derivativer Instrumente umfasst dies unter anderem eine quantitative und qualitative Erläuterung der vorhandenen Risiken, des eingesetzten Risikomanagements, sowie Angabe der gehandelten Nominalvolumina.

Auf den ersten Blick erscheint die derzeitige Rechnungslegung für Finanzinstrumente damit durchaus geeignet, ein vollständiges und den aktuellen Marktverhältnissen durchaus angemessenes Bild der bei einem Unternehmen vorhandenen Finanzinstrumente zu vermitteln. Ein Blick in die Anwendungspraxis zeigt jedoch, dass dieses Urteil vor allem bei relativ einfachen, standardisierbar über einen organisierten Markt gehandelten Aktien, Anleihen und Derivaten zutreffend ist. Je individueller und kreativer Finanzinnovationen werden, umso mehr Probleme ergeben sich bei der Umsetzung der dargestellten Regelungen.

Problembereich Rechnungslegung und Bewertung

Die traditionelle Rechnungslegung hatte für die meisten Positionen eines Jahresabschlusses ein sehr einfaches Bewertungskonzept zur Hand: die historischen Anschaffungskosten. Diese sind meist problemlos zu ermitteln, da entsprechende Dokumente und Zahlungsbewegungen vorliegen. In den letzten Jahren hingegen ist ein Trend zu verzeichnen, immer mehr Positionen des Abschlusses zum Fair Value und damit zu einem aktuellen Marktwert anzusetzen. Ein Blick auf die modernen Anforderungen an die Rechnungslegung macht klar, warum dies so ist: einerseits ist der aktuelle Tageswert der bestmögliche Indikator dessen, was an zukünftigen Zahlungsströmen zu erwarten ist. Darüber hinaus lässt sich so klar ablesen, welche Werte die Unternehmensleitung in der vergangenen Periode geschaffen hat.

Die steigende Bedeutung des Fair Value in der internationalen Rechnungslegung ist nicht auf Finanzinstrumente beschränkt, sondern hat z.B. im Wege eines Wahlrechts auch die Bilanzierung von Renditeimmobilien oder Sachanlagen erfasst. Allerdings wir der Fair Value bei den Finanzinstrumenten am konsequentesten gefordert; er stellt mithin den Regelfall und nicht die Ausnahme dar. Hintergrund hierfür ist, dass aus Sicht der Standard-Setter bei den

Finanzinstrumenten weitgehend homogene Produkte und effiziente Märkte vorliegen, die eine Wertermittlung problemlos ermöglichen sollten.

Gerade bei wenig standardisierten (OTC-)Finanzinnovationen ist diese Annahme aber nicht unbedingt haltbar. Es ergeben sich zwei zentrale Probleme: Erstens eine rein methodische Herausforderung, wonach die Bewertungsmodelle selbst dann alle relevanten Parameter zutreffend erfassen müssen, wenn es für die entsprechenden Instrumente eigentlich gar keinen wirklichen Markt gibt. Oftmals dürfte ein «Markt»wert ermittelt werden, der weitgehend theoretischer Natur ist, und mit den tatsächlichen Zahlungen bei einer sofortigen Glattstellung der entsprechenden Positionen wenig zu tun hat. Gerade bei synthetischen Instrumenten liegt eine derartige Vielzahl von wertbestimmenden Faktoren vor, dass deren vollständige Erfassung mit zutreffenden Eintrittswahrscheinlichkeiten und Auswirkungen auch unter Einsatz modernster Datenmodelle eine Utopie sein dürfte. Ein zweites Problem liegt darin, dass traditionell die Bewertungsaufgaben für Zwecke der Bilanzierung von den für die Rechnungslegung verantwortlichen Buchhaltern übernommen wurden, die über jahrelange Erfahrungen in der Information von Anlegern und der Anwendung der entsprechenden Standards verfügen. Angetrieben von der Komplexität der neuen Instrumente, liegt die Wertermittlung für Finanzinnovationen heute nicht in der Rechnungslegung, sondern meist in den Händen des entsprechenden Risiko-Controllings. Dort geniessen Fragen der Rechnungslegung nicht immer oberste Priorität; die externe Berichterstattung ist vielmehr ein Nebenprodukt der allgemeinen betriebswirtschaftlichen Steuerung. Ob in allen Buchhaltungsabteilungen wirklich noch verstanden wird, warum bestimmte Vorgaben aus den Bewertungsabteilungen denn nun zu erfassen sind, darf sicherlich bezweifelt werden.

Problembereich Rechnungslegung und Aktualität

In einer sich immer schneller verändernden Umwelt liegt eines der zentralen Probleme der Rechnungslegung darin, dass mit ihr naturgemäss nur Informationen über die Vergangenheit vermittelt werden können. Sowohl für die Beurteilung der Leistungen des Managements wie auch die Prognose zukünftiger Entwicklungen sind Informationen umso nützlicher, je aktueller sie sind.

Dies gilt insbesondere für solche Positionen, die raschen Veränderungen unterliegen. Die Rechnungslegung hat hierauf reagiert, in dem sie die Fertigstellung der entsprechenden Berichte in immer kleineren Intervallen und in immer kürzen Abständen zum Bilanzstichtag vorsieht. Bei eher traditionellen Vermögens- und Schuldpositionen wie Anlagevermögen, Vorräten oder Lieferantenverbindlichkeiten kann dies sicherlich zu einem befriedigenden Ergebnis beitragen. Angesichts der häufig hohen Volatilitäten an den internationalen Märkten für Kapital ist aber für die Rechnungslegung über Finanzinnovationen selbst die in den USA geforderte vierteljährliche Berichtsperiode (Quartalsbericht) und eine Frist bis zur Vorlage von 30 Tagen absolut unzureichend.

So vergeht zwischen zwei Zeitpunkten zur Offenlegung der wirtschaftlichen Verhältnisse eine Periode von 90 Tagen, in denen der Anleger quasi einem Blindflug ausgesetzt ist – häufig reichen wenige Tage, um signifikante Werte zu schaffen oder zu vernichten. Eine zutreffende Beurteilung der Leistungen des Managements und eine verlässliche Prognose der Zukunft sind auf Basis veralteter Informationen nicht möglich. Der Rechnungslegung im heutigen Zustand bleibt damit häufig nur noch eine reine nachträgliche Dokumentationsfunktion, bei der teilweise berechtigt gefragt werden darf, in wiefern sie den mit ihr verbundenen Aufwand überhaupt wert sein kann.

Problembereich Rechnungslegung als Reduktion der Realität

Die für den Anleger beste Information wäre gegeben, wenn alle und jede einzelne Transaktion eines Unternehmens wiedergegeben werden würde. So würden keine Informationen verloren gehen, und jeder Interessent könnte sich auf diejenigen Hinweise konzentrieren, die ihm am wichtigsten sind. Die praktische Unmöglichkeit eines solchen Ansinnens ist jedoch offensichtlich: der Umfang der Berichterstattung würde auf ein unerträgliches Mass anschwellen, das sowohl das berichtende Unternehmen wie auch die Abschlussadressaten hoffnungslos überfordern würde.

Um praktisch nutzbar zu bleiben, hat Rechnungslegung daher nicht nur die Aufgabe, die Realität in vielen Einzeltransaktionen abzubilden, sondern sie auch zu verdichten, mithin auf das Wesentliche zu reduzieren. Diese Reduktion führt zwangsläufig dazu, dass es zu Informationsverlusten kommt. Zwar haben die Standards Vorsorge dafür getroffen, dass nicht ganz alles in einen Topf geworfen werden kann: in praktisch allen Systemen der Rechnungslegung stellen grundsätzliche Regelungen sicher, dass nur weitgehend ähnliche Positionen zusammengefasst werden können, und der (für den Adressaten dann nicht mehr erkennbaren) Verrechnung gegenläufiger Effekte Grenzen gesetzt werden. Je individueller die abzubildenden Transaktionen aber werden, um so eher gerät die Rechnungslegung in einen Konflikt zwischen notwendiger Vereinfachung und verzerrender Verdichtung von Informationen. Gerade OTC-Finanzinnovationen sind von diesem Problem relativ stark betroffen: durch ihre Individualität wäre Ihnen häufig lediglich eine Einzeldarstellung angemessen, allerdings ist dies mit steigendem Ausmass und Volumen mit dem derzeitigen Handwerkszeug schlichtweg praktisch nicht mehr möglich.

Die Rechnungslegung läuft somit Gefahr, von einem vereinfachenden Spiegelbild der Realität zu einem Zerrbild zu werden, bei dem gegenläufige Effekte so lange miteinander verrechnet werden, bis zwar die Summe insgesamt zutreffend abgebildet wird, die wahren Ereignisse und Risikostrukturen für einen aussenstehenden Anleger aber nicht mehr zu erkennen sind. Hiervon sind beide Zielgrössen der Rechnungslegung betroffen: einerseits die Schaffung einer Grundlage zur Beurteilung der Leistungen des Managements, andererseits die Vorhersage zukünftiger Entwicklungen auf Basis der Vergangenheit.

Lösungsansätze

Moderne Finanzinnovationen stellen die Rechnungslegung vor eine Vielzahl neuer Herausforderungen. Das ist grundsätzlich keine Katastrophe, sondern einer mit der Abbildung der Realität befassten Disziplin immanent: immer wenn sich eine Veränderung in der wirtschaftlichen Umwelt ergibt, müssen sich auch die entsprechenden Abbildungsregelungen anpassen. Nur so können sie ihre Funktionsfähigkeit und damit ihre Berechtigung weiterhin erhalten. Entsprechende Veränderungen hat es in der Vergangenheit häufig gegeben, so führte z.B. die gestiegene Bedeutung immaterieller Werte im Zuge der New Economy zu zahlreichen neuen Vorgaben für die Bilanzierung und Bewertung von Computersoftware.

Fraglich ist aber, ob es auch im Bereich der Finanzinnovationen damit getan ist, bestehende Standards anzupassen oder ein paar neue Regelungen zu veröffentlichen. Die dargestellten offenen Fragen deuten nämlich darauf hin, dass möglicherweise grundsätzliche Probleme vorliegen, die mit dem bestehenden technischen Instrumentarium aus periodischer Bilanzierung, Bewertung und Offenlegung in gedruckter Form nicht befriedigend gelöst werden können. Folgende Überlegungen «outside the box» könnten helfen:

- *Technischer und zeitlicher Quantensprung in der Informationsvermittlung*

    Die Bereitstellung noch aktuellerer oder umfangreicherer Informationen scheitert meist am Widerstand der Praxis, die eine angebliche «Unmöglichkeit» der entsprechenden Aufbereitung behauptet. Dabei wird übersehen, dass z.B. die Zinsberechnung auf Finanzverbindlichkeiten heute ganz selbstverständlich in vollautomatischen Verfahren läuft, was sich noch vor wenigen Jahrzehnten im Zeitalter der Karteikarten niemand vorstellen konnte. Eine derzeit noch in den Kinderschuhen steckende Entwicklung in diesem Zusammenhang könnte die weitgehende Automatisierung der Unternehmensberichterstattung mittels der Internet-fähigen «extensible business reporting language» (XBRL) sein. Bei dieser bereits von einigen

Pionieren umgesetzten Berichtsmethode geht es darum, eine Vielzahl von quantitativen Informationen aus der Rechnungslegung des Unternehmens durch eine ergänzende inhaltliche Kennzeichnung («tagging») unternehmensübergreifend in verschiedenen EDV-Systemen verwertbar zu machen. Angestrebt wird, von zusammengefassten Zahlen ausgehend durch Disaggregation bei Bedarf einen detaillierten Einblick bekommen zu können, wie die entsprechenden Werte zu Stande gekommen sind. Erreicht wird dies durch Verwendung eines einheitlich definierten Informationsformats, das von der erstmaligen Erfassung im Unternehmen bis zur Verarbeitung im Rahmen der Finanzanalyse keine manuellen Übertragungen erfordert. Der in Echtzeit stattfindende Einblick in für die Analyse relevante einzelne Unternehmensdaten bis auf den einzelnen Buchungssatz hinab ist damit zumindest in denkbare Nähe gerückt.

- *Offenlegung von Szenarien und weitergehenden Informationen zur Bewertung*

Je unmöglicher die verlässliche Zuordnung eines konkreten Wertes zu einem Finanzinstrument wird, und je volatiler dessen Wertentwicklung ist, um so weniger sinnvoll ist es, auf der bilanziellen Festlegung eines einzelnen konkreten Wertes zu bestehen. Darüber hinaus muss die Frage gestellt werden, in wiefern die Aufgabe der Unternehmensbewertung immer mehr den Rechnung legenden Unternehmen übertragen werden soll, und die Investoren damit von einer ihrer Kernaufgaben im Rahmen der Risko-Rendite-Allokation enthoben werden. Eine Lösung kann sein, die Bewertungsergebnisse mehrerer Szenarien offen zu legen, und so die Funktionsweise und Risikoabhängigkeit wichtiger Finanzinstrumente deutlich zu machen. Wenn man noch mehr Verantwortung auf die Anleger übertragen will, wäre auch an einen Verzicht auf gewisse Bewertungsentscheidungen und stattdessen die Offenlegung der wichtigsten Parameter der Finanzinnovationen zu denken, um so dem Anleger quasi «durch die Rechnungslegung hindurch» ein eigenes Urteil zu ermöglichen. Auch hier könnte XBRL die Bahn brechende Technologie sein.

- *Aufsicht, Aufsicht, Ethik, Ethik*

Es dürfte ein nicht ganz unzutreffendes Vorurteil sein, dass gerade in den mit Finanzinnovationen befassten Branchen die Begriffe der Aufsicht und Ethik nicht unbedingt auf Begeisterung stossen. Beide hemmen gelegentlich sowohl die Kreativität wie auch die individuellen Gewinnchancen, die jedem Akteur am Markt zugesprochen werden sollten. Eine Diskussion um die Verbesserung der «Rechenschafts-legung» kommt dennoch nicht umhin, auf die wichtige stabilisierende Funktion dieser beiden Strukturelemente am Kapitalmarkt hinzuweisen. Ohne ein ethisches Grundverständnis im obersten Management der Unternehmen und einer Beförderung des entsprechenden Verhaltens durch drohende Aufsichtsmassnahmen müssen gerade in einem innovativen Umfeld Rechnungslegungs-Standards stets versagen, da diese immer nur auf Entwicklungen in der realen Welt reagieren können, die bereits stattgefunden haben. Auch die Branchenvertreter aus dem Finanzsektor können daher dazu beitragen, die Funktionsfähigkeit der Rechnungslegung zu erhalten. Die gerade im Hedge-Funds-Bereich stets abgelehnte Transparenz ist nur ein anderer Begriff für «Rechnungs-legung», und dient schlussendlich der Finanzbranche selbst – niemand würde mehr irgendwelche Papiere kaufen, wenn das Vertrauen in die Märkte wegen fehlender oder falscher Informationen sinkt.

Professor Dr. Peter Leibfried, Universität St.Gallen

Ausgeprägt internationale Ausrichtung

Noch während seinem Studium der Wirtschaftswissenschaften an der Universität Hohenheim, gewann Professor Leibfried ein Fulbright-Stipendium an der Graduate School of Business der Kent State University in Ohio (USA), das er mit dem Master's Degree abschloss. Ein Jahr später beendete er sein Studium in Hohenheim als Diplom-Ökonom.

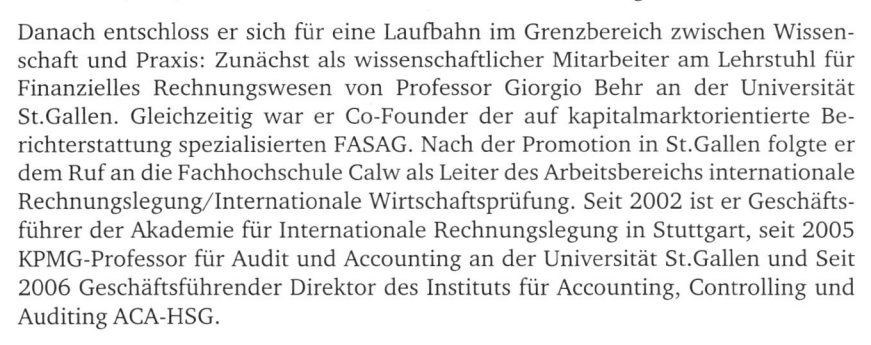

Danach folgten Jahre in der Praxis bei der Arthur Andersen Wirtschaftsprüfungsgesellschaft in Stuttgart. In dieser Zeit bestand er das Examen zum Certified Public Accountant (CPA) in Illinois (USA) und wurde dabei mit dem Excel-Award ausgezeichnet.

Danach entschloss er sich für eine Laufbahn im Grenzbereich zwischen Wissenschaft und Praxis: Zunächst als wissenschaftlicher Mitarbeiter am Lehrstuhl für Finanzielles Rechnungswesen von Professor Giorgio Behr an der Universität St.Gallen. Gleichzeitig war er Co-Founder der auf kapitalmarktorientierte Berichterstattung spezialisierten FASAG. Nach der Promotion in St.Gallen folgte er dem Ruf an die Fachhochschule Calw als Leiter des Arbeitsbereichs internationale Rechnungslegung/Internationale Wirtschaftsprüfung. Seit 2002 ist er Geschäftsführer der Akademie für Internationale Rechnungslegung in Stuttgart, seit 2005 KPMG-Professor für Audit und Accounting an der Universität St.Gallen und Seit 2006 Geschäftsführender Direktor des Instituts für Accounting, Controlling und Auditing ACA-HSG.

Als Mitglied der Illinois CPA Society (ICPAS), des American Institute of Certified Public Accountants (AICPA), der Schmalenbach-Gesellschaft für Betriebswirtschaft, der American Accounting Association (AAA), der European Accounting Association (EAA) und als Vorstandssprecher der German CPA Society e.V. sowie als Fachbeirat der KoR - Zeitschrift für kapitalmarktorientierte Rechnungslegung - dokumentiert er seine ausgeprägt internationale Ausrichtung in seinem Fachgebiet, der Rechnungslegung.

Prof. Dr. Peter Leibfried, Institut für Accounting, Controlling und Auditing der Universität St. Gallen (HSG), Rosenbergstrasse 52, 9000 St.Gallen

Hans-Christoph Hirt

Der Zusammenhang zwischen Corporate Governance und Performance

Die Frage, ob es einen Zusammenhang zwischen Corporate Governance und Performance gibt, ist von grosser Bedeutung für einen Fondsmanager wie Hermes, der Corporate Governance bezogene Aktivitäten für drei der fünf grössten Pensionsfonds in England durchführt. Diese Fonds sind klassische, langfristig orientierte Investoren und oftmals Aktionäre für Dekaden. Da Pensionsfonds tausende von Personen repräsentieren, die für ihre langfristige finanzielle Absicherung von den Fonds abhängig sind, haben sie ein starkes Interesse an einer nachhaltigen Wertschaffung der Unternehmen, in die sie investieren.

Die Corporate Governance Aktivitäten, die Hermes für seine Kunden durchführt, beruhen auf der Prämisse, dass Unternehmen mit Strukturen, die es Aktionären erlauben, das Management zur Rechenschaft zu ziehen, und die darüber hinaus aktive, interessierte und involvierte Aktionäre haben, besser performen und mehr Wert sind als Unternehmen, bei denen die genannten Faktoren fehlen. Ziel der Corporate Governance Aktivitäten von Hermes ist eine Performanceverbesserung der Unternehmen, in die wir namens und im Auftrag unserer Kunden investieren. Zumindest sind wir davon überzeugt, dass angemessene Corporate Governance Aktivitäten die Zerstörung von Wert verhindern können. Der Schlüssel zu einem langfristigen Erfolg eines Unternehmens ist unserer Auffassung nach ein konstruktiver Dialog zwischen Management und Investoren, was generell als aktive Eigentümerschaft bezeichnet wird. Management und Boards, die einen Dialog mit Aktionären haben und diesen regelmäßig Rechenschaft ablegen, werden grundsätzlich effektiver arbeiten – im langfristigen Interesse des Geschäfts und der Investoren.

In Anbetracht unserer Überzeugung, dass die aktive Förderung guter Corporate Governance in Unternehmen den Wertzuwachs für Aktionäre langfristig steigert, sind Forschungsergebnisse, die einen Zusammenhang zwischen Corporate Governance und Performance bestätigen von besonderer Bedeutung. In den letzten Jahren ist zu dieser Fragestellung viel geforscht worden. Die Ergebnisse der daraus resultierenden Studien waren nicht immer eindeutig. Eine Auswahl der Studien wird in einem späteren Teil dieses Kapitels analysiert. Ganz besonders gilt es, die Probleme mit solchen Studien und anderen Hinweisen darauf, dass es einen Zusammenhang zwischen Corporate Governance und Performance gibt, zu analysieren und mögliche Erklärungen für die nicht eindeutigen Ergebnisse einiger Studien zu identifizieren. Darüber hinaus werden später Ergebnisse von Studien präsentiert, die zeigen, dass es eine Kombination von Corporate Governance Struktur und aktiver Eigentümerschaft ist, die zu einer Verbesserung der Performance führen kann. Insgesamt betrachtet kann man zu dem Schluss kommen, dass die erfasste Literatur die Prämisse unserer Corporate Governance-Arbeit unterstützt.

Begriffsdefinition «Corporate Governance» und «Performance»

Bevor wir einige der führenden Studien und andere Hinweise darauf, dass es eine Beziehung von guter Corporate Governance und Performance gibt, zusammenfassen und analysieren, ist es angezeigt, einige der Schwierigkeiten in Methodik und Beweisführung anzusprechen. Zunächst einmal existieren viele verschiedene Interpretationen sowohl für «Corporate Governance» als auch «Performance». Abhängig von der Definition kann der Begriff «Corporate Governance» sehr diverse Aspekte umfassen. Grundsätzlich bezieht sich das Konzept auf betriebliche Entscheidungen und Unternehmenskontrolle, insbesondere im Hinblick auf die Zusammensetzung des Boards, beziehungsweise des Vorstands und Aufsichtsrats in Deutschland, und auf dessen Arbeitsmethoden. Der Begriff Corporate Governance wird allerdings teilweise sehr weit ausgelegt und bezieht sich in diesem Fall auf die Beziehungen eines Unternehmens mit einer Vielzahl von Interessengruppen. In anderen Fällen wird er sehr eng verstanden und betrifft dann die Erfüllung von Vorschriften in Kodices zur Förderung von «Best Practice» durch ein Unternehmen. Wissenschaftler sind in der schwierigen Lage, «Corporate Governance» nicht nur definieren zu müssen, sondern auch zu bestimmen, was «gute» oder «schlechte» Corporate Governance ausmacht.

Eine ähnliche Situation stellt sich in Bezug auf «Performance» dar, die sich auf unterschiedliche Konzepte beziehen kann, wie zum Beispiel die Entwicklung des Aktienkurses, die Rentabilität oder die aktuelle Bewertung eines Unternehmens. Als solches umfasst die vorhandene Forschung zum Zusammenhang zwischen Corporate Governance und Performance Studien, die bemüht sind, eine Korrelation zwischen sehr unterschiedlichen Konzepten der Corporate Governance und Performancemaßstäben herzustellen.

Wenn gute Corporate Governance lediglich als gutes Management oder Unternehmensführung definiert ist, einschliesslich produktiver Beziehungen mit Aktionären und gegebenenfalls mit anderen Interessensgruppen, dann überrascht es nicht, dass sie zu verbesserter Performance führt. Allerdings wird das Konzept in vielen Studien sehr viel enger definiert und es ist wichtig dies bei der Analyse vorhandener Studien zu berücksichtigen.

Probleme mit der Beweisführung in Studien, die den Zusammenhang zwischen Corporate Governance und Performance untersuchen, basieren vor allem auf der Schwierigkeit Kausalität nachzuweisen. Darüber hinaus ist das Fehlen von zuverlässigen historischen Daten ein Problem. Es ist festzuhalten, dass eine verbesserte Corporate Governance erst nach drei, fünf oder zehn Jahren einen Performance Effekt haben kann und dass aus diesem Grund Studien, die auf Daten aus einer relativ kurzen Periode beruhen, zu falschen Schlüssen kommen können.

Selbst wenn man Corporate Governance einfach nur als Risikofaktor betrachtet, ist ihre Bedeutung für die Performance und ultimativ den Wert eines Unternehmens einfach ableitbar. Diese folgt aus dem Zusammenhang zwischen Equity Risk Premium (ERP) und dem Wert eines Unternehmens. Zwischen beiden besteht eine direkte inverse Beziehung. Daraus folgt, dass man durch Massnahmen, die das ERP verringern, wie zum Beispiel eine Verbesserung der Corporate Governance, den Unternehmenswert steigern kann.

Der Zusammenhang zwischen ERP und Unternehmenswert scheint auch die Basis der Ergebnisse der oft zitierten, meinungsbezogenen McKinsey Studie «Global Investor Opinion Survey» (2000; aktualisiert 2002) zu sein, die den Zusammenhang zwischen Corporate Governance und Performance auf Grundlage der Unternehmensbewertungen untersuchte. McKinsey hat über 200 institutionelle Investoren befragt und festgestellt, dass 80% von ihnen für gut geführte Unternehmen einen Aufpreis zahlen würden. Der Aufpreis variiert je nach Markt, von 11% für kanadische Unternehmen bis zu 40% für Unternehmen in Ländern mit einem relativ unsicheren regulativen Umfeld wie zum Beispiel Ägypten, Marokko und Russland. Für Grossbritannien betrug der Aufpreis 12% und für die USA 14%. Obgleich die Studie meinungsbezogen ist, reflektieren ihre Ergebnisse die immer häufiger vertretene Auffassung der Marktteilnehmer, dass gut geführte Unternehmen, welche im Sinne der Aktionäre geleitet werden, von niedrigeren Kapitalkosten profitieren können.

Aber das Wissen, dass eine Beziehung zwischen ERP und Unternehmenswert besteht, alleine ist nicht ausreichend für Investoren, die eine auf Corporate Governance basierende Investmentstrategie zur Verbesserung der Performance und ultimativ zur Erhöhung des Werts von Unternehmen verfolgen wollen. Zunächst ist festzustellen, dass zwar Corporate Governance Risiko durch verschiedene qualitative und quantitative Methoden gemessen werden kann, aber seine Beziehung und der genaue Effekt bezüglich des ERP schwierig einzuschätzen sind. Darüber hinaus ist es schwierig Corporate Governance Veränderungen zu identifizieren, die das Risiko verringern, und dann stellt sich natürlich das praktische Problem, ein Unternehmen dazu zu bewegen, diese umzusetzen. Daher ist klar, dass hinsichtlich der Beziehung zwischen Corporate Governance und Performance, das Wissen, dass Corporate Governance das ERP beeinflusst, nur der Ausgangspunkt ist.

Eine vor kurzem veröffentlichte Studie des Zusammenhangs zwischen Corporate Governance und Performance in asiatischen Märkten (Gill and Allen (2005)) zeigt eine weitere Schwierigkeit damit auf, Corporate Governance lediglich als Risikofaktor anzusehen. Das Ergebnis der Studie war, dass in einem steigenden Markt Unternehmen mit guter Corporate Governance Bewertung nicht unbedingt diejenigen mit schlechter Bewertung outperformen, insbesondere wenn es zu starken Liquiditätszuflüssen in den Markt kommt. Die Forscher erklärten dieses Ergebnis mit der negativen Korrelation zwischen Performance von Unternehmen mit guter Corporate Governance Bewertung und dem Risikoappetit von Investoren. Sie legen dar, dass Unternehmen mit guter Corporate Governance in der Regel schon eine gute finanzielle Bewertung haben, wenn Märkte anfangen zu steigen. Darüber hinaus zeigt die Studie, dass, wenn Liquidität in den Markt fliesst der Risikoappetit steigt und dadurch das ERP reduziert wird. Dies wiederum hat zur Folge, dass investieren in Unternehmen mit weniger guter Corporate Governance Bewertung attraktiver wird. Die Studie kommt zu dem Ergebnis, dass nur in fallenden Märkten, wenn Investoren bei risikoreicheren Unternehmen aussteigen, Unternehmen mit guter Corporate Governance Bewertung solche mit schlechter Bewertung outperformen.

Von dieser kurzen Einführung ist klar, dass ein Investor, der Corporate Governance zur Verbesserung der Performance und des Werts von Unternehmen als einen Teil seiner Investmentstrategie einsetzen will, zwei fundamentale Fragen beantworten können muss:

1. Welches sind die Corporate Governance Fragen, die für ein Unternehmen zu einer bestimmten Zeit von Bedeutung für seine Performance und finanzielle Bewertung sind?
2. Wie können positive Corporate Governance Veränderungen herbeigeführt werden?

Es scheint, dass bis heute die Forschung, die sich mit der Beziehung zwischen Corporate Governance und Performance befasst, diese zwei Fragen und ihren Zusammenhang nicht klar erkannt und in der Methologie nicht berücksichtigt hat. Aufgrund der fehlenden Berücksichtigung dieser zwei zusammenhängenden Fragen, ist es nicht verwunderlich, dass die Ergebnisse einiger Studien keine eindeutige Beziehung zwischen Corporate Governance und Performance finden.

In den folgenden zwei Abschnitten werden die Ergebnisse von Governance-Ranking Studien vorgestellt und bewertet und die Performance von Unternehmen, die in Fokuslisten aufgenommen oder Teil von Shareholder Engagement Fonds sind, betrachtet. Auf der Basis der vorliegenden Studien und der Bewertung derselben wird im letzten Teil dieses Kapitels versucht, Antworten auf die oben beschriebenen Fragen zu formulieren und somit die bis heute fehlenden Verbindungen in der Forschung bezüglich der Beziehung zwischen Corporate Governance und Performance herzustellen.

Governance-Ranking Studien

Ergebnisse von Governance-Ranking Studien

Forschung auf der Grundlage von Governance-Rankings soll einen Zusammenhang zwischen einem oder mehreren Faktoren oder Standards zur objektiven Messung der Qualität der Corporate Governance einerseits und der Performance andererseits herstellen. Im Folgenden wird der Begriff «Standards» verwendet, um auf eine breite Anzahl von Kriterien zu verweisen, die genutzt werden können, um die Qualität der Governance zu bewerten. Die Rankings basieren generell auf einer Bewertung der Existenz bestimmter Faktoren (zum Beispiel eine «Giftpillen»-Regelung) oder auf der Einhaltung bestimmter Regelungen (zum Beispiel der Vorschrift, dass die Hälfte der Boardmitglieder unabhängig sein muss). Standards werden also benutzt, um die Qualität der Corporate Governance eines Unternehmens objektiv zu bewerten. Es ist offensichtlich, warum die Konzentration auf bestimmte Normen, anhand derer die Qualität der Corporate Governance bis zu einem gewissen Grad objektiv gemessen werden kann, attraktiv ist. Dies bringt jedoch auch Probleme und Verzerrungen der Forschungsergebnisse mit sich. Zunächst kann jeder einzelne Corporate Governance-Standard aus verschiedenen Gründen möglicherweise keinen Bezug zur Performance von Unternehmen in einem bestimmten Markt während eines bestimmten Zeitraums haben. Untersuchungen, die sich auf einen einzigen Standard, wie zum Beispiel die Zusammensetzung des Boards, beziehungsweise des Vorstands und Aufsichtsrats in Deutschland, ohne Berücksichtigung anderer Standards, konzentrieren, können zu fehlerhaften Ergebnissen kommen. Überdies kann diese Art von Forschung die allgemeinen Vorteile einer aktiven Eigentümerschaft unter Heranziehung einer breiteren Standardpalette nicht effektiv erfassen. Komplexere Forschungsarbeiten beziehen daher eine Reihe von Standards in die Bewertung der Corporate Governance der von ihnen untersuchten Unternehmen ein. Die Auswahl von Corporate Governance-Standards lässt ein subjektives Element in die Forschung einfließen. Zusätzlich werden die verschiedenen Standards in Studien zum Teil unterschiedlich gewichtet, was die Subjektivität der Ergebnisse nochmals erhöht.

Viele Studien, die besagen, dass es keinen Zusammenhang zwischen Corporate Governance und Performance gibt, legen ihren Schwerpunkt auf einen einzigen Corporate Governance-Standard (siehe zum Beispiel Bhagat und Black (1999) und (2002), Dalton et al (1998) und Dulewicz und Herbert (2003)). Aus den oben dargelegten Gründen überrascht solch ein Ergebnis nicht. Die Ergebnisse von Rankings, die auf der Erfüllung einer übermäßig hohen Zahl potentiell unbedeutender Corporate Governance-Standards basieren, können die Feststellung eines Zusammenhangs zwischen bestimmten «core» Standards und der Performance ebenfalls verzerren. Daher sind Studien, die sich auf eine relativ geringe Anzahl von Corporate Governance-Standards konzentrieren und untersuchen, welche von diesen in direktem Zusammenhang mit der Performance stehen, am aussagekräftigsten.

Die bekannteste Governance-Ranking Studie, die einen Zusammenhang zwischen der Qualität der Corporate Governance, gemessen an Aktionärsrechten, und Performance stützt, wurde von Gompers et al (2003) durchgeführt. Die Studie basierte auf der Bewertung der Corporate Governance von 1.500 Unternehmen in den USA und verwendete 24 Governance-‹Vorschriften›, die vom Institutional Investors Research Center (IRRC) während der 90er Jahre untersucht wurden. Das IRRC untersucht die Einhaltung von Regelungen auf Unternehmensebene sowie von Vorschriften sechs staatlicher Übernahmegesetze. Die insgesamt 24 Regelungen lassen sich in fünf Gruppen unterteilen: Maßnahmen für die Verzögerung von feindlichen Unternehmensübernahmen, Abstimmungsrechte, Schutzmechanismen für Boardmitglieder, sonstiger Übernahmeschutz und staatliche Gesetze. Die Studie ergab folgendes: Hätte ein Fonds Positionen an Unternehmen des oberen Dezils des Governance-Rankings gekauft und Positionen an Unternehmen des unteren Dezils verkauft, dann hätte dieser den Markt in den 90er Jahren um 8,5% pro Jahr outperformt. Die Studie stützt ebenfalls die Prämisse, dass Unternehmen mit einem guten Governance-Ranking höher bewertet werden und höhere Gewinne erzielen als solche mit einem schlechten Ranking. Vor der Studie von Gompers et al stellten Millstein und MacAvoy (1998) fest, dass gut geführte Unternehmen (im Sinne der Ratings von CalPERS) über einen Zeitraum von fünf Jahren eine Outperformance von 7% erzielten. Analysen, die von Governance Metrics International 2003 and 2004 durchgeführt wurden, untermauern ebenfalls die Existenz eines Zusammenhangs zwischen guter Corporate Governance und Renditen für Aktionäre. Drobetz et al (2004) replizierten die Ergebnisse von Gompers et al für den deutschen Markt. Die Studie von Bauer et al (2004) basiert auf einer Analyse von Corporate Governance-Daten europäischer Unternehmen des FTSE Eurotop 300. Sie ermittelt eine positive Beziehung zwischen den untersuchten Corporate Governance-Standards, dem Aktienkurs und dem Unternehmenswert, aber nicht mit der operativen Performance.

Im Anschluss an die Studie von Gompers et al untersuchten Bebchuk et al (2004) welche der vom IRRC verfolgten 24 Governance-Vorschriften im Zusammenhang mit dem Wert des Unternehmens und den erzielten Renditen für Aktionäre stehen. Sie konnten sechs solcher Bestimmungen identifizieren: Vier bezogen sich darauf, inwieweit eine Mehrheit der Aktionäre Einfluss auf das Management ausüben kann, und zwei weitere stehen im Bezug zu Mechanismen zur Abwehr einer feindlichen Unternehmens-Übernahme. Auf Basis ihrer Bewertung der sechs Aspekte erstellen Bebchuk et al dann einen sogenannten «Entrenchment Index» und untersuchen den empirischen Zusammenhang zwischen Index und Performance. Sie stellen fest, dass ein Anstieg in dem Index durchgehend mit einem wirtschaftlich bedeutenden Abfall der Unternehmensbewertung nach Tobin's Q einhergeht und dass im Zeitraum von 1990-2003 bei Unternehmen mit höheren Indexniveaus erhebliche abnorme Renditen festzustellen sind. Besonders hervorzuheben ist, dass Bebchuk et al feststellen, dass die sechs Bestimmungen, auf denen ihr Entrenchment Index aufbaut, die von Gompers et al identifizierte Korrelation zwischen den 24 IRRC-Vorschriften und dem reduzierten Unternehmenswert beziehungsweise geringeren Aktienrenditen während der 90er Jahre umfassend erklären.

Im Gegensatz zu den Studien von Gompers et al und Bebchuk et al umfasst die in jüngster Zeit durch die Deutsche Bank durchgeführte Arbeit zum Zusammenhang zwischen Corporate Governance und Performance verschiedene wichtige Märkte, wie Asien, Kontinentaleuropa das Vereinigte Königreich und die USA (Deutsche Bank (2006), (2005a), (2005b), (2004a), (2004b) und (2003)). Die jüngst aktualisierte britische Studie der Deutschen Bank (Deutsche Bank (2005b) und (2004a)) basiert auf der Bewertung der Corporate Governance von 350 FTSE Unternehmen Ende 2000, 2003 und Juni 2005 unter Verwendung von 50 unterschiedlich gewichteten Standards. Die Studie stellt einen klaren Zusammenhang zwischen Corporate Governance und Aktienkurs-Performance der untersuchten Unternehmen fest. Während der viereinhalb jährigen Untersuchungsperiode erzielten die obersten 20% gegenüber den untersten 20% der Unternehmen in Bezug auf Corporate Governance-Struktur und -verhalten eine Outperformance von 32%. Zusätzlich führte die Deutsche Bank eine Momentumanalyse durch, bei der Unternehmen aufgrund der Entwicklung ihrer Corporate Governance-Praktiken im Untersuchungszeitraum eingestuft wurden. In diesem Fall wurde eine Outperformance der konsistent in den obersten 20% gerankten Unternehmen im Vergleich mit den durchwegs in den untersten 20% gerankten Unternehmen von 59% verzeichnet. Darüber hinaus legte die Studie dar, dass die Unternehmen, die sich aus den untersten 20% verbesserten solche, die in dieser Gruppe verblieben, um 7% outperformten.

Die Studie der Deutschen Bank zeigt ebenfalls, dass eine positive Beziehung zwischen der historischen Bewertung der Corporate Governance und der Unternehmensprofitabilität (ROE) besteht. Die oberen 20% der Unternehmen (durchschnittlicher geschätzter ROE von 20.9% in 2005) konnten erheblich bessere Ergebnisse vorweisen als die untersten 20% (durchschnittlicher geschätzter ROE von 10.9% in 2005). Ähnliche Ergebnisse ermittelt die Studie, unter Anwendung von ROA- und EBITDA-Margen. Die Arbeit konnte allerdings keinen klaren Zusammenhang zwischen der Qualität von Corporate Governance und den aktuellen finanziellen Unternehmensbewertungen der Investoren, gemessen am KGV, Kurs/Cash-Flow und Kurs/Buchwert, feststellen. Das scheint zu bestätigen, dass hinsichtlich der Beziehung zwischen Corporate Governance und Performance das Wissen, dass Corporate Governance das ERP beeinflusst, nur der Ausgangspunkt ist.

In einer weiteren akademischen Studie untersuchten Bauer et al (2005) die Bedeutung von Corporate Governance für japanische Unternehmen. Auf der Grundlage von Daten von Governance Metrics International, das Unternehmen in sechs Corporate Governance Kategorien bewertet, analysierten die Wissenschafter ob Unternehmen mit höherem Rating erfolgreicher operierten als solche mit einem niedrigerem Rating. Dabei wurden die Aktienkursentwicklung, die finanzielle Bewertung und operative Ergebnisse herangezogen, um die Performance zu bewerten. Die Studie ergab, dass gute Corporate Governance einen positiven Effekt auf Aktienkurs und Bewertung, aber nicht auf operative Ergebnisse hat. Das letztere Ergebnis führten die Wissenschaftler unter anderem darauf zurück, dass Unternehmen mit guter Corporate Governance dazu tendieren, vorsichtigere Rechnungslegungsprinzipien anzuwenden, was zu konservativeren operativen Zahlen führen kann. Interessanterweise fanden die Wissenschaftler auch, dass die Standards, die in den sechs Corporate Governance-Kategorien gemessen werden, die Performance-Variablen unterschiedlich beeinflussen.

Auch die Ergebnisse einer in 2006 bei Goldman Sachs veröffentlichten Studie unterstützen die Ansicht, dass es einen Zusammenhang zwischen Corporate Governance und Performance gibt (Goldman Sachs (2006)). Die Studie, die auf Daten von Corporate Governance International basiert, untersuchte die Investment-Erträge, die durch den Kauf von Unternehmen mit hohem Ranking und Verkauf von solchen mit einem niedrigen Ranking erreicht werden konnten. Die Studie ergab, dass solch eine Investmentstrategie über die Periode September 2005 bis Mai 2006 einen Extra-Ertrag von 10.9% über den passiven Markt-Ertrag erzielt hätte. Die Studie untersuchte auch, welche der fünf Kategorien, die von Corporate Governance International für Rankings benutzt werden, hinsichtlich des Investment-Ertrags eine Rolle spielen. Die Ergebnisse der Studie zeigen, dass die Zusammensetzung des Boards und die Fähigkeiten und Erfahrung, die einzelne Mitglieder mitbringen, die wichtigsten Faktoren hinsichtlich des Investment-Ertrags sind.

Bewertung der Governance-Ranking Studien

Die meisten Studien auf Grundlage von Corporate Governance-Rankings stützen die Aussage, dass gute Corporate Governance die Performance verbessert. Man sollte anmerken, dass es Studien in dieser Kategorie gibt, die Zweifel an der Existenz einer Verbindung von Corporate Governance und Performance aufkommen lassen. Es ist diesbezüglich festzustellen, dass Studien zu Governance-Rankings auf der Einschätzung bestimmter Corporate Governance-Standards in der Vergangenheit und daher auf historischen Daten beruhen. Darüber hinaus sind die untersuchten Standards (und oft auch ihre Gewichtung) von Studie zu Studie verschieden. Ausserdem ist es generell schwierig, zu allgemeinen Schlussfolgerungen zu gelangen, da die untersuchten Standards von bestimmten marktabhängigen Regulierungen geprägt sind, die sich im Verlauf der Zeit ändern können.

Einige der anspruchsvolleren Studien beziehen diese Aspekte zumindest teilweise mit ein, indem sie international anwendbare Standards nutzen und Momentumanalysen verwenden. Jedoch muss speziell das Ergebnis von Bebchuk et al (2004) mit Vorsicht betrachtet werden, da es suggeriert, dass Tätigkeiten der Corporate Governance auf bestimmte «core» Standards konzentriert werden könnten, um eine effektive Verbesserung der Performance zu erzielen. Die vom IRRC untersuchten Governance-Vorschriften beziehen sich hauptsächlich auf Mechanismen, die es dem Management ermöglichen, eine Übernahme des Unternehmens zu verhindern oder zu verzögern. Da die Regulierung von Unternehmensübernahmen in den wichtigsten Weltmärkten sehr unterschiedlich gehandhabt wird, kann es sein, dass die von Bebchuk für die USA identifizierten sechs Kriterien anderswo weniger Relevanz haben. Bevor man zu allgemeinen Schlussfolgerungen gelangt, sind weitere Forschungsarbeiten erforderlich, welche die Ergebnisse von Bebchuk et al bezüglich anderer Märkte als den US-amerikanischen replizieren, um die spezifischen Corporate Governance-Standards zu identifizieren, die in direktem Zusammenhang mit Performance stehen. Trotz dieser Ergebnisse stützen die Studien auf der Grundlage von Corporate Governance-Rankings im Allgemeinen die Aussage, dass gute Corporate Governance zu einer Performanceverbesserung führt.

Das mag verwundern angesichts eines fundamentalen Problems von auf Governance-Rankings beruhenden Studien, die versuchen, eine Verbindung zwischen Corporate Governance und Performance herzustellen. Es scheint äußerst fragwürdig, ob Standards, die objektiv die Qualität der Corporate Governance eines spezifischen Unternehmens messen sollen, für dieses Unternehmen hinsichtlich der Performance relevant sind. Bevor diese Thematik auf der Unternehmensebene untersucht wird, stellt sich zunächst die Frage ob es sinnvoll ist, die gleichen oder ähnliche Standards zur Bewertung der Corporate Governance von Unternehmen, die in unterschiedlichen Märkten – mit spezifischen Rechtssystemen und Unternehmensführungstraditionen – zu Hause sind, heranzuziehen. Wie viel lernen wir zum Beispiel hinsichtlich der Corporate Governance Qualität eines deutschen Unternehmens von der Feststellung, dass weniger als die Hälfte des Aufsichtsrats nach einer international anerkannten Definition unabhängig sind? Nicht sehr viel, da deutsches Recht grossen Unternehmen vorschreibt, dass die Hälfte der Aufsichtsratsmitglieder Arbeitnehmer-Repräsentanten sein müssen. Nichtsdestotrotz wird der Standard «Unabhängigkeit der Mehrheit der Mitglieder des Boards» in vielen Rankings und weltweit benutzt, um die Qualität der Corporate Governance von Unternehmen zu bewerten.

Darüber hinaus gibt es grosse Unterschiede zwischen Märkten hinsichtlich der Eigentumsstruktur von Unternehmen. Die Probleme oder «Agency Conflicts», die in Unternehmen mit einem oder mehreren kontrollierenden Aktionären auftreten (Kontrollierender Aktionär versus Minderheitsaktionär), sind grundverschieden von denen der Unternehmen, die ganz in Streubesitz sind (Management/Board versus Aktionäre). Diese Tatsache macht Vergleiche der Corporate Governance Qualität von Unternehmen, die in Märkten mit unterschiedlichen Eigentumsstrukturen von Unternehmen zu Hause sind, auf der Grundlage einheitlicher Standards noch fragwürdiger. Forschung zur Frage des Zusammenhangs zwischen Corporate Governance und Performance, die die Eigentumsstruktur der untersuchten Unternehmen berücksichtigt, ist nur wenig zu finden (für ein Beispiel, siehe Beiner et al (2004), eine Studie, in der die Autoren eine positive Beziehung zwischen Corporate Governance Qualität und Tobin's Q finden).

Selbst für Unternehmen, die im selben Markt operieren – und die deshalb den gleichen Rahmenbedingungen ausgesetzt sind – und die eine ähnliche Eigentumsstruktur haben, können ganz unterschiedliche Corporate Governance-Standards im Hinblick auf die Performance wichtig sein. Der Grund dafür kann ganz einfach sein, dass sie in unterschiedlichen Industriesektoren tätig sind, die gewissen positiven und/oder negativen Einflüssen ausgesetzt sein können. Es ist zum Beispiel klar, dass die Governance Struktur eines Stahlfabrikanten anders sein wird als die einer Management Beratung. Des Weiteren erscheint es einleuchtend, dass bestimmte Governance Strukturen, wie zum Beispiel die Kombination oder Trennung der Ämter von CEO und Chair, mehr oder weniger passend für Unternehmen auf unterschiedlichen Stufen ihrer Entwicklung oder in Krisen sein kann. Es ist festzuhalten, dass hinsichtlich der angemessensten und somit effektivsten Corporate Governance Struktur für ein Unternehmen nicht ein einheitliches Format vorgeschrieben werden sollte.

Was ist die Schlussfolgerung aus der Ansicht, dass die angemessenste und damit effektivste Corporate Governance Struktur für ein Unternehmen von einer Reihe von Faktoren abhängig ist, welche nicht nur zwischen Märkten und Industriesektoren differieren, sondern sich auch im Laufe der Entwicklung eines Unternehmens verändern und generell in hohem Maße unternehmensspezifisch sind. Wenn man diese Ansicht teilt, dann ist es klar, warum es so schwierig ist, sinnvolle Corporate Governance Rankings zu produzieren, die zum Beispiel Markt- und Sektorenübergreifende Vergleiche erlauben. Als weitere Folge ist es deshalb sehr schwierig, zuverlässig wissenschaftlich nachzuweisen, dass die Einhaltung bestimmter Corporate Governance-Standards die Performance und ultimativ den Wert von Unternehmen verbessert beziehungsweise steigert. Die Ergebnisse einer Studie, die von einer Gruppe von unabhängigen Wissenschaftlern im Auftrag der Niederländischen Corporate Governance Forschungsstiftung von Pensionsfonds (SCGOP) in 2004 durchgeführt wurde (de Jong et al 2004) macht dies sehr deutlich.

Wenn man davon überzeugt ist, dass Corporate Governance als Teil einer Investmentstrategie dazu benutzt werden kann, die Performance und ultimativ den Wert von Unternehmen zu verbessern beziehungsweise zu steigern, dann muss man erkennen, dass ausser der Fähigkeit, Unternehmen mit objektiv gemessener guter oder schlechter Corporate Governance Struktur zu identifizieren, noch eine weitere Kapazität vorhanden sein sollte. Auf der Basis der Ergebnisse von Studien, die im nächsten Abschnitt behandelt werden, scheint es, dass die Verbesserung von Performance und Wertsteigerung in der Regel mit dem Tätigwerden von aktiven, interessierten und involvierten Aktionären in Verbindung gebracht werden kann.

Fokuslisten-Forschung und Performance von Shareholder Engagement Fonds

Fokuslisten-Forschung

Fokuslisten werden von einer Vielzahl von Investoren und Anlegergruppen herausgegeben. Im Wesentlichen will man die Geschäftsleitung der in den Listen aufgeführten Unternehmen durch die Veröffentlichung dazu anhalten, sich mit ihren Problemen hinsichtlich Performance und Corporate Governance zu befassen. Die Aufnahme eines Unternehmens in eine Fokusliste bedeutet generell auch eine Absichtserklärung des Herausgebers, dass er sich für Verbesserungen der Corporate Governance des aufgelisteten Unternehmens einsetzen will. Die Argumentation für Fokuslisten ist, dass sich durch die Veröffentlichung der Probleme eines Unternehmens und die Absichtserklärung des Herausgebers, das Unternehmen bei der Bewältigung dieser zu unterstützen, die Performance irgendwann nach Aufnahme in die Liste verbessern könnte. Darüber hinaus können die Erwartungen auf Bewältigung der Unternehmensschwierigkeiten nach Aufnahme in die Liste zu einer sofortigen positiven Reaktion am Markt führen.

Die bekannteste Fokusliste wird von CalPERS herausgegeben. Der so genannte «CalPERS-Effekt», das heißt eine verbesserte Unternehmensperformance nach Aufnahme in die Fokusliste von CalPERS, wurde erstmals 1994 beschrieben (Nesbitt (1994)). Diese Studie, die 1995, 1997 und 2001 (Nesbitt 2001) und 2004 (Hewsenian und Noh (2004)) aktualisiert wurde, wird generell als die überzeugendste in diesem Bereich angesehen. Bis zur aktuellsten Studie im Jahr 2004 konnte aufgezeigt werden, dass Unternehmen in der Fokusliste von CalPERS in den fünf Jahren nach ihrer Aufnahme eine solide Outperformance erzielten (um 41% in der Studie von 1994 und 14% in der Studie von 2001). Ergebnisse der aktuellen Ausgabe der Studie von 2004 untermauern das Argument der langfristigen Wertsteigerung in geringerem Maße mit einer Outperformance von 8% über den Fünf-Jahres Zeitraum nach der Aufnahme in die Liste.

Studien des «CalPERS-Effekts» wurden auch von Anson, White und Ho von CalPERS durchgeführt (Anson et al (2003) und (2004)). In ihrer Studie in 2003 fanden die Autoren, dass die Aufnahme eines Unternehmens in die CalPERS Fokusliste einen bedeutenden kurzfristigen Einfluss auf den Aktienpreis des Unternehmens hat. Die Studie legte dar, dass der durchschnittliche Extra-Ertrag der für die Unternehmen in den 95 Tagen nach der Aufnahme in die Fokusliste erzielt wurde, 12% betrug (die Autoren definieren den Extra-Ertrag als den Teil des Ertrags, der über den Risiko angepassten, erwarteten Ertrag für die Unternehmen in der Fokusliste hinausgeht). Daraus folgern die Autoren, dass Fokuslisten – zumindest kurzfristig – einen bedeutenden, wertsteigernden Effekt haben. In ihrer Studie von 2004 überprüfen Anson et al. die Ergebnisse ihrer 2003 Studie hinsichtlich des langfristigen Effekts der CalPERS Fokusliste. Die 2004 Studie zeigt, dass ein Unternehmen im Jahr, nachdem es in die Fokusliste aufgenommen wird, im Durschnitt einen Ertrag erzielt, der den für das Risiko angepassten Ertrag den Investoren normalerweise erwarten würden, um 59% übertrifft. Daraus schliessen die Autoren, dass der Fokuslisten-Ansatz von CalPERS einen bedeutenden, wertsteigernden Effekt auf die Unternehmen hat, in die CalPERS investiert.

Die Methodik, die Anson et al in ihren Studien anwenden, ist in der Literatur kritisiert worden (Nelson (2005)). Aber es gibt weitere, unabhängige akademische Studien, welche die Ergebnisse bestätigen. Barber, zum Beispiel, analysierte die Erträge der Corporate Governance Aktivitäten von CalPERS hinsichtlich der Unternehmen, die zwischen 1995 und 2005 auf der Fokusliste standen. Er kam zu dem Schluss, dass CalPERS durch diese Corporate Governance Aktivitäten in dem untersuchten Zeitraum geschätzte $ 3.1 Milliarden zusätzlichen Wert geschaffen hat. Weitere Studien, die den Effekt von Fokuslisten anderer Herausgeber untersuchten bestätigen grundsätzlich, dass sich nach der Aufnahme eines Unternehmens in eine Fokusliste dessen Performance verbessert.

Die Ergebnisse von Forschungsarbeiten hinsichtlich Performance Effekten von Fokuslisten unterstützen grundsätzlich die Auffassung, dass eine Veröffentlichung der Schwierigkeiten von Unternehmen und, wo angebracht, ein aktives Engagement von Investoren mit solchen Unternehmen zur Behebung der aufgedeckten Schwierigkeiten deren Performance verbessern kann. Bei Hermes sind wir der Meinung, dass diese Ergebnisse an sich bereits eine solide

Rechtfertigung dafür sind, dass Investoren als aktive Eigentümer fungieren sollten. Allerdings gibt es Forschungsergebnisse, die im weitesten Sinne in die Kategorie der Fokuslisten-Forschung gehören, und die einen «CalPERS-Effekt» nicht nachweisen konnten. Dies kann man damit erklären, dass die meisten Fokuslisten-Studien keinen Unterschied machen zwischen Unternehmen, die potentiell auf Kontrolle und Druck der Investoren reagieren können und solchen, denen dies nicht möglich ist (Caton et al (2001)). Darüber hinaus können Studien, deren Ergebnisse keinen klaren «CalPERS-Effekt» fanden, mit anderen Faktoren erklärt werden, die den Erfolg eines Engagements beeinflussen, zum Beispiel mit der Eigentumsstruktur eines Unternehmens. Bestimmte Unternehmen, wie zum Beispiel Familienunternehmen mit Mehrheitsaktionären, sind grundsätzlich weniger offen für Veränderungen durch Engagement als Unternehmen, die ganz im Streubesitz sind. Außerdem ist festzustellen, dass Unternehmen mit adäquater oder guter Corporate Governance, die aber aufgrund von Schwierigkeiten mit ihrer Strategie oder Finanzstruktur underperformen, ebenfalls in Fokuslisten aufgenommen werden können. Obwohl Performance- und Corporate Governance-Schwierigkeiten oft Hand in Hand gehen, ist deshalb der Beweiswert von Fokuslisten-Forschung in Bezug auf einen Zusammenhang zwischen Corporate Governance und Performance nicht ganz eindeutig.

Die Performance von Shareholder Engagament Fonds, welche das Potenzial beziehungsweise die Empfänglichkeit von Unternehmen, auf konstruktive Veränderungsvorschläge einzugehen, in den Investment- und Engagement-Entscheidungsprozess einbeziehen können, ist daher ein klarerer Beleg für die Ansicht, dass Corporate Governance die Performance beeinflussen kann.

Performance von Shareholder Engagement Fonds

Der Erfolg von Shareholder Engagement Fonds ist der eindeutigste Beweis dafür, dass aktive Eigentümerschaft mit dem Ziel einer Verbesserung der weit definierten Corporate Governance zu einer besseren Unternehmensperformance und ultimativ zu einer höheren Bewertung führen kann. Shareholder Engagement Fonds investieren in Unternehmen mit Corporate Governance Problemen, deren Kursentwicklung schlechter ist als die des Marktes, die aber Potenzial zur Besserung aufweisen. So bietet die Fonds-Performance eine reelle Prüfung der Prämisse, inklusive eines bedeutenden finanziellen Engagements. Aktive Investoren erhoffen sich durch ein Engagement mit solchen Unternehmen, und wenn nötig, durch die aktive Ausübung ihrer Eigentumsrechte, Verbesserungen, die ihrer Ansicht nach letztlich zu einer Wertsteigerung ihrer Anlage führen werden.

Die Hermes Focus Funds basieren auf einem solchen Ansatz. Sie investieren in Unternehmen, die grundlegend solide sind, aber aufgrund von Schwächen in ihrer Strategie, struktureller Corporate Governance oder Finanzstruktur eine Underperformance vorweisen. Das Focus Fund Team arbeitet dann mit den Board- beziehungsweise den Vorstands- und Aufsichtsratsmitgliedern des Unternehmens zusammen und nimmt gegebenenfalls mit anderen Aktionären und Interessengruppen Kontakt auf. Bezeichnend dabei ist, dass das Focus Funds Team konstruktiv und kooperativ mit dem Board, beziehungsweise dem Vorstand und Aufsichtsrat, der Portfoliounternehmen zusammenarbeitet und kein Interesse daran hat, selbst die Geschäftsführung zu übernehmen (also kein «micro-management»). Die Engagement-Programme der Focus Funds sind dazu gedacht, den Board, beziehungsweise Vorstand, bei schwierigen Entscheidungen und deren Implementierung zu unterstützen (anstatt solche Entscheidungen für den Board, beziehungsweise Vorstand, zu fällen). Das Focus Fund Team kann so über einen gewissen Zeitraum seinen Einfluss als Eigentümer bei der Ursachenbehebung einer Underperformance geltend machen.

Der ursprüngliche Hermes UK Focus Fund outperformt den FTSE All Share Total Return Index seit seiner Einführung 1998 auf Jahresbasis um 3,1% (netto nach Gebühren (Zeitraum bis Ende Juni 2006)). Gleichermassen übertrifft der European Focus Fund seinen Benchmark seit seiner Einführung im Jahr 2002 auf Jahresbasis um 3,9% (netto nach Gebühren (Zeitraum bis Ende Juni 2006)). In den USA outperformt der Relational Investors LLC seinen Benchmark seit seiner Einführung 2001 auf Jahresbasis umgerechnet um 6.3% (netto nach Gebühren (Zeitraum bis Ende Juni 2006)). Die Outperformance von Shareholder Engagement Fonds unter schwierigen Marktbedingungen bei Anwendung aktiver Eigentümerschaft als Investmentmethode kann als das stärkste Argument für die Auffassung gewertet werden, dass Corporate Governance und Performance in Zusammenhang stehen. Es ist hinzuzufügen, dass die Engagements von Hermes weit definierte Corporate Governance Probleme angehen, unter anderem strategische Schwächen und Finanzstrukturprobleme von Unternehmen. Ebenso untermauert die solide Performance der Focus Funds unsere grundlegende Auffassung, dass Unternehmen mit aktiven, interessierten und involvierten Aktionären eher in der Lage sind, bessere langfristige Renditen zu erzielen.

Die Effektivität des Investmentansatzes der Focus Funds von Hermes hinsichtlich der Erträge für Investoren wurde jüngst von einer Gruppe unabhängiger Wissenschaftler untersucht (Becht et al 2006). Diesen wurde von Hermes uneingeschränkter Einblick in Hermes Dokumente, inklusive Briefe, Memos, Mitschriften von Diskussionen, Präsentationen und Mitschnitte von Telefonaten gewährt. Die untersuchten Unterlagen dokumentieren die Arbeit von

Hermes bezüglich der Unternehmen in die der UK Focus Fund im Zeitraum von 1998 bis 2004 investierte. Die Wissenschaftler hatten so die Möglichkeit, alle Formen von öffentlichem und privatem Engagement mit 41 Unternehmen zu untersuchen. Eines der Ziele der Studie war es herauszufinden, ob das Erreichen der Engagement-Ziele, welche sich das Focus Fund Team setzt, eine positive Auswirkung auf den Wert der Unternehmen hat. Diese Ziele beinhalteten oftmals bedeutende Veränderungen in der Governance Struktur des Unternehmens, wie zum Beispiel Wechsel des CEO oder Board-Vorsitzenden, beziehungsweise Vorstands- oder Aufsichtsratsvorsitzenden, Kapitalstruktur und Ausschüttungen und Verkäufe von Teilen des Unternehmens oder größerer Aktivposten. Die Wissenschaftler legen dar, dass es zu den Zeitpunkten, in denen das Focus Fund Team seine Engagement Ziele erreichte – und dieses öffentlich wurde –, zu statistisch signifikanten abnormalen positiven Erträgen kam. Die Ergebnisse zeigen, dass die Initiativen und Intervention des Focus Fund-Teams zu bedeutenden positiven Marktreaktionen führte. Es ist wichtig, dass die Wissenschaftler auch zu dem Schluss kommen, dass Hermes in der Mehrzahl der Fälle die angestrebten Ziele erreichte. Auf der Grundlage ihrer Ergebnisse kommen die Wissenschaftler zu dem Schluss, dass Shareholder Engagement zu wertsteigernden Verbesserungen der Corporate Governance von Unternehmen führen kann. Die Studie zeigt darüber hinaus, dass der grösste Teil der Outperformance auf Aktivismus und nicht Auswahl der Unternehmen zurückzuführen ist. Die unabhängigen Wissenschaftler zeigen also eine klare Verbindung zwischen Shareholder Engagement und Fonds Performance.

Die starke Performance der Focus Funds von Hermes und die Ergebnisse der unabhängigen Studie ihrer Investmentansätze unterstützt die Auffassung, dass Unternehmen mit aktiven, interessierten und verantwortlichen Aktionären größere Chancen haben, langfristig bessere Erträge zu erzielen als Unternehmen ohne solche Aktionäre. Hermes hat seinen erfolgreichen Focus Fund-Ansatz auf ausgewählte Unternehmen, in die es als Teil eines passiven Investmentansatzes für seine Kunden investiert, ausgeweitet. Dies erlaubt eine Kostenteilung und besonders einen vorteilhaften Einsatz des auf Engagement spezialisierten Teams.

Bewertung der Untersuchungsergebnisse

Fokuslisten-Studien und die Effektivität von Shareholder Engagement im allgemeinen und die Performance von Shareholder Engagement Fonds im besonderen bieten überzeugende Beweise für einen Zusammenhang zwischen aktiver Eigentümerschaft hinsichtlich Corporate Governance und einer verbesserten Unternehmensperformance. Im Gegensatz zum Nachweis eines Zusammenhangs zwischen Corporate Governance und Performance durch

Der Zusammenhang zwischen Corporate Governance und Performance

Studien auf Grundlage von Governance-Rankings sind die hier angeführten Nachweise relevant im Bezug auf Märkte mit unterschiedlicher Regulierung und für Unternehmen in unterschiedlichen Industriesektoren. Tatsächlich suggerieren die Fokuslisten-Forschung und die Performance von Shareholder Engagement Fonds, dass die Einhaltung bestimmter Standards weniger wichtig ist als das Maß der Kontrolle und gegebenenfalls auch des Drucks von Seiten der Eigentümer. Die Anhaltspunkte und Ergebnisse in dieser Kategorie belegen damit die Aussage, dass der Prozess einer aktiven Eigentümerschaft und die Management-Kontrolle von großer Bedeutung hinsichtlich Performance und Wert von Unternehmen sind und dass es eben nicht nur – und wahrscheinlich nicht einmal hauptsächlich – die absolute Qualität der Corporate Governance ist, die für den Erfolg des Investmentansatzes massgeblich ist.

Der Prozess der aktiven Eigentümerschaft ist nicht nur im Hinblick auf Unternehmen von Bedeutung, bei denen Performance und/oder Corporate Governance-Schwierigkeiten schon aufgetreten und unter Umständen schon angegangen worden sind, sondern ist vielmehr als kontinuierlicher und allgemeiner Ansatz für die Verwaltung von Investments mit dem Ziel der Vermeidung solcher Schwierigkeiten zu betrachten.

Studien auf Grundlage von Governance-Rankings, die zumindest prinzipiell nur auf Corporate Governance-Aspekte eingehen, bieten im Bezug auf einen Zusammenhang zwischen Corporate Governance und Performance, klarere Beweise als Fokuslisten-Forschung und die Performance von Shareholder Engagement Fonds. Die Erfahrung zeigt jedoch, dass Schwächen in der Strategie und Finanzstruktur sowie Schwierigkeiten in der Corporate Governance eng definiert oft Hand in Hand gehen. Ausserdem kann natürlich ein Zusammenhang zwischen der Einhaltung von Corporate Governance-Standards durch ein Unternehmen und aktiver Eigentümerschaft bestehen. Dies führt uns zur wichtigsten Einschränkung der bestehenden Forschung, nämlich der Frage der Kausalität. Der Nachweis von Kausalzusammenhängen ist notorisch schwierig, sogar dann, wenn durch Studien eine Korrelation zwischen Corporate Governance und Performance belegt werden kann. Die Frage der Kausalität kommt nicht nur hinsichtlich der Bedeutung bestimmter Standards auf, sondern auch in Bezug auf den Einfluss aktiver Eigentümerschaft auf die Corporate Governance Strukturen und die Führung eines Portfoliounternehmens. Es ist festzustellen, dass die Autoren der Mehrzahl der Studien die Notwendigkeit weiterer empirischer Untersuchungen zur Frage der Kausalität bestätigen. Dieser Einschränkungen bezüglich der verfügbaren Arbeiten sollte man sich natürlich bewusst sein. Nichtsdestotrotz gibt es ausreichend unterstützende Beweise für die Ansicht, dass gute Corporate Governance die langfristige Performance und ultimativ den Wert eines Unternehmens verbessert.

Schlussfolgerung

Die Arbeit von Hermes für seine Kunden im Bereich Corporate Governance basiert auf der Auffassung, dass sowohl die Einhaltung bestimmter Corporate Governance Standards als auch aktive Eigentümerschaft auf Basis und im Bezug auf eine grössere Zahl an Standards die Performance und ultimativ den Wert eines Unternehmens verbessern können. Anders ausgedrückt, Hermes ist davon überzeugt, dass unter gleichen Bedingungen Unternehmen mit aktiven, interessierten und involvierten Aktionären tendenziell eine Outperformance gegenüber Unternehmen mit passiven Aktionären erzielen. Die Ansicht, dass gute Corporate Governance helfen kann, Risiken zu mindern und damit signifikanten Problemen vorzugreifen, ist weniger kontrovers als die Aussage, dass sie Extra-Wert für Investoren schaffen kann. Obwohl es auch Studien gibt, die zu anderen Ergebnissen kommen, ist Hermes davon überzeugt, dass aktive Eigentümerschaft zur Verbesserung der Corporate Governance ein Investmentansatz ist, der in effektiver Weise die Performance und ultimativ den Wert der Unternehmen in einem Portfolio verbessern kann. Die Engagementprogramme von Hermes für seine aktiven und passiven Core-Investments und seine Focus Funds basieren auf diesem aktiven Ansatz zur Aktien-Eigentümerschaft. Woher kommt diese Überzeugung von Hermes?

Zu Beginn dieses Kapitels stellten wir zwei Fragen, die ein Investor, der Corporate Governance zur Verbesserung der Performance und des Werts von Unternehmen als einen Teil seiner Investmentstrategie einsetzen will, beantworten können muss: Welche Corporate Governance Fragen sind für ein Unternehmen zu einer bestimmten Zeit für seine Performance und finanzielle Bewertung von Bedeutung? Wie können positive Corporate Governance Veränderungen herbeigeführt werden? Nach der Analyse und Bewertung der relevanten Forschungsergebnisse und anderer Hinweise hinsichtlich der Beziehung zwischen Corporate Governance und Performance in diesem Kapitel, sind wir jetzt in der Lage zu beschreiben, wie die angesprochenen Fragen adressiert werden können und was für Ressourcen dafür notwendig sind. Damit sind wir in der Lage, die fehlende Verbindung in der Forschung bezüglich des Zusammenhangs zwischen Corporate Governance und Performance herzustellen.

Selbst die besten Corporate Governance Rankings können nur Ausgangspunkt für weitere unternehmensspezifische Analysen durch spezialisiertes Personal sein, welche die Besonderheiten der individuellen Gesellschaften bei der Bewertung der Corporate Governance Qualität berücksichtigt. Rankings versuchen, Corporate Governance Qualität objektiv zu messen. Dies scheint – insbesondere markt- und sektorenübergreifend – schwer möglich. Es ist fragwürdig, ob Standards, welche die Qualität der Corporate Governance einer grossen Gruppe von Unternehmen messen sollen, hinsichtlich der Performance eines einzelnen Unternehmens eine Rolle spielen. Bei Hermes sind wir der Überzeugung, dass die angemessenste und damit effektivste Corporate Governance Struktur eines Unternehmens von einer Reihe von Faktoren abhängig ist, welche nicht nur zwischen Märkten und Industriesektoren differieren, sondern sich auch im Laufe der Entwicklung eines Unternehmens verändern und generell in hohem Maße unternehmensspezifisch sind. Deshalb ist eine Bewertung der Corporate Governance Qualität eines Unternehmens nur auf der Grundlage objektiver Kriterien bestenfalls unzuverlässig. Um die Corporate Governance Qualität eines bestimmten Unternehmens effektiv zu bewerten und wertsteigernde Verbesserungen zu identifizieren, benötigt ein Investor Personal mit einer weiten Palette von Qualifikationen, Fähigkeiten und Erfahrungen, einschließlich direkter Senior-Management Erfahrung. Üblicherweise verfügen Fondsmanager nicht über ein solches Personal. In diesem Zusammenhang ist das Ergebnis der oben beschriebenen Momentumanalyse der Deutschen Bank von großem Interesse, das zeigt, dass Unternehmen die ihre Corporate Governance in der untersuchten Periode verbesserten solche die dieses nicht taten deutlich outperformten. Es unterstützt die Ansicht, dass die für eine Verbesserung der Performance relevanten Corporate Governance Fragen für jedes Unternehmen individuell gefunden werden müssen und dass es informierte Investoren sein können, die am besten in der Lage sind, wertsteigernde Verbesserungen zu identifizieren. Selbst wenn man diese Ansicht teilt, ist aber die Identifizierung solcher performance-verbessernder Bereiche nur ein Teil der Rolle von aktiven, interessierten und involvierten Aktionären.

Eine detaillierte, unternehmensspezifische Corporate Governance Analyse mit dem Ziel, Verbesserungen, die zu Wertsteigerungen führen könnten, zu identifizieren, ist nur ein Teil einer effektiven auf Corporate Governance basierenden Investmentstrategie. Hinsichtlich Wertsteigerung (oder zumindest Werterhaltung) scheint die wichtigste Rolle von Investoren, die das Ziel einer Verbesserung der Corporate Governance verfolgen, ein Engagement mit Unternehmen durch einen konstruktiven Dialog zu sein. Mindestens aber sollten institutionelle Investoren ihre Portfoliounternehmen aktiv verfolgen und zumindest in angemessenen Fällen einschreiten, das heißt ihre Rechte als Eigentümer sinnvoll einsetzen.

Bei Hermes sind wir der Auffassung, dass nicht nur die Qualität der Corporate Governance Strukturen eines Unternehmens sondern zu einem bedeutenden Maß das angemessene Engagement der Investoren mit den Unternehmen im Hinblick auf die Performance von Bedeutung sind. Ein Engagement mit Unternehmen, als Teil aktiver Eigentümerschaft, kann dabei eine weite Palette von Corporate Governance Themen berühren. Die Performance von Unternehmen, die in die Fokusliste von CalPERS aufgenommen wurden, und der Erfolg der Hermes Focus Funds unterstützen diese Ansicht.

CalPERS und Hermes haben bedeutende Ressourcen investiert, um ihre auf Corporate Governance basierende Investmentstrategie zu implementieren. Bei Hermes arbeiten etwa 50 Personen mit einer weiten Palette von Qualifikationen, Fähigkeiten und Erfahrungen im Bereich Corporate Governance Analyse und Engagement mit Unternehmen. Daher scheint es, dass es für einzelne institutionelle Investoren in der Zukunft Sinn machen wird, in Corporate Governance Fragen eng mit anderen Institutionen zusammenzuarbeiten und gegebenfalls die Ressourcen zu poolen, um wirtschaftlich arbeiten zu können. Nur so kann das Potenzial einer auf Corporate Governance basierenden Investmentstrategie voll realisiert werden.

Literatur

Anson, White and Ho (2003), «The Shareholder Wealth Effects of CalPERs' Focus List», *Journal of Applied Corporate Finance*, Vol. 15, No. 3, S. 8–17.

Anson, White and Ho (2004), «Good Corporate Governance Works: More Evidence from CalPERS», *Journal of Asset Management*, Vol. 5, S. 149–156.

Antunovich, Laster and Mitnick (2000), «Are High Quality Firms also High-Quality Investments?», *Current Issues in Economics & Finance*, Vol. 6, No. 1.

Barber, «Monitoring the Monitor: Evaluating CalPERS' Shareholder Activism», Working Paper, March 2006.

Bauer, Frijns, Otten and Tourani-Rad, «The Impact of Corporate Governance on Corporate Performance: Evidence from Japan», Maastricht University/Auckland University of Technology, May 2005.

Bauer and Guenster (2003), «Good Corporate Governance Pays Off! Well-governed companies perform better on the stock market», Working Paper, April 2003.

Bauer, Guenster and Otten (2004), «Empirical Evidence on Corporate Governance in Europe: The Effect on Stock Returns, Firm Value and Performance», *Journal of Asset Management*, Vol. 5, No. 2, S. 91–104.

Bebchuk, Cohen and Ferrell (2004), «What Matters in Corporate Governance?», Olin Paper No. 491, Harvard Law School, September 2004.

Becht, Franks, Mayer and Rossi (2006), «Returns to Shareholder Activism – Evidence from a Clinical Study of the Hermes U.K. Focus Fund», ECGI Finance Working Paper No. 138.

Becht, Franks, Mayer and Rossi (2006), «Study on Shareholder Activism in the U.K.», *Journal of Applied Corporate Finance*, Vol. 18, S. 8–27.

Becht, Franks, Mayer and Rossi (2006), «Returns to Shareholder Activism – Evidence from a Clinical Study of the Hermes UK Focus Fund», Working Paper, July 2006.

Beiner, Drobetz, Schmid and Zimmermann (2004), «An Integrated Framework of Corporate Governance and Firm Valuation – Evidence from Switzerland», ECGI – Finance Working Paper No. 34/2004.

Bhagat and Black (2002), «The Non-Correlation between Board Independence and Long-Term Firm Performance», *Journal of Corporate Law*, Vol. 27, S. 231–273.

Bhagat and Black (1999), «The Uncertain Relationship between Board Composition and Firm Performance», *Business Lawyer*, Vol. 54, S.921–963.

Brown and Caylor (2004), «Corporate Governance and Firm Performance», Working Paper, Georgia State University, August 2004.

Carleton, Nelson and Weisbach (1998), «Influence of Institutions on Corporate Governance through Private Negotiations: Evidence from the TIAA-CREF», *Journal of Finance*, Vol. 53, S. 1335–1362.

Caton, Goh and Donaldson (2001), «The Effectiveness of Institutional Activism», *Financial Analysts Journal*, Vol. 57, No. 3, July/August 2001, S. 21–26.

Coombes and Watson (McKinsey) (2000, 2002), «Global Investor Opinion Survey».

Dalton, Daily, Ellstrand and Johnson (1998), «Meta-Analytic Reviews of Board Composition, Leadership Structure, and Financial Performance», *Strategic Management Journal*, Vol. 19, No. 3, S. 269–290.

De Jong, Dejong, Mertens and Wasley (2004), «International Corporate Governance and Performance: A comparative analysis of corporate governance and performance in France, Germany and the U.K.», Research Paper, November 2004.

Deutsche Bank (2006), Global Corporate Governance Research, «Beyond the Numbers – Corporate Governance in Asia and Australia», March 2006.

Deutsche Bank (2005a), Global Corporate Governance Research, «Beyond the Numbers – Corporate Governance in Europe», March 2005.

Deutsche Bank (2005b), Global Corporate Governance Research, «Beyond the Numbers – UK Corporate Governance Revisited», July 2005.

Deutsche Bank (2004a), Global Corporate Governance Research, «Beyond the Numbers – Corporate Governance in the UK», February 2004.

Deutsche Bank (2004b), Global Corporate Governance Research, «Beyond the Numbers – Corporate Governance in South Africa», October 2004.

Deutsche Bank (2003), Global Corporate Governance Research, «Beyond the Numbers – Corporate Governance: Unveiling the S&P 500», August 2003.

Drobetz, Schillhofer and Zimmermann (2004), «Corporate Governance and Expected Stock Returns: Evidence from Germany», *European Financial Management*, Vol. 10, No. 2, S. 267–293.

Dulewicz and Herbert (2003), «Does the Composition and Practice of UK Boards Bear Any Relationship to the Performance of Listed Companies», Henley Management College, Working Paper, March 2003.

Gill and Allen (2005), «CG Watch 2005 – Corporate Governance in Asia: The holy grail – Quality at a reasonable price», CLSA Asia-Pacific Markets, October 2005.

Goldman Sachs, Environmental, Social & Governance Research, «Good Corporate Governance = Good Investment Returns», June 2006.

Gompers, Ishii and Metrick (2003), «Corporate Governance and Equity Prices», *Quarterly Journal of Economics*, Vol. 118, February, S. 107–155.

Governance Metrics International (2003), «Summary of Global Research Performance Analysis», September 2003; (2004), «GMI Governance and Performance Analysis», March 2004.

Hewsenian and Noh, «The ‹CalPERS Effect› on Targeted Company Share Prices», Wilshire Associates, July 2004.

Millstein and MacAvoy (1998), «The Active Board of Directors and Performance of the Large Publicly Traded Corporation», *Columbia Law Review*, Vol. 98, S. 1283–1321.

Nelson (2005), «Does Good Corporate Governance Really Work? More Evidence From CalPERS», *Journal of Asset Management*, Vol. 6, S. 274–287.

Nesbitt (1994), «Long-term Rewards from Shareholder Activism: A Study of the ‹CalPERS Effect›» *Journal of Applied Corporate Finance*, Winter 1994, S. 75–80.

Nesbitt (2001), «The ‹CalPERS Effect› on Targeted Company Share Prices», Wilshire Associates, January 2001.

Opler and Sokobin (1998), «Does Co-ordinated Institutional Activism Work? An Analysis of the Activities of the Council of Institutional Investors», Working Paper, October 1995, updated in 1998.

Wilson (2006), «Corporate Governance Practices: Impact on Valuation», CFA Institute, Conference Proceedings Quarterly, Volume 32, Number 2, June 2006.

Dr. Hans-Christoph Hirt, Hermes Equity Ownership Services Ltd

Der Corporate Governance Spezialist

Mit der zunehmenden Grösse und Macht multinationaler Unternehmen hat auch die Bedeutung der Corporate Governance in den transnationalen Unternehmen zugenommen. Mit Corporate Governance soll das Verhalten des Managements in diesen Unternehmen und deren Machtansprüche kontrolliert werden. Dr. Hans-Christoph Hirt zeichnet in der Funktion eines Associate Director als Head of European Corporate Governance bei Hermes Equity Ownership Services Ltd für die Entwicklung und Implementierung von Corporate Governance Grundsätzen und unternehmensspezifischen Engagement Programmen in Kontinentaleuropa verantwortlich. Er ist Autor der Hermes Corporate Governance Principles und hat, zusammen mit Colin Melvin, die Broschüre Corporate Governance and Performance geschrieben. Bei Hermes ist Hirt ausserdem für den European Focus Fund tätig.

Bevor er zu Hermes stiess, arbeitete Hans-Christoph Hirt zwei Jahre bei der renommierten Anwaltsfirma Ashurst in den Bereichen Corporate, Finanzierung und Prozessführung. Zuvor war er als Forscher und Assistent an der London School of Economics tätig. Während seiner akademischen und professionellen Karriere hat er sich stets mit Fragen der Corporate Governance sowie dem englischen, deutschen und europäischen Gesellschaftsrecht beschäftigt. Über diese Themen hat er in den führenden wissenschaftlichen Publikationen Beiträge und ein Buch veröffentlicht.

Hans-Christoph Hirt promovierte an der London School of Economics nachdem er den LLM der Universität Glasgow abgeschlossen hatte. Er erwarb einen B.A. Honours in European Business Administration, ein Postgraduate Diplom in Jura und ist zudem Diplom-Betriebswirt (ESB-Reutlingen). Ausserdem besitzt er das britische Anwaltspatent und das Diplom des britischen Securities and Investment Instituts (SII).

Dr. Hans-Christoph Hirt, Hermes Equity Ownership Services Ltd,
Lloyds Chambers, 1 Portsoken St., London E1 8HZ – United Kingdom

Doris M. Schönemann

Compliance – Risikomanagement für Privatkunden

Compliance – das Einhalten von Verhaltensregeln, Gesetzen, Richtlinien – wird im Kontext der Finanzen meist nur auf die Finanzdienstleister bezogen, also auf die Angebotsseite der Finanzmärkte, und eher selten mit dem privaten Sektor, den Nachfragern nach Finanzdienstleistern, in Verbindung gebracht. Warum sollten sich heute die Privaten mit dieser neuen Aufgabe auseinandersetzen? Zur Beantwortung der Frage ist die Rolle des privaten Sektors in der Volkswirtschaft zu analysieren. Es gilt herauszufinden, welche Rahmenbedingungen gegenüber früher ein geändertes Verhalten der Privaten erfordern. Und es gilt zu prüfen, ob und wie fit der private Sektor ist, Compliance Aufgaben zu erfüllen. Schliesslich ist darzulegen, welche Gruppen innerhalb des privaten Sektors besonders gefordert sind, Compliance, im Sinne von Risikomanagement, wahrzunehmen.

In gesamtwirtschaftlicher Betrachtung ist eindeutig, die privaten Haushalte halten gegenüber den anderen Wirtschaftsteilnehmern – Unternehmen, Staat, den finanziellen Kapitalgesellschaften und dem Ausland – die zentrale Stelle als Gläubiger. Privatkunden haben direkt oder indirekt über Pensionskassen und Versicherungen Forderungen an die übrigen Sektoren der Wirtschaft.

Im November 2006 publizierte die Schweizerische Nationalbank erstmals gemäss den Richtlinien des Europäischen Systems Volkswirtschaftlicher Gesamtrechnungen den ersten Teil der Finanzierungsrechnung.[1] Die Finanzierungsrechnung beschreibt das Verhalten der Geldanlagen und der Verschuldung der volkswirtschaftlichen Sektoren. Mittels der Finanzierungsrechnung kann man Aussagen über die Stabilität des Finanzsystems machen. Aus dieser Optik ist die Sicherheit der Kapitalmärkte von dem Zusammenspiel von Gläubigern und Schuldnern abhängig. Unmittelbar einsichtig ist, dass den Gläubigern im System – nämlich den privaten Haushalten – eine Schlüsselstellung zukommt. Gläubiger müssen sich ihre Schuldner genau ansehen oder anders ausgedrückt haben eine Compliance Aufgabe.

Zunächst werden die Ergebnisse der Finanzrechnung dargestellt, auch wenn erst für 2004 Daten vorliegen, ändern sich die grundsätzlichen Aussagen nicht.

Eingeteilt wird die Volkswirtschaft in fünf Sektoren:

Nicht-finanzielle Unternehmen, darunter fallen vorwiegend die Unternehmen, welche in ihrer Haupttätigkeit Waren und nicht-finanzielle Dienstleistungen anbieten. Sie schulden der Volkswirtschaft rund 430 Mrd. Franken. (Bei den Unternehmen heisst dies jedoch nicht, dass sie damit überschuldet sind, denn der Nettofinanzschuld stehen Sachvermögen gegenüber.)

Finanzielle Unternehmen sind in der finanziellen Mittlertätigkeit tätig, dazu gehören vorwiegen Banken, Versicherungen, Pensionskassen, Krankenkassen sowie die Schweizerische Nationalbank. Dieser Sektor hat eindrückliche Forderungen von rund 3210 Mrd. Franken, aber ebenso gewaltige Verpflichtungen von 3182 Mrd. Franken, insgesamt resultiert daraus im Wirtschaftskreislauf eine kleine Gläubigerposition von 28. Mrd. Franken.

Staat, darunter werden jene finanziellen Einheiten verstanden, die nicht marktbestimmte Güter und Dienstleistungen für die Allgemeinheit herstellen oder die zur Hauptsache die Umverteilung des Einkommens und Volksvermögens bezwecken (wie zum Beispiel die Sozialversicherungen). Bund, Kantone und Gemeinden sowie Sozialversicherungen wiesen Forderungen von

---

[1] Schweizerische Nationalbank, Finanzierungsrechnung der Schweiz 2004, Bestände der Forderungen und Verpflichtungen, November 2006

185 Mrd. Franken aus, die Verpflichtungen betrugen 262 Mrd. Franken, diese entsprechen vor allem den Schulden von Bund, Kantonen und Gemeinden am Kapitalmarkt.

Ausland, darunter werden Transaktionen von im Ausland domizilierten Einheiten mit Inländern erfasst. Die Klassierung, was als inländisch oder ausländisch gilt, ist von der Sicht des Auslands her bestimmt. Die Beträge sind eindrücklich, was nichts anderes zeigt, als den hohen Grad der Verflechtung der Wirtschaften weltweit. Forderungen des Inlands gegenüber dem Ausland betragen 2247 Mrd. Franken, Verpflichtungen der Schweiz gegenüber dem Ausland betragen 1724 Mrd. Franken. Der Überschuss beträgt 523 Mrd. Franken, dieser blieb seit 2001 fast unverändert und verdeutlich weltweit die Gläubigerposition der Schweiz gegenüber dem Ausland.

Private Haushalte (einschliesslich private Organisationen ohne Erwerbszweck), diese umfassen Privatpersonen in ihrer Funktion als Konsumenten (Arbeitnehmer, Nichterwerbstätige, Rentner, Studenten und Kinder) sowie Einzelunternehmen, wenn sich deren unternehmerische nicht von den privaten Aktivitäten trennen lassen. Der Bestand an Forderungen der privaten Haushalte beträgt 1581 Mrd. Franken, die Verpflichtungen 558 Mrd. Franken. Das Nettofinanzvermögen – also die Gläubigerposition gegenüber den anderen Sektoren – beträgt eindrückliche 1024 Mrd. Franken.

Bestände der Forderungen und Verpflichtungen Ende 2004[2]

1. Forderungen	CHF Mrd
Bargeld und Einlagen	**410**
Im Inland	395
Im Ausland	15
Geld und Kapitalmarktpapiere	**131**
inländische Emittenten	35
ausländische Emittenten	96
Aktien und andere Anteilsrechte	**209**
inländische Emittenten	143
ausländische Emittenten	66
Investmentzertifikate	**159**

---

[2] Schweizerische Nationalbank, Finanzierungsrechnung der Schweiz 2004, Bestände der Forderungen und Verpflichtungen, November 2006, Tabelle Seite 7

Ansprüche gegenüber Versicherungen und Pensionskassen	*672*
Total	*1'581*

2. Verpflichtungen

Kredite (vorwiegend Hypothekarkredit)	*548*
Sonstige Verpflichtungen	*9*
Total	*558*
Nettofinanzvermögen	*1'024*

Interessant im Hinblick auf die Compliance Aufgabe ist die Zusammensetzung der Forderungen und Verpflichtungen. Von den Forderungen von insgesamt 1'581 Mrd. Franken entfallen 43% auf Ansprüche gegenüber den Pensionskassen und Versicherungen. Rund drei Viertel davon stammen aus der zweiten Säule der Altersvorsorge. Gemäss statistischen Angaben der Schweizerischen Nationalbank verzeichnet dieser Teil auch in den letzten Jahren den stärksten Mittelzufluss von 20 Mrd. Franken jährlich. Eindeutig ist damit auch die Wichtigkeit der Compliance der Pensionskassen und Versicherungen. Bargeld und Einlagen machen weitere 26% des Gesamtvermögens aus, in diesem Bereich ist ebenfalls ein Zufluss auszumachen. Dieser Anlageteil ist der tiefsten Risikoklasse zuzuordnen, den so genannt risikofreien Anlagen. Aus der Optik Risiko scheint dies auf den ersten Blick unproblematisch, ist jedoch im Hinblick auf die Frage des Vermögenserhalts und der Vorsorge ebenfalls zu hinterfragen. Der Anteil der Kapitalmarktpapiere beträgt 8%, vorwiegend handelt es sich um Schuldverschreibungen in Form von handelbaren Wertpapieren, jener der Aktien macht 10% aus. Dazu kommen von rund 10% Investmentzertifikate, d.h. Anteile an Anlagefonds und anderen kollektiven Kapitalanlagen, die von in- und ausländischen Emittenten ausgegeben werden. Die Investmentzertifikate sind nicht aufgeschlüsselt nach Risikoklassen. Diese Anlageklasse nimmt laut Aussage der Schweizerischen Nationalbank zu. Die Beurteilung der Wertpapiere stellt hohe Anforderungen, auch diese Anlagekategorie beinhaltet damit ein Compliance Problem. Die Verpflichtungen der privaten Haushalte bestehen zu 90% aus Hypotheken. Angesichts der Vielfalt der Hypothekarprodukte sind auch hier die Privaten mit Beurteilungs- und Entscheidungsfragen konfrontiert.

Risikoshift zum privaten Sektor

Grundsätzlich haben die privaten Haushalte im Wirtschaftskreislauf eine Gläubigerposition inne. Dies ist also nichts Neues und letztlich waren die privaten Haushalte immer die Träger von Risiken. Jedoch wurden die Risiken in unterschiedlichem Ausmass von den Intermediären – also den Banken, Versicherungen und dem Staat – abgefedert. Heute ist bei näherer Betrachtung festzustellen, dass Risiken vermehrt auf die privaten Sektor übertragen wurden. Die Sozialen Sicherungssystem sind angesichts von Demografie und Globalisierung überfordert und nicht mehr tragfähig in der ursprünglichen Konzeption. Eine Antwort darauf besteht darin, dass die Bürger mehr Eigenverantwortung für ihre Altersvorsorge, Gesundheit, Ausbildung übernehmen sollen. Dies hat Auswirkungen auf das Risikoprofil der privaten Haushalte und damit auch auf die Stabilität des Finanzsystems.

Das Thema der Sicherheit der Finanzsysteme wurde traditionell auf die Banken und Versicherungen, sowie Pensionskassen bezogen. Staatliche Regulierung und Aufsicht zielten darauf ab, diese Sektoren risikoresistent zu machen. Gläubigerschutz war und ist ein zentrales Anliegen. Jedoch bewirkte die Regulierung als Nebeneffekt, dass die Finanzintermediäre stabiler wurden, jedoch damit Risiken transferiert und auf den privaten Sektor übertragen haben. Für die Altersvorsorge ist dies sofort einsichtig. Zum einen steckt rein quantitativ der grösste Teil des Vermögens der privaten Haushalte in den Pensionskassen. Pensionskassen selbst haben gemäss internationalen Studien den Fokus nicht auf das langfristige Ziel ihrer Verbindlichkeiten, sondern – häufig mitbedingt durch staatliche Regulierungen- auf kurzfristiges Überleben ausgerichtet. Es fehlen in der Regel Anreize für ein konsistentes Risikomanagement der Anlagen und für die Bildung von Reserven. Zum anderen bedeutet der Übergang vom Leistungsprimat zum Beitragsprimat. eine Trendwende. Das Ansparen für die Altersvorsorge liegt nun zu einem grossen Teil in der Verantwortung der Privaten. Dabei stellt sich sofort die Frage, ob die Privaten ausreichend sparen und ob sie dies kenntnisreich tun können. Studien über Financial Literacy zeigen, dass sich die meisten Privaten gar nicht bewusst sind, welche Risiken sie den Pensionskassen delegiert haben, Risiken deren Folgen sie jedoch letztlich selbst tragen müssen.

Ob möglicherweise die höhere Stabilität der Finanzintermediäre bei anderen Gruppen Risiken auslösen könne, ist eine neue Fragestellung, die noch wenig aufgegriffen wurde. Aktuell beschäftigt sich der Internationale Währungsfonds[3] und die OECD mit diesem Thema. An der International Conference on

---

[3] IMF, Household Balance Sheets, Selected Topic from the IMF's Global Financial Stability Report 2005

Improving Financial Literacy, hosted by the Russian G8 Presidency in co-operation with the OECD, Moscow Russia, 29-30 November 2006 wurde provokativ die These vertreten, dass die privaten Haushalte zu «Shock absorbers of last resort» wurden.[4]

Die Auswirkungen eines vermehrten Transfers von Risiken an die Privaten sind heute weder gut erfasst noch bekannt. Als einigermassen empirisch gesichert gilt, dass die privaten heute direkter den Marktrisiken der Finanzanlagen ausgesetzt sind.

Zinsänderungsrisiko

Das Zinsänderungsrisiko trifft heute die privaten Haushalte schneller und direkter. Zinsänderungsrisiken zeigen sich besonders deutlich im Hypothekarkredit. Bei starken Zinssteigerungen macht sich jeweils für die Privaten die hohe Zinslast unerwartet bemerkbar, Kreditausfälle, Zwangsverkäufe sind die Folge.

Aktienrisiken

Die Risiken der Aktienanlagen werden zu einem hohen Umfang von den Privaten nicht verstanden. Die meisten Portfolios der Privaten sind schlecht diversifiziert, enthalten einen starken Homebias und sind wenig kontrolliert.

Derivate

Risiken aus Derivaten, die in vielen Finanzprodukten eingesetzt werden, sind nicht bekannt, selbst bei jenen Privaten, welche diese selbst einsetzten. Berichte des Bankenombudsman und Betrugsfälle bieten dafür Anschauungsmaterial.

Inflation

Das Inflationsrisiko wird wenig wahrgenommen. Den Privaten ist kaum bewusst, dass sie vorwiegend durch den Übergang vom Leistungs- zum Beitragsprimat das Inflationsrisiko selbst tragen müssen.

---

[4] «OECD/G8 Conference on Improving Financial Literacy», 29/30 November 2006, Moskau Konferenzbeiträge sind auf der Homepage der OECD zu finden: www.oecd.org/LongAbstract/0,2546,en_2649_201185_37583951_1_1_1_1,00.html

Langlebigkeit

Zu den Marktrisiken kommt der heutige Trend der Langlebigkeit hinzu. Die Langlebigkeit hat wiederum Implikationen auf die Finanzintermediäre, wie insbesondere die Pensionskassen. Langlebigkeit bedingt eine Finanzplanung unter einem längern Zeithorizont. Verstärkt wird die Notwendigkeit der Planung durch die geforderte grössere Eigenverantwortung, das heisst für die Altersvorsorge und für die Vorsorge für Wendepunkte im Leben muss vermehrt selbst geplant und entschieden werden. Aber der Planungshorizont ist häufig falsch eingeschätzt, deshalb wird ein sehr hoher Anteil der Lebensversicherungen unter hohen Einbussen vorzeitig gekündigt. Für Wendepunkte und Notfälle ist die Vorsorge oft ungenügend. Jede dritte Ehe wird geschieden und bedeutet finanzielle für beide Partner Einbussen. Aus den Ergebnissen des Behavioral Finance ist bekannt, das Menschen hohe Wahrscheinlichkeiten unterschätzen. Langlebigkeit hat heute auch eine hohe Wahrscheinlichkeit, jedoch zeigt die Erfahrung aus der Finanzplanung, dass die meisten Menschen abwehrend eine lange Lebenswartung zur Kenntnis nehmen, und damit auch das Inflationsrisiko unterschätzen, ebenso häufige Risiken wie eine Ehescheidung.

Compliance, eine neue Aufgabe für die Privaten

Die Folgerung aus dem Risikoshift, bzw. dem geänderten Risikoprofil für Private ist, dass heute Compliance für Private wichtig wird und angegangen werden muss. Die geänderten Rahmenbedingungen bedingen für die Privaten, dass sie anders als frühere Generationen mit den Finanzen umgehen müssen.

Today's financial world is highly complex when compared with that of a generation ago. Forty years ago, a simple understanding of how to maintain a checking and savings account at local banks and savings institutions may have been sufficient. Now, consumers must be able to differentiate between a wide range of financial products and services, and providers of those products and services. Previous, less-indebted generations may not have needed a comprehensive understanding of such aspects of credit as the impact of compounding interest and the implications of mismanaging credit accounts. [5]

---

[5] Alan Greenspan, Remarks on Financial Literacy at the 33rd Annual Legislative Conference of the Congressional Black Caucus, Washington, D.C. September 26, 2003

Compliance für Private beinhaltet drei wesentliche Schritte:

1. Bewusstsein (Awareness), was die Risiken sind.
2. Evaluation der Risiken unter Einbezug der Erkenntnis, welche Risiken sind beeinflussbar und welche nicht, sowie Massnahmen zur Begrenzung und/ oder Abwendung von Risiken zu ergreifen.
3. Vermögenscontrolling beurteilt die Verwaltung des Vermögens. Es stellt Transparenz her. Geprüft wird die Umsetzung in die entsprechenden Finanzprodukte und die Arbeit des oder der dafür Verantwortlichen.

Sind Private in der Lage ihre Compliance Aufgabe wahrzunehmen?

Wie die Bestandteile einer Compliance für die Privaten zeigen, ist ein gewisser Kenntnisstand über Finanzen, um überhaupt diese Aufgabe ausfüllen zu können, notwendig. Zum Stand der Financial Literacy steht inzwischen einiges empirisches Material zur Verfügung. Einen wichtigen Ausgangspunkt bildete die Studie der OECD «Improving Financial Literacy, Analysis of Issues and Policies, OECD, 2005». (Die Schweiz hat an dieser Studie nicht teilgenommen.).

Die hauptsächlichen Ergebnisse sind[6]:

- Der Wissensstand in finanziellen Belangen ist bei vielen Privatpersonen gering.
- Das Verständnis für finanzielle Themen korreliert stark mit der Ausbildung und der Höhe des Einkommens.
- Die Befragten überschätzen in der Regel ihr Finanzfachwissen.
- Die Konsumenten finden es schwierig, Informationen im Finanzbereich zu finden und zu verstehen.

Investor's Dialogue hat aufgrund langjähriger Erfahrung in der Betreuung und Ausbildung von Privatkunden und dem Wissen über die Defizite bezüglich Kenntnissen in Finanzfachwissen von Privatkunden in Zusammenarbeit mit dem Institut Banking & Finance (IBF) der Hochschule Winterthur mit Profes-

---

[6] OECD, Improving Financial Literacy, Analysis of issues and policies, November 2005, S. 42–44
   1. All of the surveys conclude that the financial literacy level of most consumers is very low».
   2. The surveys that included questions about respondents' social characteristics find that financial understanding is correlated with education and income levels.
   3. Respondents often feel they know more about financial matters than is actually the case.
   4. Consumers feel financial information is difficult to find and understand.

sor Dr. Günter Hobein eine Projektarbeit initiiert und begleitet, die den Stand der Kenntnisse der Financial Literacy für die Schweiz empirisch erfasst.[7] Die Fragen lehnen sich an diejenigen an, die in der OECD Studie analysiert wurden. Befragt wurden 340 Personen. Einschränkend ist zu erwähnen, dass kein statistischer Querschnitt der Bevölkerung abgebildet wurde, sondern eher gut ausgebildete und jüngere an Finanzen interessierte Personen befragt wurden. Die Resultate dürften also eher zu positiv ausgefallen sein. Trotz dieser Einschränkung weichen die Ergebnisse nicht wesentlich von jenen der OECD ab.

Risikobewusstein

Das Risikobewusstsein ist der erste Schritt zu Compliance. Wie jedoch die Befragung zeigt, ist hier schon eine Lücke festzustellen. Dazu können unter anderem die Ergebnisse der Einschätzung des eigenen Finanzfachwissens und der tatsächliche Wissensstand beispielhaft genannt werden. Wie bei der OECD-Studie zeigen auch die Ergebnisse der Winterthurer Studie eine grosse Diskrepanz zwischen Eigen- und Fremdbild.

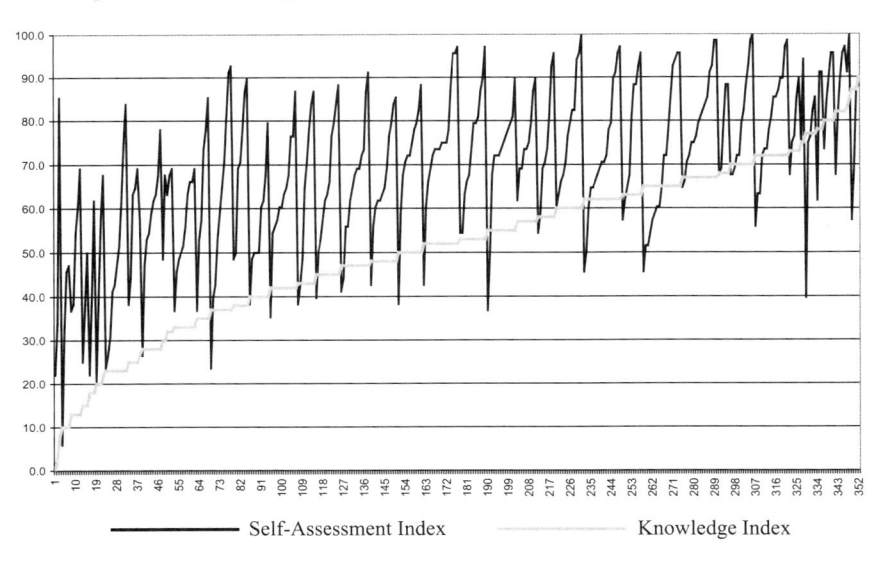

Abb. 1: Zusammenhang zwischen Selbsteinschätzung und effektivem Wissen

---

[7] Thomas Stäheli, Matthias Zobl, Erhebung über den Stand der Kenntnisse bezüglich Financial Literacy in der Schweiz Institut Banking & Finance (IBF) Zürcher Hochschule Winterthur in Zusammenarbeit mit Investor's Dialogue GmbH, Dr. Doris M. Schönemann, Projektarbeit Juni 2006

In der Abbildung bildet der Self-Assesment Index ab, wie sich die Befragten selbst einschätzen. Der Knowledge-Index dagegen zeigt den aufgrund verschiedener Fragen erhobenen Wissensstand auf, wobei die Fragen grösstenteils Basiswissen abdeckten. Die Antworten sind nach den erreichten Resultaten im «Knowledge Index» sortiert. Deutlich sieht man die systematische Überschätzung des eigenen Fachwissens im Vergleich des Verlaufs der beiden Kurven. Es mag erstaunen, dass die Selbstüberschätzung vor allem bei tiefem Fachwissen vorkommt und bei hohem Wissensstand mehr Unterschätzung der eigenen Fähigkeiten zu finden sind. Die Resultate der OECD Studie zeigen hier ebenfalls ganz ähnliche Resultate. Wissen um den Kenntnisstand scheint abhängig von Basiswissen zu sein.

Vertieft man die Analyse stellt man fest: Frauen überschätzen ihr Wissen häufiger als Männer; 52% der Frauen schätzten ihr Wissen überdurchschnittlich gut ein. Effektiv waren dann aber nur 18.8% von ihnen in dieser Kategorie anzutreffen – 22.6% waren sogar im untersten Drittel einzuschätzen. Wiederum ein Drittel dieser letzten Gruppe hatte einen Hochschulabschluss, wobei die Mehrheit dieser Hochschulabsolventen sich selber als sehr schlecht ausgerüstet mit Finanzfachwissen bezeichnete.

Bei den Männern war die Selbstüberschätzung zwar im obersten «Wissensdrittel» ungefähr gleich wie bei den Frauen, das effektive Wissen lag aber eher im mittleren Drittel, mit nur 11% im tiefsten Wissenssegment. Dafür gab es hier die grösste Diskrepanz zwischen Selbsteinschätzung und effektiver Einschätzung. Ein Fünftel der Männer mit dem schlechtesten Fachwissen, schätzten sich selber Top ein. Ein Viertel hatte ein hohes Einkommen und war in Kader oder Geschäftsleitung aktiv, was eigentlich ein Indiz für besseres Finanzfachwissen darstellen sollte.

Bei der Selbsteinschätzung waren Frauen eher skeptisch gegenüber ihren Fähigkeiten bezüglich mittel- bis längerfristiger Planung ihrer Finanzen, beurteilten aber die Fähigkeiten bezüglich Erklärung von Finanzinstrumenten positiver.

Die Diskrepanz zwischen Selbsteinschätzung und tatsächlichem Wissen hat eine enge Beziehung zu dem aus Behavioral Finance bekannten Phänomen der «Overconfidence». Aus den Untersuchungen der Behavioral Finance geht hervor, dass Menschen eher zu übermässigem Optimismus neigen. Der Frage-Klassiker, der diese Tendenz zu optimistischer Einschätzung belegt, ist: Wie gut fahren Sie Auto, verglichen mit denjenigen, die Sie auf der Strasse antreffen? Das Ergebnis: 80 Prozent der Fahrer meinen, sie lägen über dem Durchschnitt. Es leuchtet ein, dass dies nicht sein kann. Oder ein Beispiel aus der Welt der Anlagen: Die Aktie X wurde gekauft, in der Folge sank der Kurs. Die meisten sehen dies als Fehler und nicht als Zufall. Nun ist jedoch vielfach bewiesen, dass Kurse kurzfristig zufällig schwanken. Die entsprechende Wahrscheinlichkeit beträgt für ein Jahr 40 Prozent. Zu diesem Thema gehört auch, dass rein zufällige Ergebnisse als systematisch interpretiert werden. Wenn ein Anlageberater mehrere Male ein paar gute Tipps gegeben hat, gehen die meisten davon aus, dass er eine besondere Fähigkeit hat.

Daniel Kahneman, Nobelpreisträger und einer der wichtigsten Exponenten der Behavorial Finance, kam in vielen empirischen Studien zu der Erkenntnis, dass Menschen in Geldangelegenheiten meistens zu Optimismus neigen. Die vielen unvorhersehbaren Ereignissen werden nicht in die Entscheidungsfindung einbezogen. Die Entscheidungsfalle dabei ist, dass der Rahmen zu eng gesteckt wird. Es wird die Breite möglicher Entwicklungen nicht einbezogen. Eine der häufigsten Annahmen ist, dass man meint, es gehe so weiter wie bisher. Übertragen auf die persönliche Finanzlage geht man davon aus, dass die heutige Einkommens- und Vermögenslage von Dauer sei. Dies macht im Fall eines knappen finanziellen Budgets zu vorsichtig. Während im Fall hoher Einkommen, diese als dauerhaft angesehen und die Wechselfälle des Daseins nicht berücksichtigt werden.

Evaluation der Risiken

Für den zweiten Schritt der Compliance, nämlich Evaluation der Risiken unter Einbezug der Erkenntnis, welche Risiken sind beeinflussbar und welche nicht, sieht die Situation was die Financial Literacy anbelangt ebenfalls schlecht aus. Das für den Umgang mit Geld zentrale Wissen des Zusammenhangs zwischen Risiko und Ertrag ist nicht bekannt. Risiko und Ertragspotential in eine Relation zu stellen fällt den Befragten teilweise schwer.

Gefragt wurde in der Studie der Hochschule Winterthur nach den Produkten mit dem grössten Risiko (Mehrfachnennung).

Produkt	Prozentuale Nennung
Aktien	67%
Bank / Postkonto	0%
Derivate	53%
Fonds	14%
Hypotheken	2%
Immobilien	3%
Konsumkredit	39%
Leasing	24%
Lebensversicherung	2%
Obligation	6%
Ratenzahlungen	15%
Strukturierte Anlageprodukte	14%
Vorsorgeprodukte	1%

Die Schwierigkeit beginnt schon bei der Einschätzung der Produkte. Nur rund ein Drittel der Befragten nennt Aktien und Derivate in Kombination. Strukturierte Produkte werden nur von ca. 15% und meist in Kombination mit einem anderen Produkt erwähnt.

Fast die Hälfte der Personen, die schon einmal Aktien besessen hat, findet kein besonderes Risiko bei diesem Anlageprodukt, sondern sie nennen stattdessen zum Teil Derivate.

Aufschlussreich sind auch die Resultate der Frage zu den sichersten Produkten. Die Auswahl war auf Aktien, Konto, Immobilien und Obligationen eingeschränkt. Rund zwei Drittel der Befragten nannten ein Bank- oder Postkonto. Rund ein Drittel hingegen fand Obligationen und Immobilien resp. Kombinationen davon, sicherer.

Auch bei den Aktien zeigt sich eine Diskrepanz zwischen der Einschätzung von Ertrag und Risiko. 67% beurteilen sie als risikoreich, hingegen 86% sehen Aktien als Instrument mit der höchsten Rendite in den letzten 20 Jahren.

Besonders zu beachten ist die hohe Wertschätzung der Immobilien. Diesen wird kein Risiko zugesprochen. Sie werden auch positiv als sichere Anlage genannt. Für 15% der Befragten stellen sie sogar die einzige sichere Anlage dar. Zudem werden den Immobilien zugleich die höchsten Renditen über die letzten 20 Jahren zugesprochen. Diese Aussage machte knapp die Hälfte der Befragten, von denen wiederum zu zwei Dritteln die Frage nach den sichersten Anlagen mit «Immobilien» beantworteten. Es zeigt sich wiederum, dass der Zusammenhang von Risiko und Rendite nicht erkannt wird. Immerhin ist ein grosser Teil der «Immobilienfans» der Überzeugung, dass auch Aktien gute Renditen erzielten.

Wie in verschiedenen Arbeiten der OECD gezeigt wird, beinhaltet das falsche oder fehlende Verständnis für Risiko und Rendite Probleme für die Altersvorsorge – und zwar in beide Richtungen. Wird zuviel Risiko eingegangen besteht die Gefahr für Verluste, bei zu tiefem Anteil an Anlagen mit höherem Ertragspotential besteht die Gefahr zuwenig Vorsorgekapital zu generieren.

Kurz zusammengefasst gilt:

- Erstens: Mangelnde Kenntnis beschränkt die Fähigkeit, dass Menschen zweckmässige und effiziente Entscheide über ihre finanzielle Zukunft treffen können.
- Zweitens: Mangelnde Kenntnis setzt die Menschen vermeidbaren Risiken aus.
- Drittens: Mangelnde Kenntnis setzt die Menschen Missbrauch durch Finanzintermediäre aus

Dringlicher Handlungsbedarf und Voraussetzung für Compliance: Financial Literacy

Wie unter dem Thema Risikoshift zu den privaten Haushalten beschrieben, ist heute von den Privaten ein anderer Umgang mit den Finanzen gefordert als noch vor einer Generation. Die Notwendigkeit der Financial Literacy kann am Beispiel des Verkehrs illustriert werden. Selbst ein Fussgänger kommt ohne Grundkenntnisse der Verkehrsregeln nicht aus. Übertragen auf die Finanzwelt heisst dies, dass man heute nicht mehr ohne eine minimale Beherrschung des Finanzalphabets überleben kann. Wer mehr möchte, kann wieder zur Analogie mit dem Verkehr greifen. Wer Auto fahren will, muss noch ein paar Regeln mehr kennen und vor allem muss er Fahrpraxis üben. Kurz, die zentrale Voraussetzung, dass die Privaten überhaupt eine Compliance ihrer finanziellen Lage durchführen können ist, dass sie Kenntnisse über Finanzen haben, was heute unter der Bezeichnung Financial Literacy läuft. Financial Literacy ist die wichtigste Voraussetzung, dass Private Haushalte die Aufgabe der Compliance wahrnehmen können.

International wird dem Thema Financial Literacy koordiniert und initiiert durch die OECD hohe politische Priorität zugewiesen. Financial Literacy ist erklärtes Schwerpunktthema der OECD. Als wegweisend für andere Länder gilt das Beispiel aus den Niederlanden, wo das Finanzministerium eine «Public Private Plattform» koordiniert. In Grossbritannien errichtete die Financial Service Authority, FSA, eine Stiftung für Financial Literacy Aktivitäten, die in den letzten Jahren finanziell und personell stark ausgebaut wurde. In anderen Ländern wird das Thema von den Notenbanken und Finanzministerien betreut, die jeweils Private/Public Initiativen fallweise oder institutionalisiert sponsern. In den USA sind sowohl Federal Reserve Board als auch das Treasury seit einigen Jahren in diesen Bereichen tätig mit jeweils eigenen Abteilungen. City Bank Group besetzt das Thema mit einer weltweit tätigen Stiftung für Financial Literacy innerhalb der Bankenwelt prominent.

Auch die Schweiz hat in diesem Bereich einen Anfang gemacht. In der Winterthurer Untersuchung wurden Fragen über die Vorlieben bezüglich Aus- und Weiterbildung gestellt. Zugestimmt wird der Forderung, dass mehr getan werden müsse. Als sinnvoll wird von 80% der Unterricht in der Schule erachtet. Gefolgt vom Selbststudium mit 67% und der Informationsveranstaltungen durch neutrale Vermittler 60%. Bisher wurden vorwiegend Informationsveranstaltungen durch Banken und Versicherungen genutzt (50%), ebenso wie Ratschläge von Verwandten befolgt (50%). Frauen vertrauen stärker als Männer auf den Rat von Familie und Freunden. Für Männer ist vor allem das Selbststudium attraktiv. Allerdings haben OECD Studien gezeigt, dass dieses Mittel häufig nicht die erwünschten Resultate zeigt. In der OECD Studie wurde vor allem hervorgehoben, dass die Vermittlung von Finanzkenntnissen durch neutrale Stellen am effizientesten Financial Literacy herstellt. Damit sind vorwiegend die Bildungsinstitutionen angesprochen und nicht jene, wie Banken und Versicherungen, die am Verkauf und Beratung von Finanzprodukten Geld verdienen. Für die Schweiz haben die Erkenntnisse dazu geführt dass Investor's Dialogue und das ZHW Institut Banking & Finance (IBF) nach der erfolgreichen gemeinsamen Durchführung der ersten Studie das Thema «Financial Literacy» weiter bearbeiten. Forschungs- und Projektarbeiten werden sich mit verschiedenen Phasen im Lebenszyklus befassen, die dafür relevanten Problemstellungen aufzeigen und das notwendige Wissensniveau abklären. Parallel zur empirischen Forschung wird unter dem Dach einer «ZHW Bildungsplattform Financial Literacy» ein modularer Ausbildungszyklus entwickelt. Wichtig dabei wird auch die internationale Vernetzung sein, um den Transfer von Erkenntnissen zu nutzen.

Im Hinblick auf die Compliance Aufgaben sind für verschiedene Gruppen und Themen des privaten Sektors folgende Prioritäten zu setzen:

Selbständig Erwerbende

Dringlich ist die Aufgabe der Compliance für die Selbständigen. Für diese ist die soziale Vorsorge im weitesten Sinn zentral. Dabei stehen sie erstens vor dem Problem sich der Risiken bewusst zu werden und zweitens vor einem Wahlproblem. Welche Instrumente für die Vorsorge zweckmässig einzusetzen sind, also um den zweiten Schritt der Compliance.

Wendepunkte in Lebensphasen

Wendepunkte in der persönlichen Biografie beinhalten immer finanzielle Entscheidungsfragen, die unter dem Aspekt Risiko, Ertrag und Zeithorizont angegangen werden müssen. Ein häufiger Fall ist zum Beispiel bei der Pensionierung der Entscheid zwischen Kapitalauszahlung und Rente. Dafür ist vor allem die Evaluierung der Risiken mit entsprechenden Vorkehren zur Abwendung wichtig.

Beitragszahler in Pensionskassen

Für die Angestellten und Beitragszahler in die Pensionskassen ist innerhalb der Compliance vor allem das Controlling wichtig. Dabei stehen die Stiftungsräte und das Management der Pensionskassen im Fokus. Machen diese ihre Aufgaben richtig? Werden die gesetzten Ziele erreicht?

Literatur

Schweizerische Nationalbank, Finanzierungsrechnung der Schweiz 2004, Bestände der Forderungen und Verpflichtungen, November 2006

OECD, Improving Financial Literacy, Analysis of issues and policies, November 2005

«OECD/G8 Conference on Improving Financial Literacy», 29/30 November 2006, Moskau Konferenzbeiträge sind auf der Homepage der OECD zu finden: www.oecd.org/LongAbstract/0,2546,en_2649_201185_37583951_1_1_1_1,00.html

IMF, Household Balance Sheets, Selected Topic from the IMF's Global Financial Stability Report 2005

Thomas Stäheli, Matthias Zobl, Erhebung über den Stand der Kenntnisse bezüglich Financial Literacy in der Schweiz Institut Banking & Finance (IBF) Zürcher Hochschule Winterthur in Zusammenarbeit mit Investor's Dialogue GmbH, Dr. Doris M. Schönemann, Projektarbeit Juni 2006

Alan Greenspan, Remarks on Financial Literacy at the 33rd Annual Legislative Conference of the Congressional Black Caucus, Washington, D.C. September 26, 2003

Dr. Doris M. Schönemann, Investor's Dialogue GmbH

Das breite Verständnis für Risiko und Rendite wecken

Doris Schönemann hat während ihrer facettenreichen beruflichen Karriere das Anlegerverhalten hautnah verfolgt. Als Journalistin, als Bankerin und heute als Inhaberin der Investor's Dialogue GmbH, einer unabhängigen Finanzplanungsfirma in Zürich, gegründet 1994. Hier hat sie eigentliche Pionierarbeit geleistet, indem sie eine Beratungsmethode entwickelte, die sowohl Verhaltensmuster im Umgang mit Geld (RFP® Geldpersönlichkeit) als auch die Spielregeln auf den Finanzmärkten einbezieht.

Die Firma berät Privatkundinnen und -kunden sowie kleine und mittlere Unternehmen in der Gestaltung ihrer Finanzen. Ergänzend zur individuellen Beratung ist die Firma in Lehre und Forschung tätig. Privatkunden können sich in einem Kurzlehrgang die wichtigsten Kenntnisse im Umgang mit Finanzen – Financial Literacy – aneignen. In Zusammenarbeit mit der Hochschule Winterthur wird der Forschungsschwerpunkt «ZHW Bildungsplattform Financial Literacy» betreut. Für die Weiterbildungsstufe des Swiss Banking Institute an der Universität Zürich wird die Verbindung von Kundenkenntnis und Behavioral Finance vermittelt (Structured Wealth Management Process, Implementing Behavioral Finance in Wealth Management).

Doris M. Schönemann promovierte nach volkswirtschaftlichen Studien in Zürich und Freiburg im Breisgau bei Prof. Dr. F. A. von Hayek, Nobelpreisträger für Wirtschaft. Von 1970 bis 1984 publizierte sie über internationale Finanzfragen und arbeitete an Weiterbildungsprojekten zusammen mit dem Institut für Wirtschaftspädagogik an der Hochschule St. Gallen. Von 1985 bis 1993 leitete sie bei der Zürcher Kantonalbank als erste Direktorin das Ressort Volkswirtschaft und Marketing und dann bei der Bank Leu AG das Private Banking.

Sie ist Vizepräsidentin des Verwaltungsrates des Ausgleichsfonds der Alters- und Hinterlassenen-Versicherung AHV und Mitglied des Verwaltungsrates Sustainable Performance Group AG, Zürich. Weiter ist sie Mitglied der Schweizerischen Gesellschaft für Finanzmarktforschung, Herausgeber von «Financial Marktes and Portfolio Management», sowie der Business and Professional Women, BPW, Zürich, des Verbands Deutscher Unternehmerinnen, vdu, Landesverband Württemberg und der Femmes Chefs d'Entreprises Mondiales. Als Autorin hat sie die folgenden Bücher publiziert: «Die Weltwährungsordnung», Fritz Knapp Verlag, 1984. «Die 60/40-Regel» Orell Füssli, 1997 «Mit dem persönlichen Finanzplan zur ersten Million», Eichborn Verlag, 2000, in chinesischer Übersetzung, 2002, Economic Daily Press, Peking, «Doppelte Finanzplanung für kleinere und mittlere Unternehmen» in: Finanz- und Rechnungswesen, Hrsg. Prof. Fr. H. Siegwart, Weka Verlag, 2001.

Dr. Doris Schönemann, Investor's Dialogue, Stampfenbachstrasse 48, Postfach, 8035 Zürich

Beat Fraefel

Reputation Management durch effiziente Compliance

Die Finanzindustrie gehört neben der Pharmaindustrie zweifellos zu den am stärksten regulierten Branchen. Durch neue Anforderungen aus Politik, Produktinnovationen oder Gesellschaft entstehen – häufig getrieben durch Skandale – laufend neue Regularien, deren Umsetzung und Anwendung zunehmend schwieriger und teurer wird. Es ist deshalb nicht verwunderlich, dass vermehrt von «Überregulierung» gesprochen wird und der Ruf nach weniger Compliance laut wird.

Es ist offensichtlich, dass die Compliance einen organisatorischen und finanziellen Druck auf die betroffenen Unternehmen ausübt. Der organisatorische Druck ist vielfach gewollt und durchaus positiv; wie auch im Sport ist zur Erbringung einer Spitzenleistung eben auch eine ausserordentliche Anstrengung notwendig. Die finanzielle Last der Compliance wiegt jedoch schwer und es braucht kreative Mittel und Wege, um diese zu mindern oder durch einen anderweitigen Mehrwert aufzuwiegen.

Compliance wird uneinheitlich definiert und dadurch im Wert auch unterschiedlich eingeschätzt: Während die einen darunter lediglich das Verhalten einer Bank im Einklang mit geltendem Recht verstehen (*to comply with* heisst erfüllen, einhalten), gehen andere viel weiter und subsumieren darunter die Einhaltung von Regeln im weitesten Sinne – Compliance als Hilfsmittel der Führungskontrolle, welche mitunter auch eine ethische Dimension haben kann. Das EBK-Rundschreiben 06/6 Überwachung und interne Kontrolle definiert Compliance pragmatisch als «Einhaltung der anwendbaren Normen» und überlässt es der einzelnen Bank zu urteilen, welche Regularien ausserhalb der gesetzlichen Normen im konkreten Fall anwendbar sind.

Dennoch ist der Fokus der EBK sehr breit; sie hält in ihrer Strategie fest, «die Aufsichtstätigkeit der EBK soll die Gläubiger und Anleger schützen, das Funktionieren der Finanzmärkte fördern und die Reputation des Finanzplatzes wahren».

Diese Tätigkeiten werden wie folgt umschrieben:

Gläubigerschutz	Anlegerschutz	Funktionsfähigkeit der Finanzmärkte	Funktionsschutz
Verhinderung und Minimierung von Verlusten für Publikumseinleger	Vertrauensschutz bei individuellen und kollektiven Vermögensanlagen	Transparenz der Effektenmärkte	Systemstabilität
Schutz der Kunden	Transparenz der Anlage und des Verhaltens	Gleichbehandlung der Marktteilnehmer	Vertrauensschutz
Verhinderung der unbewilligten Entgegennahme von Publikumseinlagen	Sicherheit der Kundenvermögen	Schutz von Minderheitsaktionären	Rufschutz
Effiziente Sanierung oder Liquidation	Gleichbehandlung	Schutz vor gesetzwidrigen Angeboten	Unterstützung bei Verbrechensbekämpfung

Tab. 1: Aufsichtstätigkeit der EBK (nach www.ebk.admin.ch/d/ebk/ziele/)

Es wäre falsch, Compliance einfach nur als System zur Verhinderung von Wirtschaftskriminalität anzusehen. Vielmehr geht es um den Schutz der Interessen verschiedener Stakeholder wie Gläubiger, Anleger und Aktionäre sowie des Finanzplatzes als Ganzes. Die Spielregeln zur Wahrung dieser Interessen werden somit nicht nur durch gesetzliche Pflichten und behördliche Auflagen geprägt, sondern vielfach auch durch privatrechtliche Organisationen und die Unternehmen selbst:

Compliance-Ebene	Wo festgelegt	Wie durchgesetzt
3. Business Excellence	Interne Standards zu Effizienz, Ethik, Nachhaltigkeit → Unternehmen	Markt, Druck und Erwartungen verschiedener Stakeholder
2. Best Practice	Standesregeln, Code of Practice, Code of Conduct → privatrechtliche Organisationen	Markt, vorwiegend Zivilrecht
1. Gesetzliche Pflicht	Gesetze, Verordnungen, Anordnungen der Bankenaufsicht (z.B. EBK-Rundschreiben, BaFIN-Merkblatt)	vorwiegend Aufsichtsrecht/ Strafrecht

Tab. 2: Verschiedene Compliance-Ebenen (eigene Darstellung)

Nachfolgend sollen diese Ebenen näher beschrieben werden.

Compliance als gesetzliche Pflicht

Die Erfüllung dieser Anforderungen ist eine zwingende Bedingung für den Betrieb des Unternehmens. Zu diesen Regeln gehören Bundesverfassung, Gesetze und Verordnungen (z.B. Bankgeheimnis, Geldwäsche-Prävention, Insider-Strafnorm oder die Eigenmittel- und Rechnungslegungsvorschriften).

In verschiedenen Fällen hat die EBK privatrechtliche Regulierungen (zum Teil «Standesregeln» genannt) im Rundschreiben 04/2 als Mindeststandards für alle Beaufsichtigten festgelegt und setzt diese hoheitlich durch.

Die Einhaltung dieser Regulierungen ist durch die betroffenen Unternehmen bzw. deren Mitarbeiter zwingend und es besteht häufig wenig Spielraum in der Auslegung. Eine Missachtung hat deshalb zumeist aufsichtsrechtliche oder strafrechtliche Konsequenzen wie Bussen, Verlust der Banklizenz oder Gefängnis zur Folge.

Compliance als Best Practice

In der Schweiz hat die Selbstregulierung eine grosse Bedeutung. So haben verschiedene Organisationen wie z.B. die Schweizerische Bankiervereinigung, die Swiss Funds Association SFA, die SWX Swiss Exchange, der Verband Schweizerischer Vermögensverwalter VSV oder die Treuhand-Kammer für ihre Mitglieder verschiedene *Richtlinien und Empfehlungen* herausgegeben. Für die Verbindlichkeit solcher Normen können drei Stufen unterschieden werden:

a) Die Norm wird vom Regulator als zwingend erklärt und hoheitlich durchgesetzt. Somit erwächst dadurch faktisch eine gesetzliche Pflicht zur Umsetzung gemäss ‚Compliance als gesetzliche Pflicht'.

b) Die Erfüllung der *Richtlinien* ist eine Bedingung für die Zugehörigkeit zu einer Organisation. Die Anwendung wird durch zivilrechtliche Verträge bestimmt, dabei kann eine Nichterfüllung Konventionalstrafen und/oder Ausschluss aus der Organisation zur Folge haben. So ist z.B. die Corporate Governance Richtlinie der SWX für alle an der SWX kotierten Unternehmen verbindlich.

c) Verschiedene Organisationen geben für ihre Mitglieder *Empfehlungen* heraus, welche auf freiwilliger Basis umgesetzt werden. Diese Empfehlungen werden für die Mitglieder erarbeitet, damit nicht alle «das Rad nochmals erfinden» müssen. Vielfach werden Bestimmungen aus b) oben auch von Nicht-Mitgliedern zumindest teilweise umgesetzt, da sie als de facto-Standard eine Best Practice oder zumindest eine Good Practice festlegen. So informiert z.B. auch die Schweizerische Mobiliar Versicherung als Genossenschaft gemäss der Corporate Governance Richtlinie der SWX.

Compliance als Business Excellence

Im Interesse verschiedener Interessevertreter wie Kunden, Aktionäre oder der Öffentlichkeit kann ein Unternehmen sich selbst Regeln auferlegen und diese verbindlich umsetzen, obwohl kein Gesetz und keine Organisation sie dazu verpflichtet. Solche Regeln verfolgen meist Ziele in den Bereichen Qualität, Transparenz, Sicherheit oder Umwelt; zunehmend stehen aber auch Nachhaltigkeit oder Ethik im Fokus. Solche Regeln sind somit Instrumente, mit welchen immaterielle Werte wie Vertrauen, Verlässlichkeit und Reputation geschützt werden. Immer mehr reift bei Firmen und Investoren die Überzeugung, dass sich eine «gute» Unternehmensführung auszahlt. Empirische Studie von GovernanceMetrics International oder Institutional Shareholder Services kommen zum Schluss, dass Unternehmen mit einer besseren Corporate Governance eine höhere Rendite bei tieferen Risiken aufweisen.

Diese selbst gewählten Regeln basieren auf

a) freiwillig angewandten Empfehlungen gemäss ‚Compliance als Best Practice', Bst. c;

b) auf Standards von Normierungsorganisationen (z.B. die Qualitätsnorm ISO 9001, oder die Sicherheitsnorm BS 7799);

c) auf ausländischen Gesetzen und Verordnungen, welche für eine Firma im Heimmarkt zwar nicht verbindlich sind, doch im Hinblick auf die relevanten Märkte eine Bedeutung haben;

d) auf eigenen Standards, zu deren Umsetzung sich die Unternehmung in der Öffentlichkeit verpflichtet wie z.B. der Verhaltenskodex von ABB, welcher im Herbst 2006 vorgestellt wurde.

Von der Last zum Nutzen der Compliance

Die Kosten der Compliance

Es ist für alle Beteiligten offensichtlich, dass Compliance erheblich kostet, doch die Nennung konkreter Zahlen ist äusserst schwierig. Im Rahmen seiner Diplomarbeit an der Universität Zürich hat Ivo Hubli 2004 die Kosten der Regulierung von Vermögensverwaltungsbanken in der Schweiz untersucht. Er kommt zum Schluss, dass bei den untersuchten Banken durchschnittlich 3.7–8.3% des Geschäftsaufwands als direkte Compliance-Kosten anfallen.

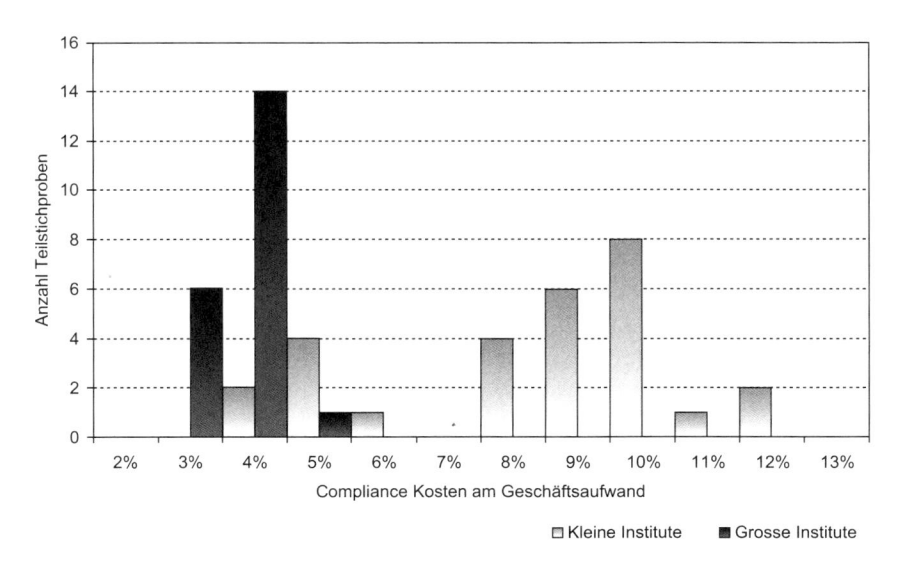

Abb. 1: Anteil direkter Compliance-Kosten am Geschäftsaufwand (Quelle: Hubli 2004)

Unter den direkten Compliance-Kosten sind jedoch nicht nur die Kosten der Compliance-Einheit zu verstehen. So ist z.B. auch der Arbeitszeitanteil in der Kundenberatung für Compliance-Aufgaben eingeschlossen, welcher (mit grossen Schwankungen) durchschnittlich 18% ausmacht.

Auf Grund der Untersuchungsergebnisse werden zwei Punkte offensichtlich:

a) Kleinere Banken geraten durch die Erkennung und Anwendung der verschiedenen Compliance-Anforderungen zunehmend unter Druck, denn bei diesen machen die Compliance-Kosten durchwegs den höheren Anteil am Geschäftsaufwand aus;

b) es bestehen grosse Unterschiede zwischen den einzelnen Banken. Diese sind teilweise auf unterschiedliche Erhebungsmethoden zurückzuführen, es ist aber auch erkennbar, dass bei der Effizienz in der Umsetzung von Compliance-Anforderungen erhebliche Unterschiede bestehen.

Sind diese Kosten zu hoch? Andrew Newton gibt in seinem Handbook of Compliance die pragmatische Antwort: «If you think compliance is expensive, try non-compliance!»

Nutzenpotenziale erkennen

Die Leistungen der Finanzintermediäre sind meist rein immaterieller Natur und die Leistungsversprechen gegenüber Kunden reichen oft weit in die Zukunft. Dies führt dazu, dass die Reputation und das Vertrauen einen wesentlichen Einfluss auf die Wettbewerbsposition des einzelnen Anbieters und sogar auf das Funktionieren des gesamten Marktes haben. Jedes Finanzinstitut soll sich deshalb nicht nur fragen, wie die Compliance möglichst kostengünstig umgesetzt werden kann, sondern viel mehr, wie man damit seine Wettbewerbsposition festigen oder ausbauen kann.

Je nach Compliance-Ebene gibt es verschiedene Stossrichtungen:

Gesetzliche und regulatorische Anforderungen

Gesetzliche Compliance-Anforderungen und viele Best Practice-Vorgaben haben grosse Ähnlichkeit mit dem Wetter: Alle Marktteilnehmer in einem bestimmten Gebiet sind davon betroffen, man kann zwar darüber diskutieren, doch nichts daran ändern! Es steht also die Frage im Vordergrund, wie man am effizientesten damit umgeht.

Es soll deshalb nicht zuerst nach dem Aufwand gefragt werden, den eine regularische Anforderung bei der Umsetzung erfordert, sondern vielmehr, wie man damit einen zusätzlichen Nutzen generieren kann. So sind z.B. die *know your customer rules* mehr als nur Vorgaben der EBK-Geldwäschereiverordnung. Richtig umgesetzt, ist dies ein systematischer Prozess zum Verstehen des Kunden und zur Dokumentation der Kundenbeziehung wie auch eine Quelle von Zusatzinformationen, welche in der Kundenberatung wertvoll sein können.

Freiwillige Regeln

Bei Compliance-Regeln, welche man selbst definiert hat (Ebenen 2 und 3) hat man viel mehr Freiheitsgrade: Man kann gezielt bestimmte Verhaltens- oder Qualitätsziele anstreben und selbst festlegen, wie verbindlich man sich durch Regeln binden will. Die Anwendung zusätzlicher Regeln kann zwar kurzfristig lästig und aufwändig sein, sie kann jedoch dem Unternehmen Sicherheit, Effizienz und Qualität bringen. Ein Beispiel dazu ist die MiFID-Richtlinie (Markets in Financial Instruments Directive), welche ab November 2007 für alle Finanzinstitute innerhalb der EU verbindlich ist. Zu den Zielen der neuen Richtlinie zählen u.a. die Stärkung des Anlegerschutzes, die Verbesserung der Markttransparenz, sowie die Integrität und Gesamteffizienz des Finanzsystems. Für Banken ausserhalb der EU besteht keine Verpflichtung zur Umsetzung dieser Richtlinie.

	Regulierte Tätigkeiten	Finanzinstrumente
Börsen- und Effektenhandelsgesetz BEHG	• Kundenhandel • Emissionen • Eigenhandel, Market Making	• Standardisierte Effekten • Standardisierte Derivate • Investmentfonds
zusätzlich mit Markets in Financial Instruments Directive MiFID	• Vermögensverwaltung • Anlageberatung gegen Bezahlung	• OTC-Derivate • Geldmarktinstrumente

Tab. 3: Wichtigste Unterschiede zwischen BEHG und MiFID (eigene Darstellung)

Für viele Nicht-EU-Banken kann es dennoch in bestimmten Fällen sinnvoll sein, zumindest ausgewählte Teile der Richtlinie freiwillig umzusetzen. Dies ist besonders im grenzüberschreitenden Dienstleistungsverkehr der Fall, wenn man Nutzen für die Endkunden und somit Wettbewerbsvorteile erzeugen kann. Die freiwillige Umsetzung hat den grossen Vorteil, dass sich die Bank ganz auf die Bedürfnisse ihrer Kunden und Investoren konzentrieren kann und somit die MiFID-Richtlinie nur in den für sie vorteilhaften Bereichen umsetzt. Es ist in diesem Fall als nicht der Regulator, sondern das unternehmerische Denken, welches die Anwendung von Regeln forciert. Damit das Vertrauen der Kunden gewonnen werden kann, muss auch eine freiwillige Umsetzung der ausgewählten Teile aber dennoch mit einer hohen Verbindlichkeit erfolgen.

Vorgehensweise zur effizienten Umsetzung

Damit Compliance-Regeln – ob vom Regulator vorgegeben oder selbst definiert – effizient umgesetzt und angewandt werden, braucht es eine vorausschauende Planung. Wer nur schnell ein paar neue Weisungen und Reports erstellt, macht lediglich eine Aufwand-Minimierung, jedoch keine Nutzen-Optimierung. Zudem werden mit grosser Wahrscheinlichkeit verschiedene Doppelspurigkeiten und Unklarheiten später zu einem erheblichem Betriebsaufwand führen. Dadurch werden erhebliche Potenziale nicht genutzt.

Die folgenden Anregungen helfen, die Umsetzung von Compliance-Anforderungen so zu planen, damit eine möglichst effiziente Umsetzung möglich ist.

Verstehen, worum es geht

Vor der Umsetzung genau verstehen, worum es geht, was umgesetzt werden muss und insbesondere, wo der Spielraum liegt. Gerade für kleinere Banken kann der Einarbeitungsaufwand enorm sein. Dieser kann durch eine gezielte Zusammenarbeit mit vergleichbaren Instituten gemindert werden, denn in der Compliance herrscht keine Konkurrenz. Das Verstehen darf sich nicht nur auf die juristische Ausgangslage beziehen. Vielmehr ist auch ein tiefes Verständnis über die betroffenen Prozesse und Systeme notwendig. Der Beizug von Beratern ist nur bedingt ein Ersatz für eigenes Verstehen. Man muss sich bewusst sein, dass jede neue Compliance-Anforderung ein neues Marktpotenzial für Berater, Seminar-Anbieter und Software-Lieferanten öffnet.

Spielraum ausnützen

Gesetzliche Muss-Anforderungen sind vollständig zu erfüllen, doch nicht mehr! Eine Über-Erfüllung bringt hier nur Kosten ohne Nutzen.

Der vielfach vorhandene Spielraum in gesetzlichen Anforderungen soll gezielt ausgenützt werden, um eine effiziente Umsetzung zu ermöglichen (*comply or explain* schon in der Planung). Dies ist insbesondere bei der Behandlung von seltenen Geschäftsvorfällen oder bei Geringfügigkeits-Ausnahmen zu beachten. Es geht hier nicht um Minimalismus oder Nachlässigkeit, sondern um die Voraussetzung für eine effiziente Compliance.

Keine unnötigen Details

Die Compliance wird nicht besser, sondern nur aufwändiger, wenn etwas noch genauer gemessen wird. Zu viele Details geben zwar das gute Gefühl, dass man alles vollständig und richtig gemacht hat, sie versperren aber die Sicht auf das Gesamte, was nachteilig für die Kosten und die Compliance ist.

Nutzenpotenziale erkennen

Vor der Umsetzung gesetzlicher Anforderungen ist zu prüfen, wo gleichzeitig ein Nutzen erzielt werden kann. Die folgende (unvollständige) Aufstellung möglicher Zusatznutzen kann dabei als Anregung dienen: Qualitätsverbesserung durch Umstellung von nachvollziehender zu präventiver Kontrolle; Automatisierung manueller Prozesse; Eliminierung von Redundanzen in Datenhaltung oder Prozessen; Wiederverwendung von gewonnenen Compliance-Daten für andere betriebliche Zwecke; Früherkennung von Fehlern.

Organisation und Compliance-Kultur

Auch die besten Prozesse, Tools und Weisungen bewirken wenig, wenn sie nicht in einem Umfeld mit einer entsprechenden Organisation und einer glaubwürdigen Compliance-Kultur angewandt werden. Es genügt nicht, nur die richtigen Massnahmen festzulegen, diese müssen auch konsequent umgesetzt und angewandt werden. Dazu braucht es Strukturen, Information und Ausbildung sowie Anreiz-Systeme, welche die Einhaltung von Richtlinien unterstützen. Es sind aber auch Kontrollen notwendig, ohne die eine wirksame Compliance nicht gewährleistet werden kann.

Dies kam auch im Frühjahr 2007 zum Ausdruck, als bei der Zürcher Kantonalbank im Fall Sulzer klar gegen interne Richtlinien verstossen wurde. Der Vorwurf ging dabei insbesondere an den Bankratspräsidenten und den CEO, dass die internen Vorgaben bei den strittigen Handelsgeschäften unter ihrer Führung nicht erfüllt wurden. Denn gerade ihre Aufgabe wäre es gewesen, die Bank so zu organisieren, dass ihnen diese Verstösse nicht hätten entgehen können - genau eine solche Organisation setzt das Bankgesetz voraus.

Tools mit Verstand einsetzen

Welche betrieblichen Daten sind bereits vorhanden, mit welchen eine Compliance-Anforderung umgesetzt werden kann? Wo sind zwingend neue Daten bereitzustellen und wo können diese sonst noch genutzt werden? Es ist darauf zu achten, dass die Daten in standardisierter Form vorliegen, damit eine Plausibilisierung, Weiterverarbeitung und Auswertung möglich ist.

Eine hohe Automatisierung ist zwar anzustreben, doch die Compliance darf nicht an Tools «delegiert» werden, welche nur noch von Spezialisten verstanden werden. In der Praxis haben sich halbautomatische Prozesse bewährt, bei denen viele Prüfschritte automatisch ablaufen, doch die (Zwischen)Resultate jeweils manuell plausibilisiert werden.

Integrierte Prozesse

Compliance-Anforderungen sollen nach Möglichkeit nahtlos in die bestehenden Kernprozesse integriert werden. Die Einführung separater Compliance-Prozesse ist kurzfristig zwar einfacher, doch es entstehen dadurch Doppelspurigkeiten und eine erhöhte Komplexität, was während der Betriebsphase zu erhöhtem Aufwand und Fehlern führt.

Diese Beispiele zeigen, dass effiziente Compliance viel mehr ist als die juristisch präzise Auslegung von Gesetzen, Verordnungen und Richtlinien. Es geht viel mehr um die sorgfältige Abstimmung von juristischen, IT-technischen, organisatorischen und insbesondere auch betriebswirtschaftlichen Fragen. Wer dieses Zusammenspiel beherrscht, wird in der Compliance die Nutzenpotenziale erkennen und diese auch erfolgreich nützen. Um dies zu ermöglichen, müssen die Compliance-Einheiten ihre bisher hauptsächlich überwachende Tätigkeit zu einer beratenden Tätigkeit weiter entwickeln.

Ausblick

In der stark vernetzten und immer komplexeren Welt wird der Faktor Vertrauen und somit das Reputation Management zunehmend wichtiger. Das Reputation Management bedingt jedoch mehr als nur überlegte Kommunikation – durch eine effektive Compliance erst schafft man die Voraussetzungen dazu.

Die Einhaltung regulatorischer Vorschriften ist wichtig, doch ist dies auch genügend? Gibt es nicht Umstände, welche für Kunden, Investoren oder Mitarbeiter unakzeptabel sind, obwohl alle Vorschriften eingehalten sind? Die Finanzindustrie kann auch von den Ereignissen um die Erdöl-Plattform Brent Spar im Jahr 1995 lernen: Damals wurde Shell durch einen Konsumenten-Boykott gezwungen, eine Lösung zu finden, welche auch von der Öffentlichkeit akzeptiert wurde. Durch die schnelle Informationsverbreitung sind solche Risiken gestiegen. Durch die konzentrierte öffentliche Meinung entsteht ein «moralischer Regulator» mit einer zunehmenden Macht. So wurde die Neuorientierung der Finanzgruppe Swissfirst nicht zuletzt auf den grossen Druck der Öffentlichkeit und den damit verbundenen massiven Reputationsschaden forciert.

Es ist deshalb anzunehmen, dass sich Finanzinstitute zunehmend selbst Regeln auferlegen, um für Kunden, Aktionäre und Öffentlichkeit ein berechenbarer Partner mit nachweisbar nachvollziehbarem Handeln zu sein. Es ist auch erkennbar, dass unabhängige, Konsumenten-orientierte Organisationen nach eigenen Kriterien Finanzdienstleistungen prüfen und bewerten. So bewertet z.B. die deutsche Zeitung Welt am Sonntag in ihren Elite-Reports regelmässig verschiedene Finanzinstitute. Durch die zunehmende Beachtung erhalten solche Bewertungen in gewissem Masse normativen Charakter. Und wer weiss, vielleicht gibt es bald neue Qualitätslabels für Finanzdienstleistungen, welche von Organisationen wie Max Havelaar oder Greenpeace vergeben werden.

Beat Fraefel, Bereichsleiter, DZ PRIVATBANK (Schweiz) AG

Banker mit technologischem Background

Beat Fraefel ist Bereichsleiter für Private Banking Support, Prozesse und Compliance bei der DZ PRIVATBANK (Schweiz) AG. In dieser Funktion ist er verantwortlich für die Planung und Umsetzung von Bank- und Kundenprozessen, insbesondere für den Vertrieb und die Beratung vermögender Privatkunden. Er ist zudem verantwortlich für den gesamten Bereich Compliance. Hier geht es um die Einhaltung reglementatorischer Vorschriften und speziell um die Geldwäscherei-Prävention. Daneben gehört auch die IT Sicherheit zu seinem Aufgabengebiet.

Vor seinem Einstieg ins Banking war Fraefel als Consultant und Mitglied der Geschäftsleitung bei AWK Engineering AG in Zürich tätig. Hier betreute er Kundschaft aus der Bank- und Versicherungsbranche. Zuvor war er bei Alcatel STR AG in Zürich für öffentliche und private Telematiknetze tätig.

Beat Fraefel ist Absolvent der Hochschule für Technik in Rapperswil, wo er einen Abschluss als Elektroningenieur HTL erwarb. Danach folgten ein Nachdiplomstudium in «Unternehmensführung» an der Hochschule für Wirtschaft in Luzern, sowie der Schweizer Kurs für Unternehmensführung SKU in Brunnen und das Executive Programm an der Swiss Banking School (heute Swiss Finance Institute) mit der Diplomarbeit «Die Umsetzung der GwV EBK – ein praxisorientierter Leitfaden».

Beat Fraefel, Bereichsleiter Private Banking Support, Prozesse, Compliance, DZ PRIVATBANK (Schweiz) AG, Münsterhof 12, 8022 Zürich

Hans Geiger

Geldwäschereibekämpfung: Die falsche Medizin

Ein Beipackzettel für ein Regulierungsgebiet besonderer Art

Die Kosten des Kampfes gegen die Geldwäscherei sind hoch, im Anbetracht der sehr bescheidenen Resultate zu hoch. Weder hat der rund 20-jährige Kampf zu einem messbaren Resultat bei der Reduktion der kriminellen Vortaten geführt, noch ist das Ergebnis bezüglich der Geldwäscherei selbst überzeugend. Eine einfache Kosten-Nutzenüberlegung fällt ausgesprochen negativ aus. Bezieht man die hohen wirtschaftlichen und gesellschaftlichen Nebenwirkungen ins Kalkül mit ein, so fällt das Urteil vernichtend aus.

Ein gesunder Körper braucht keine Medikamente. Bei leichten Krankheiten und Unfällen korrigieren die Selbstheilungskräfte allfällige Mängel. Auch ein funktionierender Markt braucht keine besondere Regulierung und Aufsicht. Hier beheben, verhindern oder vermindern das allgemeine Rechtssystem und die Dynamik des Wettbewerbs allfällige Fehler. Wenn die Selbstheilungskräfte zu schwach oder der Patient zu ungeduldig ist, können Medikamente helfen. Entsprechend können in einem nicht oder schlecht funktionierenden Markt Regulierung und Aufsicht von Nutzen sein. Aber Medikamente sind in beiden Fällen weder kostenlos noch unproblematisch. Im Extremfall wird Medikamentensucht selbst zur neuen Krankheit, von welcher der Patient entwöhnt werden muss. Von der Regulierung und Aufsicht werden die Betroffenen im Finanzbereich selten entwöhnt. Sie gewöhnen sich daran und halten die Regulierung für essentiell.

Die Gesundheit des Menschen und des Finanzsystems

Vielleicht kann die Finanzbranche von den Erfahrungen der Pharmaindustrie lernen. Diese muss jedem Medikament einen Beipackzettel beilegen. Das könnte auch bei jedem Erlass in der Finanzmarktregulierung geschehen. Versuche wurden verschiedentlich unternommen, insbesondere durch die britische Aufsichtsbehörde FSA im Rahmen ihrer «Principles of Good Regulation» und der «Cost Benefit Analyse». In der Schweiz erliess das Finanzdepartement (EFD) im September 2005 die Richtlinien für Finanzmarktregulierung, denen eine dem Beipackzettel ähnliche Zielsetzung zu Grunde liegt. Eigenartigerweise werden aber diese Überprüfungsmethoden gerade beim aufwendigsten Regulierungsgebiet, der Geldwäschereibekämpfung, nicht angewendet.

Natürlich gibt es auch Unterschiede zwischen Medikament und Finanzmarktaufsicht. Medikamente muss beispielsweise keiner nehmen, aber die Regulierung muss ein Finanzunternehmen – falls es in einem entsprechenden Geschäftsfeld tätig ist – bezahlen und ertragen. Bezüglich Geldwäschereibekämpfung sind alle Finanzintermediäre reguliert. Im Bereich der Medikamente soll heute der Beipackzettel faktisch nicht nur die Patienten schützen, sondern vermehrt auch die Hersteller. Letztere fürchten Verantwortlichkeitsklagen im Falle von Nebenwirkungen. Bei der Finanzmarktregulierung wurde dieser Aspekt bisher kaum thematisiert. Dafür befürchten Aufsichtsbehörden beim Auftreten neuer Probleme den Vorwurf, solche nicht weitwichtig vorausgesehen und präventiv verhindert zu haben.

Der Beipackzettel für Medikamente

Die Rubriken des Beipackzettels für Medikamente sind standardisiert und lauten wie folgt:

a) Was ist das Medikament und wann wird es angewendet?
b) Wann darf es nicht angewendet werden?
c) Wann ist bei der Einnahme Vorsicht geboten?
d) Darf man es während der Schwangerschaft oder Stillzeit einnehmen?
e) Wie verwenden Sie das Medikament?
f) Welche Nebenwirkungen kann das Medikament haben?
g) Was ist ferner zu beachten?
h) Was ist im Medikament enthalten?
i) Wo erhält man das Medikament, in welchen Packungen?
j) Vertriebsfirma
k) Stand der Information (letztmalige Überprüfung durch die Behörde)

Nicht auf dem Beipackzettel steht der Preis des Medikaments, er ist aber ein wichtiges Element und wird deshalb hier als zusätzliche Rubrik geführt.

l) Preis des Medikaments

Der Beipackzettel für die Regulierung zur Geldwäschereibekämpfung

Der Schwerpunkt unserer Analyse der Regulierung der Geldwäscherei im Sinne des Beipackzettels liegt beim Einsatzgebiet [a] und bei den Nebenwirkungen [f], jedoch geben auch einige andere Abschnitte interessante Denkanstösse.

a) Was ist Geldwäschereibekämpfung und wann wird sie angewendet?

Unter Ökonomen besteht weitgehende Übereinstimmung, dass Finanzmärkte und Banken einer besonderen Regulierung und Aufsicht bedürfen, da das allgemeine Rechtssystem und die Dynamik des Wettbewerbs zur Sicherstellung eines effektiven und effizienten Marktes nicht ausreichen. Durch Regulierung und Aufsicht soll insbesondere Marktversagen in folgenden drei Bereichen verhindert werden:

(1) Einlegerschutz zur Sicherstellung der Interessen wenig erfahrener Einleger und Kunden,

(2) Funktionsschutz zur Sicherstellung der Effizienz der Märkte,

(3) Systemschutz zur Sicherstellung der Stabilität des Finanzsystems.

Zusätzlich sollen durch Regulierung (4) der gute Ruf und das Vertrauen in den Finanzplatz geschützt werden.

Trotz der grundsätzlichen Befürwortung der Finanzmarktregulierung haben sich in den letzten Jahren unter dem Stichwort «Überregulierung» Kritiken gehäuft. Eine Studie des Centre for the Study of Financial Innovation kam 2005 zum Schluss «the remorseless rise in regulation has become the greatest risk facing the banking sector.» Besonders ausgeprägt war in den letzten Jahren weltweit das Wachstum der Kosten der Geldwäschereibekämpfung. Untersuchungen in Grossbritannien und in der Schweiz zeigen, dass unter allen Vorschriften diejenigen zur Geldwäschereibekämpfung bei den Banken die höchsten Kosten erzeugen. Die Kritik kommt nicht nur von Seiten der Banken, sogar Vertreter der Aufsicht äussern sich in ähnlicher Art.

Im Beipackzettel der Medikamente sind im ersten Abschnitt die Behandlungsziele aufgeführt. Wozu ist das Medikament gut? Die entsprechende Frage zur Geldwäschereibekämpfung lautet: Warum wird überhaupt reguliert? Die Frage ist umso mehr gerechtfertigt, als die Bekämpfung von Verbrechen nicht zu den klassischen Bereichen und Zielen der Bankenaufsicht gehört, sondern zur Aufgabe von Polizei und Strafverfolgung. Zur entscheidenden Frage nach dem Warum sind die Antworten unklar und widersprüchlich. Zudem haben sie sich im Laufe der Zeit verändert. Es ist auch nicht klar, wer für die Beantwortung der Frage heute zuständig ist. Faktisch ist die 1989 gegründete Financial Action Task Force on Money Laundering (FATF) regelbestimmend, auch wenn dieses Gremium keine legislativen Kompetenzen hat. Der Spielraum der nationalen Gesetzgeber und Aufsichtsbehörden ist auf dem Gebiet der Geldwäschereibestimmungen klein geworden, obschon die nationalen Parlamente und Regierungen kaum je bewusst den Entscheid getroffen haben, die faktische Autorität an FATF abzutreten.

Ursprünglich war das Ziel der Geldwäschereivorschriften die Bekämpfung von zwei Vortaten: Drogenhandel und organisiertes Verbrechen. Nach rund 20 Jahren Erfahrungen mit der Geldwäschereibekämpfung ist festzuhalten, dass dieses Ziel nicht erreicht wurde. Drogenhandel und organisierte Kriminalität haben in dieser Zeit stark zugenommen. Die FATF hat reagiert: Heute bezeichnet sie auf der Internetseite ihren Auftrag als «*to counter the use of the financial system by criminals.*» Dazu präzisiert die erste FATF-Empfehlung «Countries should apply the crime of money laundering to all serious offences, with a view to including the *widest range of predicate offences*.» «*To counter the use of the financial system by criminals*» ist eine eigenartige Zielsetzung für Regulierung und Aufsicht in der Finanzbranche, und zwar aus zwei Gründen: Einerseits lässt sich fragen, weshalb die Kriminellen ausgerechnet das Finanzsystem unserer Gesellschaft nicht benützen dürfen, während ihnen der Zugang zu anderen Systemen, z.B. zum Erziehungssystem, zum Gesundheitssystem, zum Rechtssystem, zum Transportsystem vom Staat nicht nur erlaubt, sondern sogar gewährleistet wird. In diesen Bereichen hat die Gesellschaft akzeptiert, dass Kriminalität Bestandteil jeder Gesellschaft ist. Andererseits ist zu fragen, ob die Gesellschaft überhaupt in der Lage ist, dem «widest range of predicate offenders» die Benützung des Finanzsystems zu verwehren. Wenn dies nicht einmal für den engen Kreis der Drogenhändler erreicht werden konnte, dann wohl auch nicht für die Fülle (the widest range) aller weiteren Vortaten.

Ein Medikamentenhersteller würde für ein neues Produkt, von dem er nicht sagen kann, welche Krankheit es kurieren soll und ob das Medikament auch zur Heilung beiträgt, nie eine Zulassung von Swissmedic oder einer anderen Zulassungsstelle erhalten. Krankenversicherungen würden sich weigern, die Kosten für das Medikament zu übernehmen. Anders bei der Geldwäschereiprävention: Die «Zulassungsstellen» in der Schweiz und anderen Staaten haben hier entschieden, solche «Medikamente» einzuführen. Entscheiden tut faktisch alleine der Pharmahersteller FATF selbst, dessen Ziel die Medikamentenproduktion und die Förderung des Medikamentenkonsums zu sein scheint. Dazu sagt Dave Zollinger, Staatsanwalt des Kantons Zürich: «Wer reguliert und dabei nicht im Auge behält, ob die anvisierten Ziele erreicht werden, ja ob überhaupt festgestellt werden kann, dass sie erreicht werden, handelt verantwortungslos gegenüber der Gesellschaft und natürlich auch gegenüber der Wirtschaft.»

b) ....

c) *Wann ist bei der Einnahme Vorsicht geboten?*

Die Frage, wann die Regulierung nicht angewendet werden darf, oder nur unter erhöhter Vorsicht oder nach Konsultation eines Experten (beim Medikament der Arzt oder Apotheker) wird bei der Regulierung der Geldwäscherei nicht gestellt und nicht beantwortet. *Alle müssen alle Regeln immer anwenden.* Zudem wurde und wird der Kreis der unterstellten Bereiche laufend ausgedehnt. Während sich die Geldwäschereibekämpfung zu Beginn auf die Banken konzentrierte, werden immer neue Sektoren den besonderen Vorschriften unterstellt. Gemäss FATF-Empfehlung 12 sind neben den Banken auch alle anderen Finanzinstitutionen sowie die folgenden «designated non-financial businesses and professions» den Regeln unterworfen: Kasinos, Immobilienhändler, Edelmetall- und Edelsteinhändler, Rechtsanwälte, Notare, Treuhänder, Wirtschaftsprüfer, Trustgesellschaften. Eine Überprüfung der Wirkungen und der Nebenwirkungen der Vorschriften erfolgt auch in diesen Bereichen nicht. Experten zu konsultieren ist im Regelwerk der FATF auch nicht vorgesehen.

d) ....

e) *Wie verwenden Sie das Medikament?*

Bei vielen Medikamenten ist die Wirkung auf ungeborenes oder junges Leben nicht klar. Der Organismus eines Säuglings reagiert möglicherweise auf unvorhersehbare Weise auf die Medikation. Die richtige Dosierung ist unbekannt. Das Geldwäschereimedikament wird jedoch unabhängig von Lebensalter und -grösse des regulierten Finanzinstituts in voller Dosierung appliziert. In der Folge kämpfen kleinere Marktteilnehmer mit den Nebenwirkungen, während grössere Unternehmungen die Tablette schlucken und die negativen Auswirkungen in ihrem Organismus kaum auffallen. Die Grossen sind bereit, Nebenwirkungen zu akzeptieren, die bei Kindern und Säuglingen letal wirken können. Die Haltung der Behörden steht hier im Gegensatz zu den traditionellen Bereichen der Regulierung, in denen verschiedene Länder in den letzten Jahren die Dosierungsfrage thematisiert und den Grundsatz «one size fits all» aufgegeben haben. Gemäss den schweizerischen Richtlinien für Finanzmarktregulierung soll Unterschieden innerhalb des Betroffenenkreises durch eine differenzierte Regulierung sachgerecht Rechnung getragen werden, aber die FATF lässt dies nicht zu.

f) *Welche Nebenwirkungen kann das Medikament haben?*

Ein zentrales Anliegen beim Einsatz von Medikamenten ist die Kontrolle der unerwünschten Nebenwirkungen. So wie wohl jedes wirksame Medikament potentiell negative Nebenwirkungen hat, so besteht auch bei jeder regulatorischen Massnahme das Risiko unerwünschter Effekte. Die Regel 5 der EFD-Richtlinien fordert hierzu: Die Regulierungsbehörden «benennen die Risiken einer Regulierung, einschliesslich unerwünschter wirtschaftlicher Konsequenzen, und schätzen die Relevanz solcher Risiken ab. Sie bemühen sich, solche Konsequenzen soweit möglich zu verhindern». Eine solche Benennung und Überprüfung der Nebenwirkungen des Geldwäscherei-Regimes fand und findet nicht statt. Im Gegenteil, die Maxime der FATF lautet: «Immer mehr von allem». Der Katalog der die Geldwäscherei definierenden Vortaten wird erweitert, die Unterstellung wird auf neue Branchen ausgedehnt, zusätzliche Massnahmen werden gefordert, die geforderten Massnahmen werden verschärft, die Kontrollen intensiviert, und zwar trotz der geschilderten Wirkungslosigkeit im Bezug auf die Reduktion der Vortaten und der Geldwäscherei.

Die hohen direkten Kosten im Finanzsektor werden im Abschnitt «l) Preis des Medikaments?» angesprochen. Hier werden die indirekten Kosten diskutiert, die in Form von Nebenwirkungen von der nicht-kriminellen Wirtschaft und der Gesellschaft als Ganzes zu tragen sind. Zu den negativen Nebenwirkungen gehören auch Reaktionen in der kriminellen Welt, welche die Zielerreichung abschwächen oder verhindern können.

Die Abwehrmassnahmen gegen die Geldwäscherei umfassen die Identifizierung der Vertragspartei und die Feststellung des wirtschaftlich Berechtigten, Aufbau und Betrieb eines Systems zur Transaktionsüberwachung, Ausbildung, Einordnung der Geschäftsbeziehungen in Risikokategorien, Identifikation sowie besondere Behandlung von Geschäftsbeziehungen und Transaktionen mit erhöhten Risiken. Dazu gehört auch der spezielle Umgang mit politisch exponierten Personen. Weiter die Wahrnehmung erhöhter Sorgfalts- und Kontrollpflichten bei Geschäftsbeziehungen und Transaktionen mit erhöhten Risiken, das Führen ausführlicher Dossiers zuhanden der Strafverfolgungsbehörden innert angemessener Frist, die Meldungen an die Meldestelle für Geldwäscherei, der Abbruch oder die verweigerte Aufnahme von Geschäftsbeziehungen. All diese Massnahmen sind nicht nur im Falle eines Verdachtes zu ergreifen, sie betreffen jede Kundenverbindung, jede Transaktion, den ganzen Bankbetrieb im In- und im Ausland.

Der konkrete wirtschaftliche Schaden liegt in den erhöhten Kosten der Bankdienstleistungen, die von allen Kunden und Gegenparteien zu tragen sind. Diese Kosten bilden *die erste Kategorie* wirtschaftlicher Nebenwirkungen und stellen Wohlstandseinbussen für die ganze Gesellschaft dar. Teilweise führen sie auch dazu, dass bestimmte Bevölkerungsgruppen gewisse legitime und für sie wichtige Finanzgeschäfte nur noch unter Inkaufnahme exzessiver Kosten oder gar nicht abschliessen können. Ein Beispiel sind die monatlichen Zahlungen von Gastarbeitern aus Entwicklungsländer an ihre Familien zu Hause.

Auch eine *zweite Kategorie* wirtschaftlicher Nebenwirkungen ist vor allem von den schwächeren sowie von exponierten Personen zu tragen. Die Verfolgung und Bestrafung von Verbrechern obliegt ordentlicherweise dem Strafrecht, und damit der Polizei und den Gerichten. Hier gelten strenge Regeln, welche die Rechte und die Position der Verdächtigen schützen, zum Beispiel durch den Untersuchungsgrundsatz. Die Banken befolgen bei der ihr durch die Geldwäschereiregulierung übertragenen «Polizeiarbeit» andere Prinzipien. Sie pflegen einen «risikoorientierten Ansatz», durch welchen sie gewisse Personen diskriminieren. Es steht einer Bank frei, mit einer Gegenpartei eine Geschäftsbeziehung einzugehen oder nicht. Wenn ihr ein Geschäft im Vergleich zu den Ertragsmöglichkeiten zu riskant oder unsicher erscheint, verzichtet sie auf eine Abklärung und eine Geschäftsaufnahme. Die so von einem Ausschluss vom Finanzsystem Bedrohten haben im Gegensatz zum Strafrecht keine Rechtsmittel. Die Diskriminierung ist ausgeprägt für Personen und Korrespondenzbanken aus Ländern «mit erhöhten Risiken», sei es, weil im entsprechenden Land Drogen angebaut werden, sei es, weil dort bestimmte politische oder auch religiöse Verhältnisse bestehen, sei es, dass die Verhältnisse dort anderen bedeutenden Staaten nicht genehm sind. Es ist aber auch möglich, dass Personen auf Grund ihres Berufes von Dienstleistungen der Banken ausgeschlossen werden. Es gibt in der Schweiz beispielsweise Privatbanken, welche mit dem Stadtpräsidenten ihres Standortes keine Geschäftsbeziehung eingehen würden, weil er Politiker und damit potentiell «politisch exponiert» ist. Andere Banken in der gleichen Stadt wollen für Studierende mit einem pakistanischen Pass kein Konto eröffnen.

Eine *dritte Kategorie* wirtschaftlicher Nebenwirkungen liegt in den möglichen Reaktionen der kriminellen Welt auf die Geldwäschereiprävention. Theoretisch und wohl gemäss Wunschvorstellung der FATF könnten die Kriminellen wegen der erhöhten Kosten der Geldwäsche die kriminellen Vortaten reduzieren oder einstellen. Dies ist offensichtlich nicht der Fall. Die Kriminellen haben eine Fülle alternativer Reaktionsmöglichkeiten. Sie gehen von der vermehrten Verwendung von Bargeld, dem einzigen gesetzlichen Zahlungsmittel in der Schweiz, bis zur vollständigen Vermeidung der Geldwäsche, indem das Geld in der kriminellen Sphäre behalten wird. Ein Mittelweg bildet der Aufbau und die Verwendung eines Clearingsystems, in welchem innerhalb der kriminellen Sphäre Schulden und Guthaben multi- oder bilateral verrechnet werden. Gewaschen, das heisst in die nichtkriminelle Welt überführt werden, muss dann nur noch der Saldo aus den verrechneten Positionen. Die seit 1996 publizierten FATF-Studien über «Money Laundering & Terrorist Financing Typologies» beschreiben eine Vielzahl weiterer Möglichkeiten, wie die Kriminellen auf die Geldwäscherei-Massnahmen reagieren. Gemeinsam ist den meisten dieser Reaktionen, dass sie einen hohen Organisationsgrad und beträchtliche Investitionen erfordern. Solche Ressourcen kann insbesondere das organisierte Verbrechen bereitstellen. Möglicherweise führt damit der Kampf gegen die Geldwäscherei zur Stärkung des organisierten Verbrechens, statt zur Schwächung.

Eine *vierte Kategorie* der unerwünschten Nebenwirkungen befindet sich im gesellschaftlichen Bereich. Durch die Massnahmen wird die Privatsphäre der Menschen schleichend und in hohem Mass beschädigt, und zwar auf eine wenig transparente Art und Weise, und ohne dass eine entsprechende gesellschaftspolitische Diskussion überhaupt stattfindet.

g) *Was ist ferner zu beachten?*

In diesem Abschnitt des Beipackzettels wird unter anderem auch auf die zeitliche Beschränkung des Einsatzes des Medikaments hingewiesen. In dieser Beziehung folgt die FATF dem medizinischen Vorbild. Das Mandat der FATF ist zeitlich beschränkt, es lief Ende August 2004 aus. Allerdings wurde es von den Vertretern der 33 FATF-Länder bis zum Jahr 2012 verlängert, ohne dass eine ernsthafte Überprüfung der Zielsetzung, der Zielerreichung, der Nebenwirkungen und der Kosten durchgeführt worden wäre. Diesbezüglich haben die beteiligten Länder versagt.

h) ....

i) ....

j) ....

k) ....

l) *Preis des Medikaments?*

Als letzter Aspekt des Vergleichs zwischen Medikament und Geldwäscherei-Regulierung sei der Preis der Regulierung erwähnt. Er ist hoch. Im schweizerischen Private Banking bilden die Kosten der Geldwäschereibekämpfung mit einem Anteil von 45 Prozent an den gesamten Regulierungskosten mit Abstand die teuersten Regulierungskosten. Mit über 8'000 CHF pro Kopf sind diese Kosten bei kleinen Banken rund zwei Drittel höher als bei grösseren. Wir schätzen die gesamten Kosten der Geldwäschereibekämpfung bei Banken, Effektenhändlern und unabhängigen Vermögensverwaltern in der Schweiz auf gut 400 Mio. CHF. Die Schätzung für diese Kosten in den USA liegt für das Jahr 2003 bei 7 Milliarden $, in Grossbritannien für das Jahr 2005 bei 240 Mio. £. Wie immer die Kosten im Einzelnen geschätzt werden, sie sind enorm hoch und steigen weiter.

Prof. Dr. Hans Geiger, Swiss Banking Institute, Universtität Zürich

Von der Praxis in die Wissenschaft

Eigentlich könnte man ihn als Quereinsteiger in die Wissenschaft bezeichnen. Professor Hans Geiger hat nicht nur eine unkonventionelle Karriere von der Praxis in die Wissenschaft absolviert, er vertritt auch unkonventionelle Ansichten. Dies ist wohl auch seiner langjährigen Karriere als Banker zu verdanken, die ihn nach seinem Studium der Nationalökonomie und seiner Assistenten-Tätigkeit an der Universität Zürich bis ins Top-Management der damaligen Schweizerischen Kreditanstalt katapultierte. Als Mitglied der Generaldirektion zeichnete er verantwortlich für die Informations-Technologie. Hier hat er hautnah erfahren, wie der rasante technologische Fortschritt das Bankgeschäft rationalisierte und veränderte. Dies auch in seiner Funktion als Präsident des Verwaltungsrats der Telekurs Holding, dem Infrastruktur-Gemeinschaftswerk der Schweizer Bankindustrie. Während sechs Jahren sass er im Verwaltungsrat der Vontobel Holding und hatte so vertieften Einblick in die Herausforderungen, mit denen sich mittelgrosse Privatbanken konfrontiert sehen.

Seine Leidenschaft zur Lehrtätigkeit pflegte er schon während seiner Funktion als Bankmanager in der Kaderschule Zürich sowie in Lehraufträgen an den Universitäten Zürich und St.Gallen. Seit 1997 unterrichtet er als Ordinarius für Betriebswirtschaftslehre an der Universität Zürich mit spezifisch bankfachlichen Vorlesungen.

Durch seine Mitgliedschaft im European Financial Regulatory Committee und in der Expertenkommission «Integrierte Finanzmarktaufsicht» (Kommission Zimmerli) bildete er sich eine prägnante Meinung zu Regulierungsfragen, die auch in seinem Beitrag zu diesem Buch zum Ausdruck kommen. Als Vorstand der Zürcher Handelskammer und Präsident des «Zurich Wealth Forum» engagiert er sich aktiv in der Förderung des Finanzplatzes Schweiz. Weiter amtet er als Member of the Editorial Board of the Journal of Financial Transformation.

Prof. Dr. Hans Geiger, Universität Zürich, Swiss Banking Institute, 8032 Zürich

Sicherheit & Effizienz

William R. White

Garantiert Effizienz auch Sicherheit?

Bisher hat sich der Trend zu mehr Effizienz an den Kapitalmärkten zweifellos ausgezahlt. Nach einer lange Zeit recht lockeren Geldpolitik und angesichts sichtbar gewordener finanzieller Ungleichgewichte in der Weltwirtschaft könnte ein Umschwenken auf einen restriktiveren geldpolitischen Kurs jedoch globale Turbulenzen mit sich bringen.

Brigitte Strebel hat sich mit Bill White, dem Volkswirtschaftlichen Berater und Leiter der Währungs- und Wirtschaftsabteilung der Bank für Internationalen Zahlungsausgleich, darüber unterhalten, ob Effizienzsteigerungen für Sicherheit in der Finanzwelt sorgen und, falls nicht, aus welchen Gründen dem nicht so ist.

Brigitte Strebel (BS): *Ich war beeindruckt von Ihrem Vortrag am CFA Institute in Zürich mit dem Titel «Ist die Finanzwelt durch das Streben nach Effizienz weniger sicher geworden?». Das ist eine sehr spannende Frage. Welches sind Ihre Bedenken angesichts vergangener Marktturbulenzen, und was halten Sie von restriktiveren geldpolitischen Massnahmen?*

William R. White (WW): Ich mache mir Sorgen um Probleme, die sich in Zukunft stellen könnten. Das Streben nach Effizienz ist so weit, so gut, aber der Blick voraus zeigt, dass Ungleichgewichte und Probleme im Aufbau begriffen sind. Obwohl bislang keine ernsten Schwierigkeiten aufgetreten sind, besteht eine reale Möglichkeit, dass sie irgendwann auftreten werden. In meinem Vortrag sprach ich von den potenziellen Auswirkungen eines restriktiveren geldpolitischen Kurses, weil ich es für durchaus möglich halte, dass eine Straffung, die auf eine lange Phase billigen Geldes folgt, die Auflösung einiger Ungleichgewichte beschleunigen wird. Früher oder später muss es aber zu einer Straffung kommen, ansonsten werden sich die Ungleichgewichte noch verschärfen.

BS: *Was ist die zentrale Aussage Ihres Vortrags, worauf ist beim Streben nach Effizienz zu achten, und wie beeinflusst es die Sicherheit in der Finanzwelt?*

WW: Bei diesem Vortrag ging es vor allem um zwei Dinge, die für uns von Interesse sind: Das eine ist die Effizienz, die sicher eine gute Sache ist; das andere ist die Stabilität, auch sie eine gute Sache. Mehr vom einen kann aber manchmal weniger vom anderen bedeuten. Und was ich betonen möchte: Hier geht es nicht um den Entscheid für das eine oder das andere – wir wollen beides. Interessant ist allein, wie viel von beidem wir wollen, und ob das, was wir haben, die richtige Mischung ist.

BS: *Aha, es geht also darum, das Optimum herauszufinden. Ist dieses Anliegen neu? Und mit Blick auf das Streben nach Effizienz: Welche Mischung oder Interaktion ist gegenwärtig angezeigt?*

WW: Dieses Anliegen besteht seit jeher. Die Zahlen sind heute wohl in einer ganz anderen Grössenordnung angesiedelt als früher, aber das Thema Effizienz contra Stabilität ist keineswegs neu. Wenn wir zurückblicken, sehen wir, dass die Situation in den 1920er Jahren ausser Kontrolle geriet und wir dann in den 1930ern eine Wirtschaftskrise hatten. Der Staat setzte in der Folge erneut auf strikte Regulierung im Finanzbereich, und das Finanzsystem war lange Zeit extrem ineffizient, mit entsprechenden Folgen für die Wirtschaft. Also wurde allmählich wieder mehr dereguliert, und es kam zu grossen Veränderungen, weshalb sich wiederum die Frage stellt: Ist dieser Prozess weit genug vorangeschritten, oder sind wir schon zu weit? Und darauf gibt es keine richtige Antwort.

Was Ihre Frage zum Streben nach Effizienz anbelangt: Worauf wir in der BIZ aufmerksam machen möchten, ist die Tatsache, dass in den vergangenen Jahrzehnten ein enormer struktureller Wandel stattgefunden hat. Wenn man Strategien entwickelt und sich über das weitere Vorgehen Gedanken macht, ist es äusserst wichtig, sich bewusst zu werden, dass sich der Boden, auf dem man steht, verändert, und zwar grundlegend. Es gibt realwirtschaftliche Veränderungen, die Finanzmärkte wandeln sich, und es gibt auch wichtige Neuerungen in der Geld- und Währungspolitik, wo insbesondere zunehmend auf Preisstabilität geachtet wird.

BS: Und welche Wechselwirkungen haben diese veränderten Rahmenbedingungen? Wie sind sie miteinander verknüpft?

WW: Ich habe drei Bereiche angesprochen, in denen ein struktureller Wandel stattgefunden hat, und jeder Wandel war für sich gesehen positiv. Es ist jedoch zu befürchten, dass die Wechselwirkungen der Veränderungen auch Nachteile bergen. Betrachten wir nur die Effizienz, und zwar als Erstes die Effizienz in der Realwirtschaft, wo sehr viel passiert ist: die Deregulierung in den Industrieländern beispielsweise, das Streben nach höherer Produktivität oder Neuerungen im IT-Bereich – alles Veränderungen zum Besseren. Eine äusserst wichtige Entwicklung war die gesteigerte Effizenz der Volkswirtschaften im Übergang, die Folgen der Integration von China und Osteuropa in die Weltwirtschaft, die sich in ganz unterschiedlicher Art und Weise manifestieren.

Die zunehmende Effizienz in der Realwirtschaft war ausschlaggebend dafür, dass die Preise gesunken sind – es gab also eine Art positiven Angebotsschock fast überall auf der Welt. Es wäre anzunehmen gewesen, dass die Gewinne bei sinkenden Preisen unter Druck geraten würden, aber interessanterweise war dies nicht der Fall. Die Gewinne sind rasant gewachsen, und die gesamtwirtschaftlichen Gewinnquoten waren weltweit noch nie so hoch. Der Grund dafür ist unter anderem, dass nicht nur die Preise unter Druck gerieten, sondern auch – und in noch grösserem Masse – die Löhne. Der verschärfte Wettbewerb unter den Arbeitskräften, sowohl aufgrund der Zuwanderung als auch wegen der Beschäftigungslage im Sektor der handelbaren Güter und Dienstleistungen, drückt unmittelbar auf die Nominallöhne. Daneben besteht aber auch die Gefahr, dass einige Unternehmen ihre Produktion an neue Standorte verlagern, wenn die Arbeitskräfte nicht bereit sind, für weniger Lohn mehr zu leisten. Diese Gefahr ist für viele durchaus real und zeigt Wirkung.

Die Effizienz in der Realwirtschaft sorgt also für eine gewisse deflationäre Tendenz für die Welt als Ganzes. Die Preise werden wirksamer gesenkt, was eigentlich zu höheren Reallöhnen führen würde, doch um ihren Arbeitsplatz zu behalten, sind die Beschäftigten teilweise bereit, niedrigere Nominallöhne zu akzeptieren.

BS: Multinationale Unternehmen, die nach mehr Effizienz streben, befinden sich demnach in einer starken Position, weil sie die Produktion in ein anderes Land verlagern können. Führt die erhöhte Effizienz in der Realwirtschaft nicht dazu, dass die Arbeitsplatzsicherheit und tendenziell auch die soziale Sicherheit abnimmt?

WW: Wir brauchen mehr Effizienz, aber damit gibt es zwangsläufig auch weniger Sicherheit, zum Beispiel in Bezug auf den Arbeitsplatz. Beides zusammen geht nicht, da muss eine Güterabwägung stattfinden. Und genau darüber wird gestritten. Wie viel von unserem sozialen Sicherheitsnetz müssen wir aufgeben, wenn wir effizienter und wettbewerbsfähiger werden und unseren Arbeitsplatz nicht verlieren wollen? Unbestritten hingegen ist, dass hohe Effizienz und hohe Produktivität nicht vereinbar sind mit allen möglichen Vorkehrungen, die sämtlichen Beschäftigten absolute Arbeitsplatzsicherheit garantieren. Hier besteht ein Widerspruch. Wenn aber in einer stärker vom Markt geprägten Welt der Arbeitsplatz weniger sicher ist, spricht eine Menge dafür, dass der Staat vermehrt Umschulungen und Mobilität fördert, damit ein Wechsel in Bereiche möglich ist, in denen das jeweilige Land komparative Vorteile besitzt.

BS: Der erste Bereich, den wir mit Blick auf strukturellen Wandel und Effizienz betrachtet haben, war die Realwirtschaft. Welches sind die beiden anderen Bereiche, in denen Effizienzsteigerungen von zentraler Bedeutung waren?

WW: Der zweite Bereich sind die Finanzmärkte, an denen die Finanzintermediation im Laufe der Jahre ebenfalls einen enormen Effizienzschub erfahren hat. Grundlegend dafür waren Deregulierung, technologische Neuerungen und Verbesserungen bei der Aufspaltung und der Handhabung von Risiken. Im Gegensatz zu früher lassen sich die Risiken heute ganz anders in verschiedene Komponenten zerlegen, die einzeln verkauft werden können.

Und der dritte Bereich, der meines Erachtens effizienter geworden ist, ist die Geldpolitik. Es wird vermehrt auf Preisstabilität geachtet, Marktprozesse spielen eine grössere Rolle, und auch der Kommunikation wird viel mehr Bedeutung beigemessen.

BS: Für mich klingt das, als ob alles bestens funktioniere und die Zentralbanken eine effiziente Geldpolitik betreiben, welche die Preisstabilität wirksam sichert. Gibt es wirklich auch Nachteile?

WW: Ich habe kürzlich einen Artikel mit dem Titel «Ist Preisstabilität genug?» verfasst (der dieses Jahr im Rahmen einer Publikation der Schweizerischen Nationalbank erscheinen wird). Die erhöhte Effizienz in der Geldpolitik ist zu Recht ein Thema, doch sie hat unter anderem den Nachteil, dass vielleicht zu stark auf die kurzfristige Preisstabilität geschaut wird. Stattdessen sollte ein längerer Zeithorizont ins Auge gefasst werden, damit die gesamte Wirkung der Kredit- und Geldmengenausweitung berücksichtigt wird. Meiner Ansicht nach braucht es eine Geldpolitik, deren Sorge ebenso sehr den möglichen deflationären Folgen von Boom-Bust-Episoden nach übermässigem Kreditwachstum wie den kürzerfristigen inflationären Wirkungen gelten sollte.

BS: *Zusammenfassend lässt sich also sagen, dass die Effizienz in der Realwirtschaft und im Finanzsektor in den letzten 20 Jahren zugenommen hat und dass sich dies positiv auf die Weltwirtschaft ausgewirkt hat. Dennoch wäre die Geldpolitik noch wirksamer, wenn Preisstabilität über einen längeren Zeithorizont verfolgt würde, als es heute üblich ist. Worauf ist sonst noch zu achten? Sie deuteten zu Beginn des Gesprächs an, dass eine geldpolitische Straffung die Auflösung einiger derzeit sichtbarer Ungleichgewichte beschleunigen könnte. Was lässt darauf schliessen, dass womöglich Probleme im Aufbau begriffen sind?*

WW: In den vergangenen rund 15 Jahren sind wir widerstandsfähiger gegenüber Schocks geworden. Bei einer Vielzahl von finanziellen Krisen blieben die Auswirkungen begrenzt. Die Liste ist beeindruckend: die nordischen Länder und Japan zu Beginn der 1990er Jahre, Mexiko 1994, Südostasien 1997, der Zusammenbruch von LTCM 1998, der NASDAQ 2001, der Terroranschlag auf das World Trade Center ebenfalls 2001. Eine derartige Häufung schockierender Ereignisse hat es noch nie gegeben, und dennoch nahm das Finanzgeschehen einfach weiter seinen Lauf, ohne dass es zu grösseren Problemen gekommen wäre.

In vielerlei Hinsicht ist die Welt mit diesen zuvor erwähnten Effizienzsteigerungen besser geworden. Die Inflation ist heute niedriger und weniger volatil, das ist unbestritten. Die Inflation ist sehr gering, und das reale Wirtschaftswachstum ist höher und stabiler. Das Weltwirtschaftswachstum war in den letzten drei Jahren wohl so kräftig wie noch nie in der Nachkriegszeit.

Da diese realwirtschaftliche Effizienz für niedrige Inflation sorgt, besteht in den Augen jener Zentralbanken, die sich auf die kurzfristige Inflation stützen, im Prinzip auch kein Grund für eine Anhebung der Zinssätze und einen strafferen geldpolitischen Kurs. Ich meine aber, dass dies andere Probleme nach sich ziehen könnte. Wir haben nun deregulierte Finanzmärkte, die eine natürliche Tendenz aufweisen, überzureagieren bzw. überzuschiessen. Alan Greenspan nannte dies «irrationalen Überschwang», während wir in der BIZ in diesem Zusammenhang wiederholt von «Prozyklizität im Finanzsystem» gesprochen haben. In einem solchen Umfeld, in dem deregulierte Finanzmärkte leichter ausser Kontrolle geraten, muss die Frage gestellt werden, mit welchen Problemen wir in Zukunft konfrontiert sein könnten. Heute gibt es meiner Meinung nach eine ganze Menge von Indikatoren, die auf potenzielle Schwierigkeiten hinweisen und unsere Aufmerksamkeit verdienen.

BS: Könnten Sie näher auf die Entwicklungen eingehen, die Ihnen Sorge bereiten?

WW: Es ist vielleicht hilfreich, zwischen drei verschiedenen Arten von Indikatoren zu unterscheiden: historischen Fakten, aktuellen Daten und Zukunftsspekulation.

Bei den historischen Fakten werden bestimmte finanzielle Datenreihen über einen langen Zeitraum betrachtet, und es stellt sich die Frage, ob ihr Verlauf auf den ersten Blick im Entstehen begriffene Probleme vermuten lässt. Wie Abb. 1 zeigt, waren die (inflationsbereinigten) Zinssätze über viele Jahre hinweg ungewöhnlich niedrig. Wenn die Zinssätze längere Zeit unter der Wachstumsrate der Wirtschaft liegen, so lehrt uns die Geschichte, führt dies in der Regel zu verschiedenen Exzessen. In der Tat, wenn man bedenkt, dass auch die Wachstumsrate der Kredit- und Geldmengenaggregate in den letzten Jahren ungewöhnlich hoch war, ist es naheliegend, dass dies womöglich eine Folge der äusserst niedrigen Zinssätze war. Insgesamt weisen diese Entwicklungen in meinen Augen darauf hin, dass die nötigen Rahmenbedingungen für einen Aufbau von Ungleichgewichten seit langer Zeit gegeben sind.

Bei den aktuellen Daten gibt es ebenfalls einige Entwicklungen, die ich für besorgniserregend halte. Die inflationsbereinigten langfristigen Anleiherenditen sind im historischen Vergleich aussergewöhnlich niedrig, insbesondere in dieser späten Phase des Konjunkturzyklus. Die Risikoaufschläge sind auch für hochrentierende und für staatliche Schuldtitel sehr niedrig, im letzteren Fall sogar niedriger als je zuvor. Des Weiteren sind die Preise für Wohneigentum in den meisten Ländern fast ausnahmslos rasant gestiegen, und das Verhältnis zwischen Wohnimmobilienpreisen und Mieten hat in vielen Ländern Rekordhöhe erreicht. Schliesslich sind mit Blick auf die Preisbildung an den Finanzmärkten auch die Kosten zu betrachten, zu denen man sich gegen unerwünschte Entwicklungen an den Finanzmärkten absichern kann. Diese Absicherungen sind sehr günstig zu haben, was zeigt, dass sich der Markt über die zukünftigen Wirtschaftsentwicklungen recht sicher ist, was allerdings der Unsicherheit zu widersprechen scheint, mit der sich die meisten Volkswirte, die ich kenne, äussern.

Doch betrachten wir neben den Preisen auch die Vermögenspositionen. Die Verschuldung der privaten Haushalte aufgrund von Verbraucherkrediten und Hypotheken ist derzeit in vielen Ländern so hoch wie noch nie (Abb. 2). Ähnlich wie viele Unternehmen, die kürzlich ihren Fremdfinanzierungsanteil erhöht und eine Welle von Fusionen und Übernahmen möglich gemacht haben, sind private Haushalte nun gegenüber höheren Zinssätzen und einer höheren Schuldendienstlast anfällig, was in Zukunft die Ausgaben durchaus drastisch senken könnte. Und angesichts der im langjährigen Vergleich hohen Staatsverschuldung in vielen Ländern ist es offensichtlich, dass der fiskalpolitische Spielraum, der benötigt würde, um hier Gegensteuer zu geben, deutlich geringer ist.

BS: Ich muss gestehen, dass ich bei Ungleichgewichten in der Weltwirtschaft zuallererst an den Handel und die Leistungsbilanzen denke. Darüber haben Sie bisher nicht gesprochen.

WW: Ich bin der Meinung, dass Handelsungleichgewichte teilweise ein Nebenprodukt der erwähnten binnenwirtschaftlichen Ungleichgewichte sind. Die einzelnen Länder haben unterschiedlich auf die allgemein lockeren finanziellen Rahmenbedingungen reagiert, was sowohl mit dem relativ leichten Zugang der Verbraucher zu Krediten in diversen Ländern als auch mit der mentalitätsbedingt sehr unterschiedlichen Bereitschaft zu kreditfinanziertem Konsum zu erklären ist. Auf der einen Seite haben wir die USA und eine Reihe weiterer englischsprachiger Länder. Dort ist die Ersparnis der privaten Haushalte auf ein sehr niedriges Niveau gesunken, was sich ganz offensichtlich auf den Aussenhandel ausgewirkt hat (Abb. 3). Auf der anderen Seite steht China. Zwar ist die Sparquote der privaten Haushalte in China weiterhin äusserst hoch, doch die niedrigen Zinssätze haben die Anlageinvestitionen kräftig angekurbelt, und ein Grossteil davon floss in die Herstellung handelbarer Güter. Diese Konstellation in China hat zu einem hohen und rasant wachsenden Handelsbilanzüberschuss beigetragen. Natürlich ist zu sagen, dass das Problem des US-Defizits nicht einfach das Spiegelbild von Chinas Überschuss ist, denn jede Region der Welt weist derzeit einen bilateralen Überschuss mit den USA auf.

BS: Sagten Sie nicht, dass es auch Indikatoren für potenziell besorgniserregende Wirtschaftsentwicklungen gibt, die eher zur Kategorie der Zukunftsspekulation gehören?

WW: Es ist wahrscheinlich ein gutes Schlusswort, wenn ich betone, dass all die angesprochenen Indikatoren auch Spekulation beinhalten. Nur weil sie mich beunruhigen, heisst das nicht, dass sie tatsächlich eine negative wirtschaftliche Entwicklung erkennen lassen. Es liesse sich beispielsweise argumentieren, dass die gegenwärtig niedrigen Kreditrisikoprämien nicht auf eine Unterbewertung des Risikos hindeuten, sondern eine Folge der kürzlich massiv gesunkenen Ausfallrate im Unternehmenssektor sind. Und es lassen sich problemlos weitere solche Gegenargumente finden.

Dennoch – es ist eine Tatsache, dass in der Vergangenheit nach einem drastischen Rückgang der Sparquote der privaten Haushalte vielerorts ein Wiederanstieg zu beobachten war, der das Wirtschaftswachstum erheblich bremste. Vor diesem Hintergrund verdient die derzeit niedrige Sparquote der privaten

Realzins, struktureller Haushaltssaldo und Produktionslücke
Prozent

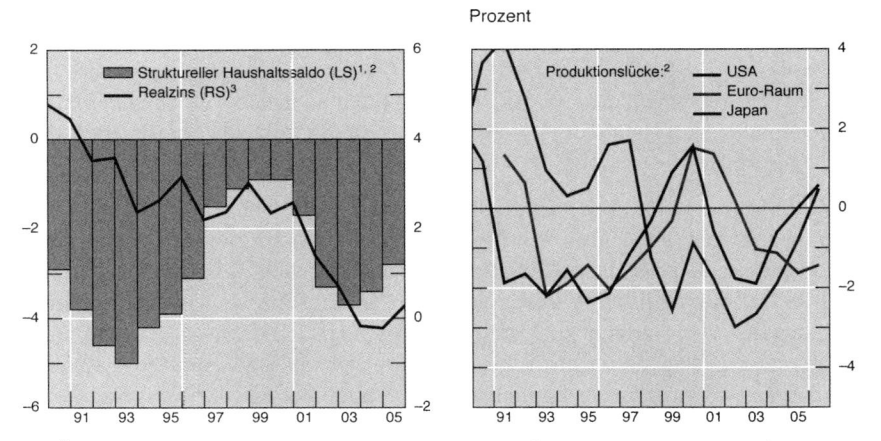

¹ Öffentlicher Gesamthaushalt in den OECD-Ländern; LS = linke Skala. ² In Prozent des BIP-Potenzials. ³ Gewichteter Durchschnitt (auf der Basis des BIP und der Kaufkraftparitäten von 2000) des kurzfristigen Zinssatzes in den OECD-Ländern, deflationiert mit dem jährlichen Verbraucherpreisanstieg; RS = rechte Skala.

Quellen: OECD; Angaben der einzelnen Länder
Abb. 1: Realzins, struktureller Haushaltsaldo und Produktionslücke

Haushalte in den USA und einigen anderen Industrieländern unsere Aufmerksamkeit. Ausserdem zeigt die Geschichte, dass ein rasanter Anstieg der Kredite an den privaten Sektor in Relation zum BIP oftmals Anspannungen im Finanzsystem nach sich zog. Beispielsweise war dies zu Beginn der 1990er Jahre in einer Reihe von Ländern zu beobachten, so in den USA, vielen englischsprachigen Ländern, den nordischen Ländern und Japan. Dass das heutige Verhältnis zwischen Privatkrediten und BIP deutlich über demjenigen von damals liegt, sollte uns ebenfalls wachsam machen. Was die politischen Entscheidungsträger mit Blick auf solch unsichere Aussichten unternehmen könnten, würde mühelos Stoff für ein weiteres Interview liefern.

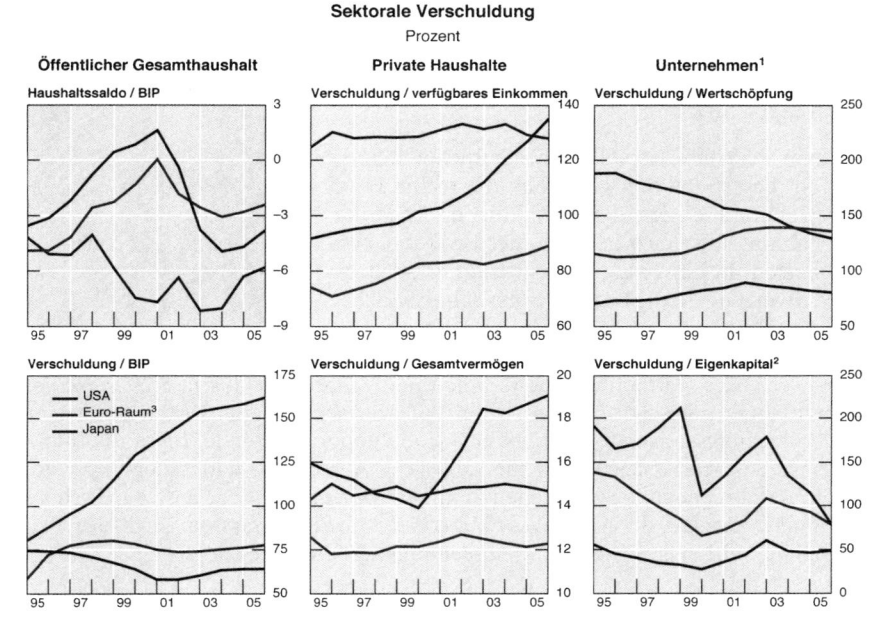

Garantiert Effizienz auch Sicherheit?

Sektorale Verschuldung
Prozent

Öffentlicher Gesamthaushalt — Haushaltssaldo / BIP

Private Haushalte — Verschuldung / verfügbares Einkommen

Unternehmen[1] — Verschuldung / Wertschöpfung

Verschuldung / BIP
— USA
— Euro-Raum[3]
— Japan

Verschuldung / Gesamtvermögen

Verschuldung / Eigenkapital[2]

[1] Wirtschaftsunternehmen. [2] Eigenkapital definiert als Kurswert der umlaufenden Aktien. [3] Private Haushalte und Unternehmen; gewichteter Durchschnitt von Deutschland, Frankreich und Italien auf der Basis des BIP und der Kaufkraftparitäten von 2000.

Quellen: OECD; Angaben der einzelnen Länder; Berechnungen der BIZ
Abb. 2: Sektorale Verschuldung

Finanzierungssalden der US-Wirtschaftssektoren
In Prozent des BIP

— Leistungsbilanz (LS)
— Private Haushalte (RS)

— Öffentliche Haushalte (LS)
— Wirtschaftsunternehmen (RS)

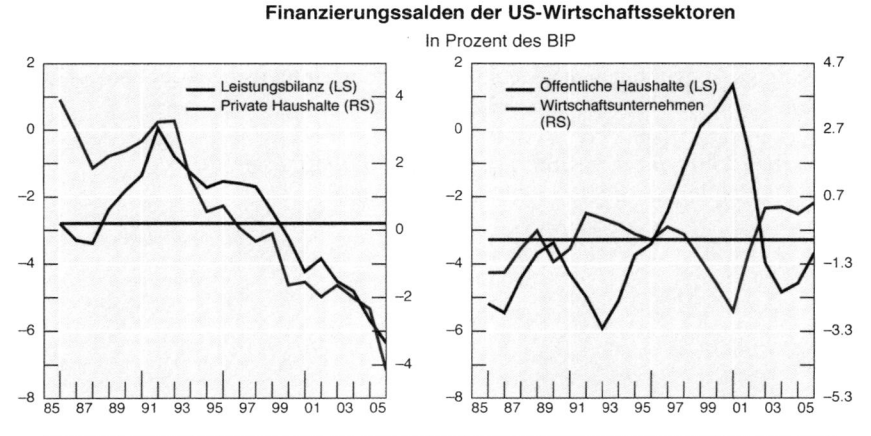

Anmerkung: Die blauen Linien bezeichnen das Mittel der jeweiligen Finanzierungssalden für den Zeitraum 1985–2005; LS/RS = linke/rechte Skala.
Quelle: Nationale Angaben.

Abb. 3: Finanzierungssalden der US-Wirtschaftsfaktoren

William Roy White, Bank für Internationalen Zahlungsausgleich (BIZ)

Im Dienste nationaler und internationaler Währungspolitik

William R. White ist volkswirtschaftlicher Berater und in dieser Funktion gleichsam die rechte Hand der Generaldirektors der Bank für Internationalen Zahlungsausgleich in Basel, der Bank der Zentralbanken. In dieser Eigenschaft trägt er auch die Verantwortung für die Erstellung des Jahresberichts. Daneben leitet er die Währungs- und Wirtschaftsabteilung der Bank für Internationalen Zahlungsausgleich. Hier werden Mitarbeiterinnen und Mitarbeiter aus fast 20 verschiedenen Ländern beschäftigt, ein Drittel Volkswirtschafter, ein Drittel Statistiker und Forschungsassistenten sowie ein Drittel Support-Leistende. Diese Abteilung erbringt Sekretariatsleistungen für zahlreiche Ausschüsse nationaler Experten, die in Basel regelmässig zusammen kommen. Dazu zählen der Basler Ausschuss für Bankenaufsicht, der Ausschuss für das weltweite Finanzsystem sowie der Ausschuss für Zahlungsverkehrs- und Abrechnungssysteme, etc.

Bevor er 1994 als Direktor der Währungs- und Wirtschaftsabteilung zur BIZ stiess, war er stellvertretender Gouverneur der kanadischen Zentralbank (Bank of Canada), wo er zuvor sämtliche Karriere-Stufen von der Abteilung für Währungs- und Finanzanalysen bis zum Berater des Gouverneurs durchlaufen hatte. In dieser Zeit wirkte er auch als wirtschaftspolitischer Sonderberater im Finanzdepartement der kanadischen Regierung.

Nach Abschluss seiner Studien an der University of Windsor, Ontario promovierte er an der University of Manchester (England). Danach folgten drei Jahre Forschungs-Aktivitäten in der Abteilung «Economic Intelligence» der Bank of England.

William R. White, Bank für Internationalen Zahlungsausgleich,
Centralbahnplatz 2, CH-4002 Basel, www.bis.org

Heinz Zimmermann

Zur Liquidität und Sicherheit des Finanzsystems[*]

Im vorliegenden Beitrag werden Fragen zur Stabilität des Finanzsystems, im Sinne der Vermeidung einer Systemkrise, unter dem vielschichtigen Aspekt der Liquidität diskutiert. Dabei wird argumentiert, dass die Verfügbarkeit von Liquidität mindestens eine so wichtige Rolle spielt wie die Ausstattung der Finanzintermediäre mit Eigenkapital. Die Diskussion über die adäquaten Eigenkapitalanforderungen für Banken zeigt den begrenzten, wenn nicht sogar adversen Wirkungsgrad von Regeln, welche sich nicht an der Architektur des Finanzsystems und dessen potenziellen Schwächen, sondern ausschliesslich am Verhalten der einzelnen Akteure orientieren.

Dieser Gesichtspunkt spielt bei Liquiditätsrisiken eine noch wichtigere Rolle, da sich Liquiditätskrisen meistens aus gesamtwirtschaftlichen Friktionen ergeben und deshalb in erster Linie unter systemischen Aspekten angegangen werden sollten: beispielsweise durch einheitliche Regeln, Abläufe beim Clearing und Settlement grenzüberschreitender Transaktionen, oder durch transparente Handels- und Abwicklungsplattformen für ausserbörsliche Derivate.

Im Brennpunkt dieser Fragen steht gegenwärtig der rapid wachsende Markt für Kreditderivate. Dieser ermöglicht es den Banken, illiquide Kredite auf den Kapitalmarkt zu transferieren. Dies verbessert vordergründig die Liquidität im Sinne einer höheren *marketability* der Kreditrisiken, aber nicht notwendigerweise die Liquidität im breiter definierten Sinn einer verbesserten *Marktqualität*. Diese wird – wie im Beitrag diskutiert – durch das Verhalten der Investoren oder durch die verfügbare Architektur des Finanzsystems bestimmt.

---

[*] Die Diskussionen und Anmerkungen von Yvonne Seiler, namentlich zur Verbriefung von Krediten und der damit verbundenen Liquiditätseffekte, haben den Beitrag erheblich verbessert. Ebenso haben die Gespräche mit Yvan Lengwiler verschiedene der hier geäusserten Überlegungen geprägt.

Viel war in den letzten zwei Jahrzehnten die Rede von der Verbesserung der Sicherheit des Finanzsystems. Es dürfte darum eine besondere Herausforderung sein, diese Diskussion durch neue und relevante Argumente zu bereichern. Zudem besteht auch ein verbreiteter Konsens darüber, dass sich die Sicherheit des Finanzsystems in den letzten Jahren verbessert habe, und tatsächlich sind seit dem Kollaps von Enron grössere Krisen mit systemgefährendem Potenzial glücklicherweise ausgeblieben.

Aus Erfahrung weiss man jedoch, dass das Ausbleiben von Krisen, selbst wenn die Leute aus Krisen lernen und Sicherheitssysteme dahingehend angepasst werden, keine Gewähr für reduzierte Risiken bietet. Der unbestreitbare Lerneffekt wird mit zu einem gewissen Grad immer durch das moralische Risiko (*moral hazard*) aufgewogen, welches mit der Verbesserung der Sicherheitssysteme verbunden ist: ein erhöhtes Sicherheitsgefühl führt zu einem nachlässigeren Umgang, längerfristig womöglich gar zu einer Unterschätzung der Risiken.

Im Vordergrund der nachfolgenden Überlegungen steht der Begriff der Liquidität – oder negativ formuliert: die Bedeutung mangelnder Liquidität für das Finanzsystem. Es wird argumentiert, dass zur Verhinderung einer Finanzkrise die Verfügbarkeit resp. Sicherung von Liquidität mindestens eine eben so grosse Rolle spielt wie die Ausstattung der Finanzintermediäre mit Eigenkapital. Noch stärker als bei Eigenkapitalstandards gilt zu beachten, dass geeignete Instrumente zur Vermeidung systemischer Krisen nicht primär auf der Ebene der *einzelnen* Akteure anknüpfen (wie z.B. Liquiditätsvorschriften), sondern vor allem auf der Ebene der Architektur des Finanzsystems, wie etwa durch einheitliche Regeln und transparente Abläufe beim Clearing und Settlement grenzüberschreitender Transaktionen.

Viele Themen bleiben im vorliegenden Beitrag ausgeklammert, so etwa die Rolle der monetären Behörden (Zentralbanken) und Institutionen (Weltbank, IMF) bei Zahlungskrisen und Finanzmarktstörungen. Ebenso wird auf Fragen der Finanzmarktregulierung, namentlich deren Grenzen im globalen Kontext, nur am Rande eingetreten.

Liquidität – ein vielschichtiger und schwieriger Begriff

Mit dem Liquiditätsbegriff tun sich die Ökonomen nicht einfach. Der Begriff ist äusserst vielschichtig und wird je nach Kontext unterschiedlich verwendet. Häufig unterscheidet man zwischen der Liquidität resp. Illiquidität von Institutionen, Märkten oder Anlagen. So spricht man etwa von einem Liquiditätsproblem oder einer Liquiditätskrise, wenn

a) eine Bank oder ein Marktteilnehmer zahlungsunfähig wird, die vertraglich festgelegten Zahlungen also nicht mehr tätigen kann;

b) ein Wertpapier in der gewünschten Stückzahl nur noch zu einem grossen Preisabschlag (*price impact*) oder überhaupt nicht veräussert werden kann;

c) das Verkaufsvolumen in kleinere Blöcke aufgeteilt und die Transaktion über mehrere Zeitperioden gestreut werden muss (*execution delay*);

d) die Market Makers für ein Wertpapier eine breite Geld-Briefspanne setzen

e) oder im Extremfall überhaupt keine Aufträge mehr entgegen nehmen (*market breakdown*);

f) eine Institution bei einer Bank keine Kreditlinie mehr eröffnen kann, selbst nicht gegen Hinterlegung/Verpfändung von Sicherheiten (*collaterals*);

g) in welcher automatisierte Massenverkäufe in Wertschriften erfolgen, weil Optionsbörsen oder Banken die Sicherheitsmargen (*margins*) auf ihren Risikopositionen erhöhen, etwa im Zusammenhang mit einer sich abzeichnenden Stressphase an den Finanzmärkten.

h) Ein Staat wird zahlungsunfähig, was über eine Kettenreaktion eine internationale Zahlungskrise auslöst. Plötzlich sind auch «solvente» Schuldner nicht mehr zahlungsfähig (liquide).

Die Aufzählung ist nur exemplarisch. Die Beispiele scheinen sich insofern von einander zu unterscheiden, als es in a) und f) um die Verfügbarkeit eines gesetzlichen Zahlungsmittels geht, während es sich in den anderen Fällen um die Verwertbarkeit (Liquidation, *marketability*) eines Vermögensgegenstandes über den Finanzmarkt handelt – also um die Transformation eines Vermögensgegenstandes in gesetzliches Zahlungsmittel und damit um ein Qualitätsmerkmal des Finanzmarktes. Im Anschluss an die Arbeit von Kyle (1985) unterscheidet man in diesem Zusammenhang zwischen der Enge (*tightness*), Tiefe (*depth*) und Widerstandsfähigkeit[1] (*resiliency*) eines Marktes. In den vorangehenden Beispielen entsprechen diese drei Dimensionen den Fällen d), b) und c).[2]

---

[1] Es geht dabei um die Zeitperiode, welche ein Preis benötigt, um nach einer liquiditätsbedingten Störung (Fall b) zum Gleichgewichtspreis zurückzukehren.

[2] Die beiden in b) erwähnten Fälle werden in Longstaff (2001), Abschnitt 2, ausführlich diskutiert. Im ersten Fall bedeutet Illiquidität lediglich höhere Transaktionskosten, während im zweiten Fall eine tiefer greifende Marktstörung – das Fehlen eines Marktes – vorliegt: «Among practitioners, however, illiquidity is often viewed as the risk that a trader may not be able to extricate himself from a position quickly when need arises» (p. 408). Hier spielt – wie auch im Falle c) – die Mengen- und Zeitkomponente eine entscheidende Rolle.

Doch die Beispiele zeigen, dass die Übergänge zwischen der Il-/Liquidität von Institutionen, Märkten und Anlagen fliessend sind. Das Beispiel f) zeigt dies besonders deutlich, und deshalb soll im Folgenden eine Definition gefunden werden, welche möglichst umfassend angewandt werden kann. Bei näherer Betrachtung liegt das verbindende Element der verschiedenen Beispiele in der Möglichkeit, konkret in der *Option*, Vermögensgegenstände (materielle oder immaterieller Art) in gesetzliche resp. von der Gegenpartei akzeptierte Zahlungsmittel zu transformieren.

Dies führt direkt zu einer ökonomisch zweckmässigen und auf ein breites Spektrum anwendbaren Definition des Liquiditätsbegriffs: *Liquidität entsteht durch das Schreiben von Putoptionen auf Vermögensanlagen. Liquidität schwindet durch die Nachfrage nach Putoptionen* [3].

Einige Beispiele sollen diese Definition veranschaulichen:

a) Ein Market Maker, der einen Geldkurs festlegt, verpflichtet sich, eine spezifische Menge einer Anlage bis zu einem bestimmten Zeitpunkt zu einem bestimmten Kurs zu kaufen[4].

b) Derselbe Effekt erfolgt, wenn ein limitierter Auftrag für den Kauf einer Anlage erteilt wird.

c) Mit einer Kreditlinie schreibt die Bank gegen die verpfändeten Sicherheiten (*collateral*) eine Option, dass der Kunde bis zur fixierten Höhe sein Konto überziehen kann.

d) Die Sicherung eines Kredit oder eines Darlehens durch eine Bürgschaft (*loan guarantee*) hat denselben Effekt.

e) Ebenso sichern sich Grossbanken im Rahmen ihrer Liquiditätssteuerung Zentralbankliquidität durch Verpfändung substanzieller Wertpapierbestände (*collateral trading, collateral borrowing*) – die Zentralbank verkauft also gesicherte Putoptionen; ihre Funktion als *lender of last resort* ist vertraglich abgesichert und abgegolten.

f) Wer Aktienoptionen schreibt, verpflichtet sich, Aktien in einem schlechten Marktumfeld (tiefe Kurse) zu einem spezifischen Preis zu erwerben und stellt damit dem Markt «Liquidität» zur Verfügung.

---

[3] Die Charakterisierung kann für beliebige Zahlungsmittel (*numéraires*) verallgemeinert werden: Eine Putoption kann als *Austauschoption* von Vermögensgegenständen gegenüber Cash verstanden werden. Als Zahlungsmittel könnte anstelle von Cash prinzipiell ein anderer Vermögensgegenstand oder Cash in einer anderen Währung in Frage kommen. Meistens wird Liquidität jedoch im Hinblick auf gesetzliche Zahlungsmittel (Cash, Depositen, Zentralbankgeld) verstanden.

[4] Diese Äquivalenz wurde von Copeland/Galai (1983) begründet.

g) Mit einem Coningent Capital Program schreibt eine Rückversicherungsgesellschaft die Option, einer Gesellschaft zu im voraus festgesetzten Konditionen Fremd- oder Eigenkapital zur Verfügung zu stellen, wodurch der Gesellschaft den Gang an den Kapitalmarkt im ungünstigen Zeitpunkt erspart bleibt und möglicherweise einen Liquiditätsengpass unterbindet. Deshalb werden CC-Programme häufig auch als *contingent liquidity* bezeichnet.

Ebenso gewährt der internationale Währungsfonds (IMF) seit 1999 ausgewählten Ländern eine *Contingent Credit Line* (CCL). Wenn bestimmte Voraussetzungen erfüllt sind (wirtschaftspolitische Indikatoren, Zahlungsflüsse an den IMF, u.a.), stellt der IMF eine Kreditlinie zur Verfügung, welche im Krisenfall beansprucht werden kann. Damit wird «unverschuldet» in Schwierigkeiten geratenen Ländern eine Finanzierungshilfe geboten – mit der Zielsetzung, Ansteckungseffekte (*contagion*) und eine internationale Liquiditätskrise zu verhindern.

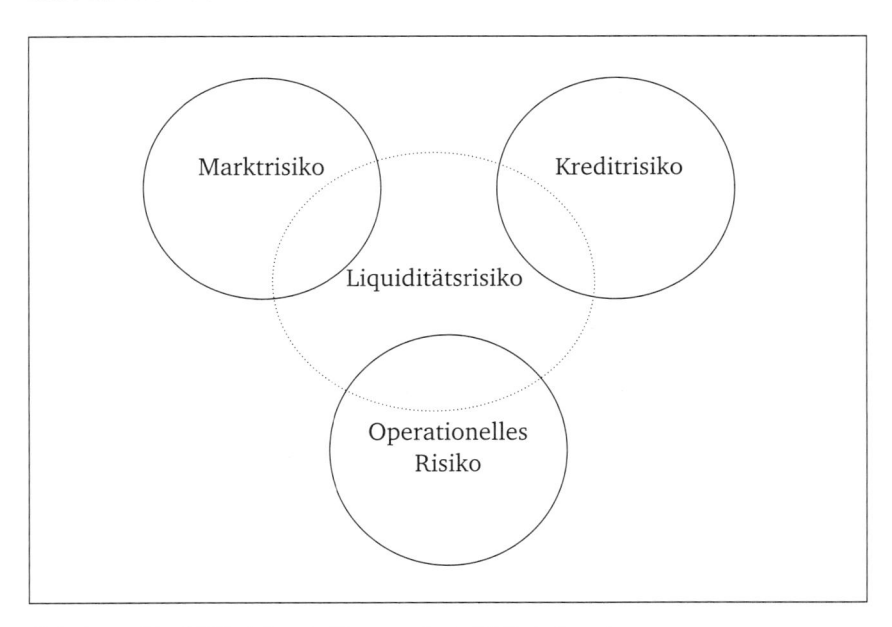

Abb. 1:   Liquiditätsrisiko als übergeordnete Risikokategorie

Das Liquiditätsrisiko steht nicht neben den klassischen Risikokategorien (Markt-, Kredit- und operationelle Risiken), sondern ist übergreifender Natur (siehe Abbildung 1). Insbesondere machen die vorangehenden Ausführungen deutlich, dass Liquidität sowohl eine einzelwirtschaftliche als auch eine gesamtwirtschaftliche (systemische) Komponente aufweist. Die beiden Aspekte lassen sich in der Realität nicht immer klar trennen. Bei der LTCM-Krise im Jahre 1998[5] handelte es sich zunächst um ein *einzel*wirtschaftliches Liquiditätsproblem. Ausgelöst wurde sie durch die Zahlungskrise Russlands und die damit verbundene Ausweitung der Kreditrisikospanne auf den internationalen Bondmärkten, was LTCM zu einer Veränderung der Arbitragestrategie nötigte, welche sich jedoch aufgrund der Illiquidität der zugrunde liegenden Bondmärkte nicht umsetzen liess. Zum *systemischen* Liquiditätsrisiko wurde LTCM nicht nur aufgrund der Grösse des Risiko-Engagements im Vergleich zu anderen Hedge Funds und einer fehlenden – risikogerechten – Eigenkapitalbasis, sondern durch die Verflechtung mit zahlreichen Gegenparteien und Fremdkapitalgebern, welche im Falle des Konkurses von LTCM gezwungen gewesen wären, Wertschriften und Finanzkontrakte im Wert von hunderten von Milliarden USD zu liquidieren[6]. Um eine Liquiditätskrise auf den Aktien-, Bond- und Kreditrisikomärkten zu verhindern, hatte die vom Federal Reserve Board (Fed) initiierte Sanierungsaktion der Fremdkapitalgeber eine durchaus stabilisierende Funktion.

Neben die formellen Abhängigkeiten zwischen den Finanzmarktakteuren, welche in einem vernetzten Finanzsystem Liquiditätsrisiken erzeugen[7], treten informelle Verhaltenseffekte. Die sozialwissenschaftliche Literatur exemplifiziert an Hand der LTCM-Krise die Rolle der «Imitation» zwischen dem Verhalten der Finanzmarktakteure, welche offenbar von vielen Akteuren unterschätzt wird. Dabei weisen die Autoren auf die Asymmetrie hin, welche zwischen den Auswirkungen globaler Finanzmarktakteure (wie LTCM) und dem vorherrschenden mikro-sozialen Charakter der Verhaltensmuster dieser

---

[5] Der Hedge Fund LTCM wird stets als Beispiel für eine potenzielle systemgefährdende Liquiditätskrise angeführt; es sollte dabei nicht übersehen werden, dass es verschiedene andere Beispiele gibt (Askin Capital 1994, Metallgesellschaft 1994, Ellington Capital 1998); siehe Bodurtha (2002) für eine umfassende Übersicht zu derivativen Verlusten.

[6] Aussage von William J. McDonough vor dem Committee on Banking and Financial Servies, US House of Representatives, October 1 1998; siehe dazu MacKenzie (2006), p. 236.

[7] Aus der direkten Beziehung mit LTCM erlitten Verluste im Umfang von jeweils mehreren Hundert Mio USD: Soros' Quantum Fund, Bank of America, Citicorp, Chase Manhattan, Bankers Trust, Travelers, Ellington, Tiger, Convergence, Merrill Lynch, Dean Witter, DLJ, UBS Securities, Eagle, Nomura Securities.

Akteure besteht.[8] John Meriwether, ex-CEO von LTCM, gesteht in einem Interview: «The nature of the world has changed, and we hadn't recognized it».[9]

Die Asymmetrie zwischen individuellem Verhalten und gesamtwirtschaftlichen Effekten, namentlich die damit verbundenen Koordinationsprobleme, bilden ein zentrales Thema bei der Analyse von Liquiditätsrisiken im Finanzsystem.

Exkurs: Staus

Anschauungsmaterial für Liquiditätskrisen, wie sie im Finanzsystem auftreten, liefert ein alltägliches Phänomen: der Stau, spezifisch ein Stau auf einer Autobahn. Wenn der Verkehr nicht fliesst, fehlt gewissermassen die Liquidität. Umgekehrt können moderne Finanzmärkte – die Erteilung und Abwicklung von Börsenaufträgen, der Zahlungsfluss sowie die regulatorischen Restriktionen – durchaus mit einem komplexen Strassensystem verglichen werden.

In einer ersten Interpretation ist der Stau die Konsequenz eines zu grossen Verkehrsaufkommens oder einer zu beschränkten Infrastruktur (Kapazität). Dieser Aspekt soll zunächst vernachlässigt werden – letztlich ist es ein übergeordneter Entscheid, welche Kapazität zu welchem Preis bereitgestellt werden soll. Interessanter ist ein anderer Aspekt: Man könnte sich auf den Standpunkt stellen, dass Staus lediglich als Konsequenz ungenügender Information entstehen. Wenn jedermann die relevante Information früh genug hätte, würden sich Staus so gut wie vermeiden lassen. Die diesbezüglichen Informationssysteme haben sich tatsächlich laufend verbessert – beim Autoverkehr nicht zuletzt dank GPS. Doch stellt sich die Frage, um welche Informationen es sich dabei genau handeln sollte, damit das Problem wirklich gelöst wird. Drei Aspekte sind dabei zu unterscheiden.

a) Vor etwa zehn Jahren konnte man beobachten, wie sich in einem kleinen Dorf abseits der Autobahn dunkle Limousinen vor beiden Seiten der Kreuzung stauten: das GPS, damals nur den teuersten Autos vorbehalten, hat allen dieselbe Umleitung empfohlen. Das Beispiel zeigt, dass je nach der Art der verwendeten Information, so ausgetüftelt sie auch erscheinen mag, das Problem nur verlagert wird. Die erste Erkenntnis besteht also darin, dass die relevanten, stau-vermeidenden Informationen das Verhalten der Gesamtheit der Autofahrer reflektieren sollten. Diese kollektiven Effekte müssten zudem laufend verarbeitet werden, denn nur aktuelle Informatio-

---

[8] In der Formulierung von Knorr-Cetina/Brügger (2002): «patterns of relatedness and coordination that are [...] microsocial in character and that assemble and link global domains,» (p. 907).
[9] Siehe MacKenzie (2006), p. 242.

nen sorgen für eine optimale Lenkung des Verkehrs. Dies sind allerdings äusserst komplexe Rückkoppelungsmechanismen – welche in der Praxis vor allem deshalb an Grenzen stossen, weil man eine Route nicht augenblicklich und immer wieder ändern kann. Dies führt direkt zum zweiten Aspekt:

b) Eine Information ist nutzlos, wenn sie zu spät kommt und man dem Stau nicht mehr ausweichen kann. Entscheidend ist also, dass Informationen die Entscheidungen der Leute frühzeitig zu beeinflussen vermögen.[10] In dieser Hinsicht hat GPS einen positiven Effekt, indem die Leute über die Eingabe ihres Fahrziels eine zeitgerechte Zusammenführung der relevanten Information über mögliche Staus ermöglichen.

c) Der dritte Aspekt hängt damit zusammen, dass Staus häufig einfach das Ergebnis des unaufmerksamen und unkoordinierten Verhaltens der Autofahrer bilden – es braucht gar keine reale Ursache dafür. Wenn die Geschwindigkeitsunterschiede hinreichend gross sind[11] und trotzdem jedermann auf seine Sicherheit bedacht ist, dann führt ein abruptes Bremsmanöver eines einzelnen Fahrzeuglenkers zu einem unnötigen Stau – es führt zu einer Fehlinterpretation der nachfolgenden Fahrzeuge, indem diese noch viel abrupter abbremsen. Fehleinschätzungen und Überreaktionen tragen das ihre dazu bei.

Der letzte Fall zeigt, dass es sich bei Staus (resp. Liquiditätsengpässen) um Phänomene handelt, wo die Möglichkeiten des einzelnen Akteurs begrenzt sind, die relevanten Entscheidungen zur Lösung des Problems (Varianzreduktion oder Fehlinterpretation) selbständig zu treffen: die Koordination muss durch übergeordnete Funktionen gewährleistet oder vereinfacht werden. Vorschriften über Minimal- und Maximalgeschwindigkeiten oder Minimalabstände sind einfache und wirkungsvolle Instrumente, um Störungen und Fehlinterpretationen zu unterdrücken. Aus diesen Überlegungen lassen sich interessante Gemeinsamkeiten mit den Finanzmärkten ableiten.

Information, Flexibilität und Koordination

Auch das Finanzsystem ist anfällig für Kapazitätsengpässe und Staus. Die meisten der modernen Finanzinnovationen wickeln sich überdies ausserhalb

---

[10] Eine mikroökonomische Theorie zum sozialökonomischen Wert von Informationen liefert Hirshleifer (1971). Daraus geht hervor, dass der Wert von Informationen darin liegt, die Produktionsentscheidungen der Akteure zu verändern.
[11] Die moderne Stauforschung bestätigt: «Der Hauptgrund für Staus ist eine Überreaktion durch unregelmäßige Fahrweise», erklärt Wolfgang Knospe von der Arbeitsgruppe «Physik von Transport und Verkehr» an der Universität Duisburg. Siehe wdr.de-Website.

geordneter Finanzmärkte (Börsen) ab, und dabei spielt die Einschätzung der zukünftigen Bonität der Gegenpartei eine erhebliche Rolle. Die davon ausgehenden Auswirkungen auf das gesamte Finanzsystem haben einen direkten Bezug zu den vorher diskutierten Problemen. Die Risiken werden von den Marktteilnehmern vor allem im rasanten Wachstum der ausserbörslich gehandelten Kreditderivate, bei den nicht transparenten Hedge Funds und in der unüberschaubaren Vielfalt an strukturierten Produkten gesehen.

Genauso wenig wie man aus einem Stau ausbrechen kann, lassen sich in bestimmten Marktphasen Engagements und Vermögensanlagen liquidieren – besonders dann, wenn alle anderen Investoren dieselben Absichten verfolgen. Moderne Börsen sind allerdings mit Autobahnen hoher Kapazität vergleichbar, und moderne Handelssysteme teilen viele Eigenschaften von GPS: Die beabsichtigten Handelsstrategien der Marktteilnehmer widerspiegeln sich frühzeitig

- in der Zusammensetzung der pendenten Aufträge in den Auftragsbüchern (*limit order books*), sofern diese für die Akteure einsehbar sind;
- in der Spanne zwischen Geld- und Briefkursen (*bid-ask spread*)[12];
- in der Höhe von Optionspreisen, konkret der Höhe und Struktur der impliziten Volatilitäten,

so dass Marktungleichgewichte (Staus) an den Börsen frühzeitig erkannt werden und die Marktteilnehmer entsprechend disponieren können. Die Verfügbarkeit spezifischer Handelssysteme, Plattformen, Finanzkontrakte und die daraus resultierenden Informationen ermöglichen also eine bessere Koordination der Entscheidungen – das sagt zumindest die Theorie.

Während die vorangehend erwähnte Literatur den Marktmechanismus in erster Linie unter dem Aspekt der Koordination heterogener Informationen analysiert[13], spielt auf modernen Finanzmärkten eine weitere Dimension eine

---

[12] Zwei Standardmodelle zur Höhe des *bid-ask spreads* auf Finanzmärkten in Abhängigkeit von liquiditäts- und informationsbasierten Akteuren sind Kyle (1985) und Glosten/Milgrom (1985). Die Liquidität eines Marktes widerspiegelt sich nicht nur in der Höhe des Spreads, sondern auch im Volumen, welches zu den gesetzten Kursen verkauft oder gekauft werden kann. Der Spread wird zusätzlich erhöht, wenn der Market Maker das Risiko als hoch einschätzt, dass er gegenüber dem Markt einen Informationsnachteil aufweist – also einem hohen Anteil informationsbasierter Transaktionen gegenüber steht.

[13] Die von F. A. Hayek (1945) formulierte Theorie, dass ein kompetitives Preissystem die dezentralen Entscheidungen der unvollständig informierten wirtschaftlichen Akteure in optimaler Weise koordiniert, wurde in den siebziger Jahren von Grossman auf die Informationsleistung von Futures-Märkten, und in den achtziger Jahren auf Optionsmärkte resp. die Informationsprobleme dynamischer Handelsstrategien übertragen; siehe Grossman (1995) für eine Übersicht und vollständige Referenzen.

zentrale Rolle: der gewünschte Dringlichkeitsgrad oder die Unmittelbarkeit (*immediacy*) einer Transaktionen. Unterschiedliche Handelssysteme bieten differenzierte Möglichkeiten, Transaktionen mit unterschiedlichem Dringlichkeitsgrad abzuwickeln.[14] Wer einen Marktauftrag (*market order*) platziert, wünscht einen hohen Grad an *immediacy* und konsumiert Liquidität. Mit limitierten Aufträgen bietet man demgegenüber Liquidität an – man schreibt eine Option, dass eine Gegenpartei (welche den Marktauftrag platziert) die Vermögenswerte zu einem spezifischen Preis sofort kaufen oder verkaufen kann.[15]

Die Marktarchitektur bietet vielfältige Möglichkeiten, wie Akteure Transaktionen mit unterschiedlichen zeitlichen Prioritäten koordinieren, also Liquidität anbieten und nachfragen, können.[16] Dass die öffentliche Einsehbarkeit des *limit order book* dabei eine entscheidende Rolle spielt, liegt auf der Hand. Entscheidend ist schliesslich, dass immer mehr Börsensysteme zu *hybriden* Strukturen übergehen. So können sie auf die veränderte Marktliquidität äusserst schnell reagieren. Peter Jenkins, NYSE, kommentiert die gegenwärtige Lancierung des NYSE Hybrid Market: «The Hybrid Market will offer all customers in general, and institutional investors in particular, multiple methods to execute orders. The Hybrid Market will also provide more speed».[17]

Zusammenfassend folgt: In der Koordination der hinsichtlich Information und *immediacy* heterogenen Akteure liegt eine zentrale Funktion des Finanzsystems. Die Liquidität (der reibungslose Verkehrsfluss) ist das äussere Erscheinungsbild dieses Prozesses.

Meistens erfüllen die Finanzmärkte diese Funktion hinsichtlich Kapazität, Koordination und Abwicklungsqualität in befriedigender Weise – aber im Stressfall sind sie eben so wenig wie die besten Autostrassen gegen Staus und

---

[14] Siehe beispielsweise Economides/Schwartz (1995) für die Diskussion der Liquiditätseffekte eines elektronischen Call Marktes, auf welchem (im Unterschied zu einem *kontinuierlichen* Markt) die Aufträge während eines spezifischen, vorbestimmten Zeitintervalls gepoolt und anschliessend per Auktion ausgeglichen werden.

[15] Im Sinne der Definition in Abschnitt 1 verkörpert nur das Schreiben einer Putoption ein Angebot an Liquidität; dies stellt also ein limitiertes Kaufsangebot dar. Für die allgemeinere Auffassung, siehe Schwartz/Francioni/Weber (2006): «In the order-driven market, the limit order placers are the liquidity suppliers, and the market orders traders are the liquidity takers. Accordingly, liquidity builds as limit orders are entered in the book, and liquidity is down as market orders trigger trades that eliminate limit orders from the book» (pp. 73–74).

[16] Ein noch differenzierteres Handelssystem entwirft Black (1995), wo traditionelle Marktaufträge und limitierte Aufträge durch sog. «indexierte Limitaufträge» ersetzt werden: Jedem Auftrag wird eine spezifische zeitliche Dringlichkeit (*urgency*) zugewiesen, welche an der Börse im Zeitablauf bewertet wird. So gibt es für jedes Wertpapier eine ganze Serie von Gleichgewichtspreisen – für jede *urgency*-Stufe einen spezifischen Preis.

[17] Siehe Schwartz/Francioni/Weber (2006), p. 88.

Störungen gefeit. Letztlich agieren die Marktteilnehmer auf der Basis ähnlicher Informationssysteme (Reuters, Bloomberg, Telekurs), und Herdeneffekte im Investorenverhalten haben – wie am Schluss des letzteren Abschnitts dargelegt – durchaus vergleichbare psychologische Ursachen wie privat inszenierte Autorennen auf den Strassen, und ebensolche Auswirkungen.

Schliesslich gilt zu beachten, dass die vorher diskutierten Koordinationsmechanismen für mehr oder weniger organisierte Finanz*märkte* gelten; das Finanz*system* ist aber umfassender. Wo die Infrastruktur und der zentrale Preisfindungsmechanismus eines Marktsystems fehlen, sind die institutionellen Voraussetzungen für eine hohe Liquidität *à priori* nicht gegeben und die Gefahr einer Störung dem entsprechend gross.

Aktuelle Problembereiche

Auf der Grundlage der vorangehenden Überlegungen werden vier spezifische Problemfelder analysiert.

Fokus auf Gegenparteirisiken

Das grösste Verkehrsaufkommen innovativer Finanz-Vehikel erfolgt seit Jahren im ausserbörslichen Finanzmarktbereich. Hier ist die Intransparenz über das Verhalten der Marktteilnehmer gross und die vielfältigen Koordinationsmechanismen von Börsen – oder zumindest von Echtzeit-Abwicklungssystemen – fehlen. Eine Börsenpflicht wäre allerdings eine schlechte Lösung des Problems: Kapital ist äusserst mobil und innovativ, und das Ausweichen auf Schleichwege (zu unregulierten Institutionen oder in Offshore-Gebiete) hat kaum je zu einem besseren Ergebnis geführt. Das wirkungsvollste Instrument besteht darin, dass die Marktteilnehmer, namentlich die Investoren, der Qualität und Transparenz von Emittenten und Produkten eine grössere Beachtung schenken und bei der Preisbildung berücksichtigen. So werden zwar bei strukturierten Produkten durchwegs die attraktiven Rendite- und Risikomerkmale in Bezug auf die zu Grunde liegenden Marktrisiken propagiert; selten sind sich die Investoren bewusst, dass sie ein erhebliches Gegenparteirisiko in Kauf nehmen – geschweige, dass sich letzteres in differenzierter Weise bei der Bewertung der Instrumente äussert.[18]

---

[18] Siehe Grünbichler/Wohlwend (2005) zur Bewertung strukturierter Produkte am schweizerischen Kapitalmarkt. Dass Kreditrisiken bei ausserbörslichen Instrumenten, zumindest in der ersten Zeit nach der Lancierung, unvollständig erkannt oder bewertet werden, zeigt die Untersuchung von Liu/Longstaff/Mandell (2000) am Beispiel des Marktes für Zinsswaps in den neunziger Jahren.

Zunehmende Nachfrage nach liquiditätsorientierten Transaktionen

Im Zuge der Institutionalisierung der Finanzmärkte, d.h. der zunehmenden Bedeutung institutioneller Investoren am Kapitalmarkt, steigt die Nachfrage nach Liquidität. Zwei Faktoren sind in dieser Hinsicht bedeutungsvoll: Der Druck, spezifische Anlageergebnisse laufend resp. über spezifische Reporting-Zeithorizonte zu erwirtschaften, d.h. die geringere zeitliche Flexibilität im Bezug auf den anlagepolitisch relevanten Anlagezeithorizont; oder das Erfordernis, Transaktionen schnell – also mit hoher zeitlicher Priorität – abzuwickeln. Der erste Faktor ist äquivalent mit einer Übernachfrage nach Portfolioabsicherung durch kurzfristige Putoptionen resp. nach zyklischen Anlagestrategien (*sell low, buy high*), welche die Liquidität beeinträchtigen.[19]

Der zweite Faktor führt, in der Charakterisierung des vorangehenden Abschnitts oder Polimenis (2005), zu einer zunehmenden Nachfrage nach «schnellen» Transaktionen (*immediacy, urgency*), was sich wie vorher diskutiert in einer eingeschränkten Liquidität manifestiert[20]. Wer hingegen Zeit hat und warten kann – beispielsweise über einen Bilanzstichtag hinaus – kann sich am Markt eine Liquiditätsprämie verdienen: sie sorgt für den Anreiz, dem Markt Liquidität zur Verfügung zu stellen. In der Analogie mit dem Strassenverkehr bedeutet dies eine Zunahme von Strassenverkehrsteilnehmern mit einem spezifischen Termindruck. Inflexibilität ist jedoch bekanntermassen ein untaugliches Mittel, rechtzeitig ans Ziel zu kommen – die Wahrscheinlichkeit ist hoch, dass gerade durch dieses Verhalten ein Stau ausgelöst wird.

Verbriefung (Securitization)

Immer mehr werden illiquide Aktivpositionen von Banken, beispielsweise Bankkredite oder Hypotheken, an Intermediäre (*special purpose vehicles*, SPVs) abgetreten, welche diese in verbriefter und meist strukturierter Form – in Tranchen unterschiedlicher Bonität – an den Kapitalmarkt abtreten[21]. In

---

[19] Ammann/Zimmermann (2000) analysieren den Zusammenhang zwischen Assset Allocation und Zeithorizont im Rahmen von Portfolioabsicherungsstrategien.
[20] Polimenis (2005): «Fast markets are characterized by certain and immediate executions, i.e. when sweeping the totally transparent book, the agent knows her order will be immediately executed and at what price» (p. 580). «Slow markets, as their name implies, are characterized by uncertain and slow executions, i.e. when sending her order to a trading floor, the agent does not know when her order will be executed and at what price» (p. 581).
[21] Franke (2005) bietet eine ausgezeichnete Übersicht über Formen und Funktion des Transfers von Kreditrisiken. Culp (2006), Kapitel 16, diskutiert die Formen der Securitization. Typische verbriefte Formen sind CDO (Collateralized Debt Obligations), ABS (asset backed securities), MBS (mortage backed securities). Im folgenden wird zwischen en einzelnen Formen nicht ausdrücklich unterschieden.

diesem Prozess kommt Rating-Agenturen sowie Instrumenten zur Begrenzung des Liquiditätsrisikos des Intermediärs eine entscheidende Rolle zu. Der Vorteil der Verbriefung kann in verschiedener Hinsicht gesehen werden: Mit der Abtretung von Kreditrisiken erspart sich die Bank «teures» Eigenkapital[22] und substituiert illiquide Aktiva (Darlehen, Hypotheken, etc.) durch Liquidität. Auf der Seite der Kapitalgeber verfügen die Obligationäre über ein liquides und mit Rating ausgestattetes Kapitalmarktinstrument. Dadurch können die Kreditrisiken einem breiteren und an den spezifischen Risiken interessierten Investorenspektrum zugeführt werden, zu denen vor allem institutionelle Investoren und Hedge Funds gehören.[23]

So wird der ökonomische Beitrag der Verbriefung meistens in zweifacher Hinsicht gesehen: der Substitution (illiquider) Aktiva durch (liquide) und einer Marktbewertung zugängliche Kapitalmarktinstrumente (Duffie/Garleanu 2001), sowie der Verteilung der Kreditrisiken auf dem Kapitalmarkt anstelle der Konzentration auf ein einzelnes Institut (Greenbaum/Thakor 1987, Krahnen/Wilde 2006). Die gesamtwirtschaftlichen Effekte sind jedoch von einer Reihe zusätzlicher Faktoren abhängig:

- Anreiz- und Informationseffekte: bei der Bank (welche stets noch als Gegenpartei für den Kreditnehmer auftritt) sinkt möglicherweise der Anreiz für die Überwachung der Schuldnerbonität, und dieser Effekt lässt sich durch das Rating der verbrieften Schuld möglicherweise schlecht erfassen[24];

- Auf einem unvollständigen Kapitalmarkt stehen die Allokationseffekte für die Risiken hinsichtlich Effizienz nicht eindeutig fest: Allen/Gale (2006) zeigen, dass beim Fehlen von Finanzkontrakten für aggregierte ökonomische Risiken der Kreditrisikotransfer zwischen bezüglich Eigenkapitalanforderungen unterschiedlich regulierten Sektoren[25] zu *ineffizienten* Ergebnissen führen kann und das systemische Risiko erhöht. Kreditrisiko-

---

[22] Man beachte, dass sich der Vorteil aus ökonomischer Sicht nicht daraus ergibt, dass weniger regulatorische Eigenmittel benötigt werden, wenn freiwillig höhere Eigenmittel gehalten würden.

[23] Letzteres äussert sich in der zunehmenden Nachfrage nach Single-Tranche Produkten, welche direkt von Investoren, und nicht von Banken, initiiert werden; siehe Franke (2005), p. 6.

[24] Informations- und Anreizprobleme, namentlich die Rolle der Rating-Agenturen, werden in den Arbeitspapieren des Committee on the Global Financial System der BIZ ausführlich diskutiert; siehe BIS (2003) (2005).

[25] Die Autoren betrachten das Beispiel des Bankensektors, wo für Kreditrisiken Mindestkapitalregeln unterstellt werden, welche über den optimalen Eigenmitteln der Banken liegen. Die Kreditrisiken werden in den weniger stark regulierten Versicherungssektor oder zu den überhaupt nicht regulierten Hedge Funds transferiert.

transfer ist in diesem Fall das Instrument, wie «regulatorische Arbitrage» betrieben werden kann – also «teures» Kapital eingespart werden kann.

- Korrelation von Markt- und Kreditrisiken: Wie können Kreditrisiken diversifiziert werden? Wie verändert sich durch die Verbriefung die Abhängigkeit zwischen Markt- und Kreditrisiken? Die Beantwortung dieser Fragen ist entscheidend, um die Übertragung realer Schocks auf die Kredit- und Finanzmärkte zu analysieren.

Wenn Kreditderivate einen neuen *contagion channel* zwischen Sektoren begründen, so kann daraus eine Liquiditätskrise im vorher beschriebenen Sinn entstehen: Statt einer breiteren Diversifikation der Kreditrisiken entsteht durch die Verbriefung eine grössere Konzentration im Halten ähnlich gelagerter Risiken. Zwar steigt die Liquidität im Sinne einer höheren *marketability* der Kreditrisiken, aber nicht notwendigerweise die Liquidität im breiter definierten Sinn einer verbesserten *Marktqualität*, welche – wie vorne diskutiert – durch das Verhalten der Investoren oder die verfügbare Architektur des Finanzsystems bestimmt wird. Es wäre angezeigt, die Diskussion über die Systemstabilität des Verbriefungsprozesses vermehrt unter dem letzten Aspekt zu führen.

Heterogenität von Clearing- und Settlement Systemen

Ein aktuelles Feld systemischer Störungen ergibt sich aus der Architektur der internationalen Zahlungs- und Abwicklungssysteme, welches sich durch eine grosse Heterogenität auszeichnet. Einen diesbezüglichen Überblick liefert Lattemann/Neumann (2002), Tabelle 1. Daraus geht hervor, dass alleine in Europa 20 Clearing- und Settlement-Institutionen mit fast ebenso vielen nationalen Zentralverwahrern (central securities depositories, CSD's) existieren – dies etwa im Unterschied zu den USA, wo die Depository Trust & Clearing Corporation (DTCC) für eine relativ homogene Abwicklung der Transaktionen sorgt. Aus einer Studie der BIZ (Bank für internationalen Zahlungsausgleich) geht zudem hervor, dass die Abwicklung grenz- und systemüberschreitender Transaktionen innerhalb von Europa über nicht weniger als vier verschiedene Kanäle erfolgt (siehe BIS 2001), was «die Abwicklung von grenzüberschreitenden Transaktionen zunehmend kompliziert, teuer und unsicher macht» (Lattemann/Neumann). Es gibt weder einheitliche Regelungen über Abwicklungsmodalitäten (beispielsweise Fristen, Datenformate, Verschlüsselung etc.), noch existiert eine gemeinsame europäische Gegenpartei – wie dies von verschiedenen internationalen Institutionen seit Jahren gefordert wird. Das Problem ergibt sich daraus, dass bei diesen Transaktionen (mindestens) zwei nationale Zentralverwahrer beteiligt sind, die wiederum einer unterschiedlichen Regulierung unterstehen.

Dies führt dazu, dass grenzüberschreitende Zahlungsflüsse wesentlich störungsanfälliger sind als inländische. Im Falle des Zahlungsausfalls eines bedeutenden internationalen Schuldners kann dies zu einer Kettenreaktion führen (Zahlung A kann nur ausgeführt werden, wenn Zahlung B eingetroffen ist) und den Zahlungsverkehr lahm legen. Der volkswirtschaftliche Schaden ist unter Umständen beträchtlich. Wie lässt sich dieses Risiko einschränken? Viele Lösungsansätze führen nur auf den ersten Blick zu einer Reduktion des systemischen Risikos. Wenn etwa argumentiert wird, dass sich die Kreditrisiken durch *delivery versus payment* (Lieferung gegen Bezahlung) reduzieren lassen, so wird das Kreditrisiko im Wesentlichen durch ein Liquiditätsrisiko substituiert. Genau so führt die Sicherung von Kreditrisiken durch *collaterals* zu einer Substitution von Kreditausfällen durch die Inkaufnahme von Marktrisiken (Verkauf der verpfändeten Anlagen im ungünstigen Zeitpunkt), was wiederum zu einem Liquiditätsrisiko führen kann.

Eine gleichzeitige Reduktion des Gegenpartei- und Liquiditätsproblems kann praktisch nur, wie von verschiedenen Institutionen vorgeschlagen[26], durch die Etablierung einer zentralen Gegenpartei (*central clearing counterparty*, CCP) erreicht werden. Wie bei Derivatebörsen wäre dieses Clearing House die wirtschaftliche und juristische Gegenpartei für sämtliche Transaktionen. Ähnlich wie im Devisen- und Geldmarkthandel (*cash and collateral trading*, CTT) könnte darüber ebenso ein multilaterales Netting des Zahlungsverkehrs wie auch ein effizienteres Collateral Management erfolgen[27]. Eine Vorstufe dazu wären Settlementsysteme in der Art von CLS[28], über welches die Fremdwährungstransaktionen von rund 70 globalen Finanzinstituten real-time abgewickelt wird. Dadurch[29] wird das Settlementrisiko im Fremdwährungsbereich reduziert und das Liquiditätsmanagement der beteiligten Institutionen verbessert. Zudem wird betont, dass sich die operationelle Effizienz der Banken verbessert. Wenn auch die Vorteile hinsichtlich Skaleneffekten, Standardisierung, Echtzeitinformation und Risiko-/Liquiditätsmanagement auf der Hand liegen, darf nicht übersehen werden, dass die Auswirkungen auf die operationellen *Risiken* für das System als ganzes nicht eindeutig sind. Immerhin steigt mit jedem neuen System die Komplexität der Abläufe, die gehandhabt werden müssen, und Systemstörungen haben weitergehende externe Kosten als Störungen in der bilateralen Abwicklung von Transaktionen.

---

[26] Beispielsweise das European Securities Forum, die BIZ oder The Settlement Network.
[27] Siehe Lattemann/Neumann (2002) für eine ausführliche Diskussion dieser Anforderungen.
[28] CLS steht für *continuous linked settlement*.
[29] CLS selbst hält die folgenden Vorteile des Systems fest: «eliminates settlement risk, improves liquidity management, reduces operational banking costs and improves operational efficiency and effectiveness» (http://www.cls-group.com/).

Schlussbetrachtung und Folgerungen

Eine Erkenntnis aus der umfangreichen Literatur zum Management finanzieller Risiken besteht darin, dass durch den Einsatz der vielfältigen Instrumente und Prozesse des Risikomanagements die Risiken nicht nur in der beabsichtigten Weise vermieden, gestreut oder umverteilt werden, sondern in zunächst unbewusster und unbeabsichtigter Weise *verlagert* werden – vor allem zwischen unterschiedlichen Risiko*typen*. Dafür sind Liquiditätsrisiken in besonderer Weise prädestiniert: die begriffliche Verwendung ist vielfältig und unscharf, sie lassen sich den heute verbreiteten Risikokategorien nicht eindeutig zuordnen (siehe Abbildung 1) und entziehen sich häufig der statistischen *Messung*. Dies führt dazu, dass ihre Sichtbarkeit resp. Wahrnehmung durch die Akteure eingeschränkt ist.

Diese Problematik äussert sich beispielsweise bei der in Abschnitt «Verbriefung (Securitization)» diskutierten Verbriefung von Bankkrediten: Durch die Verbriefung wird das Kreditrisiko der einzelnen Akteure auf den Markt transferiert. Dem Kreditrisiko der Einzelakteure steht das nur schwer fassbare Liquiditätsrisiko des Marktes gegenüber. Während das Kreditrisiko einer Bank relativ einfach zu quantifizieren ist und mit Eigenkapital gesichert werden kann, ist eine Liquiditätskrise am Kapitalmarkt hinsichtlich Wahrscheinlichkeit und Ausmass weniger kalkulierbar. Auf das Beispiel des Staus im Strassenverkehr übertragen heisst dies: Wenn jeder Automobilist über ein Navigationssystem verfügt, führt dies wohl im Normalfall zu besser koordinierten Entscheidungen und einem flüssigeren Verkehr, aber Staus können damit nicht verhindert werden. Die entscheidende Frage lautet, ob Staus wahrscheinlicher und grösser werden, und welche ökonomischen Kosten damit verbunden sind.

Eine zentrale These dieses Beitrags lautet, dass eine Finanzkrise mit der Verfügbarkeit von Liquidität mindestens so viel zu tun hat wie mit der Ausstattung der Finanzintermediäre mit Eigenkapital. Es wäre auch falsch, die beiden Aspekte strikt von einander zu trennen. Die Diskussion über die neuen Basler Eigenkapitalstandards zeigt, dass Eigenkapitalstandards durchaus systemische Effekte aufweisen können, welche einer Liquiditätsverknappung nicht unähnlich sind. Da es in einer wirtschaftlichen Krise für die wirtschaftlichen Akteure schwierig ist, zwischen Insolvenz und einem Liquiditätsengpass i.e.S. einer an sich solventen Institution zu unterscheiden, dürften Eigenkapitalstandards und andere regulatorische Instrumente, welche einen *bank run* oder einen *liquidity squeeze* unterbinden, durchaus ein stabilisierendes Element aufweisen.

Hingegen erkennt man in der Diskussion über die Eigenkapitalstandards einen grundsätzlichen Konstruktionsfehler, der einer Regulierung, welche auf eine

Verhinderung *systemischer* Krisen ausgerichtet ist, anhaftet: nämlich den begrenzten, wenn nicht sogar adversen Wirkungsgrad von Regeln, welche nicht an der Architektur des Systems, sondern am Verhalten der *einzelnen* Akteure anknüpfen.[30] Dieser Gesichtspunkt spielt für Liquiditätsrisiken noch eine viel wichtigere Rolle – wie vorne am Beispiel der Verbriefung von Kreditrisiken diskutiert wurde. Liquiditätskrisen ergeben sich meistens aus gesamtwirtschaftlichen Friktionen und sollten deshalb in erster Linie unter systemischen Aspekten angegangen werden, wie etwa durch

a) Elimination von Friktionen: durch einheitliche Regeln und transparente Abläufe beim Clearing und Settlement grenzüberschreitender Transaktionen – wie in Abschnitt «Heterogenität von Clearing- und Settlement Systemen» ausgeführt;

b) Transparenz zur Koordinationsverbesserung: durch transparente Handels- und/oder Abwicklungsplattformen für ausserbörsliche Geschäfte – wie in Abschnitt «Heterogenität von Clearing- und Settlement Systemen» diskutiert;

c) Konzentration auf systemisch relevante Akteure: durch verbesserte Möglichkeiten, wie systemisch relevante Marktteilnehmer ihren Bedarf nach Zentralbankliquidität *ex ante* sichern können – wie in Abschnitt 3 ausgeführt.

kurz: durch Verbesserungen in der Architektur des Finanzsystems. Regeln für einzelne Akteure haben dabei lediglich sekundäre Bedeutung. Die Analogie mit der Autobahn erweist sich auch hier wieder als nützlich: Starke Motoren mögen für die Sicherheit der Automobilisten eine wichtige Rolle spielen, aber sie nützen im Stau oder zur Verhinderung von Staus relativ wenig. Viel mehr zählen frühzeitige und laufend aktualisierte Informationen (damit man die Strasse rechtzeitig verlassen kann), Flexibilität bei der Handhabung von Regeln (Verwendung der Pannenspur oder der Gegenfahrbahn) oder die Koordination des Verhaltens (Eingrenzung von Geschwindigkeitsunterschieden). Nach der ausschweifenden Diskussion über die adäquaten Eigenkapitalanforderungen der Banken ist es für die Sicherheit des Finanzsystems unumgänglich, diesen Aspekten zukünftig vermehrt Beachtung zu schenken.

---

[30] Siehe Eichberger/Summer (2005) für ähnliche Konklusionen: «If regulation aims at the risk allocation in the entire banking system, then it has to depart from concentrating on individual bank balance sheets. (…) A system approach to banking regulation is in the beginning» (p. 24).

Literaturverweise

Allen, F. und D. Gale (2006): Systemic Risk and Regulation. Erscheint in: *The Risks of Financial Institutions*, Hrsg. M. Carey und R. Stulz, University of Chicago Press.

Ammann, M. und H. Zimmermann (2000): Evaluating the Long-Term Risk of Equity Investments in a Portfolio Insurance Framework. *Geneva Papers on Risk and Insurance 25*, pp. pp. 414–428.

Bank of International Settlements, BIS (2001): *Grundprinzipien für Zahlungsverkehrssysteme, die für die Stabilität des Finanzsystems bedeutsam sind*. Bericht der Task Force für Grundsätze und Praktiken in Zahlungsverkehrssystemen, BIS, Basel.

Bank of International Settlements BIS (2003): *Credit Risk Transfer*. Committee on the Global Financial System, BIS, Basel.

Bank of International Settlements BIS (2005): *The role of ratings in structured finance: issues and implications*. Committee on the Global Financial System, BIS, Basel.

Black, F. (1995): Equilibrium Exchanges. *Financial Analysts Journal 51* (May/June), pp. 23–29.

Bodurtha, J. (2002): Derivatives events. Manuskript Georgetown University (http://bodurtha.georgetown.edu/enron/derivatives_events.htm).

Copeland, Th. und D. Galai (1983): Information Effects on the Bid-Ask Spread. Journal of Finance 38, pp. 1457–1469.

Culp, C. L. (2006): *Structured Finance and Insurance. The ART of Managing Capital and Risk*. Wiley.

Duffie, D. und N. Garleanu (2001): Risk and Valuation of Collateralized Debt Obligations. *Financial Ananlysts Journal 57* (January-February), pp. 41–59.

Economides, N. und R. Schwartz (1995): Electronic Call Market Trading. *Journal of Portfolio Management 21* (3), pp. 10–18.

Eichberger, J. und M. Summer (2005): Bank Capital, Liquidity and Systemic Risk. *Journal of the European Economic Association 3*, pp. 547–555.

Franke, G. (2005): Transformation nicht-gehandelter in handelbare Kreditrisiken. Research Paper Series, *Thurgauer Wirtschaftsinstitut*, Nr. 7/2005.

Glosten, L. und P. Milgrom (1985): Bid, Ask and Transaction Prices in a Specialist Market With Heterogeneously Informed Traders. *Journal of Financial Economics 14*, pp. 71–100.

Greenbaum, S. und A. Thakor (1987): Bank Funding Modes: Securitization versus Deposits. *Journal of Banking and Finance 11*, pp. 379–392.

Grossman, S. J. (1995): Dynamic Asset Allocation and the Informational Efficiency of Markets. *Journal of Finance 50*, pp. 773–787.

Grünbichler, A. und H.-P. Wohlwend (2005): The valuation of structures products: Empirical findings for the Swiss Market. *Financial Markets and Portfolio Management 19*, pp. 361–380.

Hirshleifer, J. (1971): The Private and Social Value of Information and the Reward to Inventive Activity. *American Economic Review 61*, pp. 561–574.

Knorr-Cetina, K. und U. Brügger (2000): Global Microstructures: The Interaction Practices of Financial Markets. *American Journal of Sociology 107*, pp. 905–950.

Krahnen, J. P. und Ch. Wilde (2006): Risk Transfer with CDOs and Systemic Risk in Banking. Manuskript, Universität Frankfurt.

Kyle, A.S. (1985): Continuous Auctions and Insider Trading. *Econometrica 53*, pp. 1315–1336.

Lattemann, C. und D. Neumann (2002): Clearing und Settlement im Wandel – Eine Perspektive für den europäischen Wertpapierhandel. Arbeitspapier Universität Karlsruhe (TH), in veränderter Form publiziert in: *Zeitschrift für das gesamte Kreditwesen 55*, pp. 1159–1164.

Liu, J., F. Longstaff und R. Mandell (2000): The Market Price of Credit Risk: An Empirical Analysis of Interest Rate Swap Spreads. Erscheint in: *Journal of Business*.

Longstaff, F. (2001): Optimal Portfolio Choice and the Valuation of Illiquid Securities. *Review of Financial Studies 14*, pp. 407–431.

MacKenzie, D. (2006): *An Engine, Not a Camera. How Financial Models Shape Markets*. M.I.T.-Press.

Polimenis, V. (2005): Slow and fast markets. *Journal of Economics and Business 57*, pp. 576–593.

Schwartz, R., R. Francioni und B. Weber (2006): *The Equity Trader Course*. Wiley.

Prof. Dr. Heinz Zimmermann

Preisgekrönter Finanzmarkttheoretiker mit Bodenhaftung

Professor Heinz Zimmermann ist seit 2001 Ordinarius für Finanzmarkttheorie am Wirtschaftswissenschaftlichen Zentrum WWZ der Universität Basel. Er ist Verfasser von über 190 wissenschaftlichen Beiträgen im Bereich der empirischen Kapitalmarktforschung, namentlich im Portfolio- und Risikomanagement, Derivate und Corporate Finance. Im Jahre 1989 wurde er mit dem Latsis-Preis und 1992 mit dem Graham-Dodd-Award ausgezeichnet. Als Managing Editor zeichnete er während zwölf Jahren (1992–2004) für die Zeitschrift «Finanzmarkt und Portfolio Management» verantwortlich. Als Associate Editor wirkt er in verschiedenen internationalen Fachzeitschriften mit, unter anderem im Journal of Derivatives, Journal of Banking and Finance und im Journal of Financial Services Reearch. Professor Zimmermann amtete von 2005–2006 als Co-Präsident der European Financial Management Association und wurde im Jahre 2005 zum Ehrenmitglied der Schweizerischen Gesellschaft für Finanzmarktforschung ernannt.

Prof. Zimmermann hat in Bern und Rochester studiert. Nach seiner Promotion an der Universität Bern war er Visiting Scholar am Economics Department am M.I.T (Massachusetts Institute of Technology). Danach (1989) folgten Habilitation und Professur an der Universität St.Gallen. In dieser Zeit (1990–2001) leitete er als Direktor das Schweizerische Institut für Banken und Finanzen. Gleichzeitig lehrte er 2001–2003 als Gastprofessor für International Corporate Finance (Stiftungslehrstuhl der Landesbank Rheinland-Pfalz) an der WHU Koblenz.

Seinen Praxisbezug und seine Bodenhaftung holte er sich neben seiner Aufbauarbeit (1986–87) bei der damaligen SOFFEX (Swiss Options and Financial Futures Exchange). Bis 2004 war er Verwaltungsrat bei SOFFEX, AZEK, Raiffeisen, AIG Private Bank, almafin, ZKB Stillhalter Vision. Aktuelle Verwaltungsratsmandate übt er bis heute in den folgenden Unternehmen aus: «ppcmetrics AG», Zürich, «LPX GmbH», Basel und «cyd research GmbH»,Basel. Ausserdem ist er Verwaltungsrats-Präsident bei «vescore solutions», St.Gallen.

Prof. Dr. Heinz Zimmermann, Wirtschaftswissenschaftliches Zentrum WWZ, Universität Basel, Holbeinstrasse 12, CH-4051 Basel,
www.wwz.unibas.ch/finance/

STEPHAN ZIMMERMANN

Standardisierte Leistungen als Basis für Stabilisierung, Risikooptimierung und Kostensenkung im Transaction Banking

Im Titel dieses Buches werden vor dem Hintergrund der Finanzmarkt-Innovationen die Aspekte Effizienz und Sicherheit ins Zentrum gerückt. Allgemein betrachtet, bedeutet eine Reduktion von Risiken eine Verschlechterung der Kosteneffizienz. In diesem Beitrag soll differenziert untersucht werden, welche Implikationen Kooperationen im Transaction Banking für die Effizienz und Sicherheit besitzen. Auf der Basis von Erfahrungen und praktischen Beispielen soll untersucht werden, unter welchen Bedingungen Effizienz und Sicherheit Hand in Hand gehen und sich aus Sicht der Marktteilnehmer und auch des Finanzmarktes gegenseitig verstärken können. Die folgenden Überlegungen setzen insbesondere auf praktischen Erfahrungen in «The Bank for Banks»-Initiative der UBS auf.

Transaktionsdienstleistungen für Partnerbanken anzubieten, ist seit 2001 eine strategische Initiative unserer Organisation. Wir haben uns für ein virtuelles Geschäftsmodell entschieden, in dem durch eine professionelle Vertriebs- und Beratungs-Einheit bestehende und in Partnerschaft neu entwickelte Produkte und Dienstleistungen für andere Banken erbracht werden. Dies geschieht über alle Geschäftsbereiche hinweg. Die hinter der Leistung stehenden Abläufe und die unterstützende Technologie verbleiben dabei in der Verantwortung der bestehenden Geschäftsbereiche. Die Marktbearbeitung und die Kundenbetreuung werden zentral zusammengefasst.

Für vier Bereiche der Wertschöpfungskette werden in so genannten Streams unseren Partnerbanken heute mehr als ein Dutzend Produkt- und Dienstleistungs-Gruppen angeboten. Konkret werden diese von folgenden Streams erbracht: Cash & Currency, Securities, Asset Management, Privat Banking, Corporate Finance und Trade & Export Finance. In einem modularen System von Dienstleistungen wird im Dialog die optimale Wertschöpfungstiefe der ausgelagerten Prozesse bestimmt. Mit rund 4'000 Partnerbanken betrug das Volumen des Geschäftsfeldes 2005 rund 2,2 Milliarden Schweizer Franken.

Unsere bisherigen Erfahrungen belegen, dass Effizienz und Sicherheit keinesfalls sich widersprechende Zielsetzungen sind, die es auszugleichen gälte. Im Gegenteil, bei differenzierter Betrachtung zeigt sich, dass sowohl aus Partnerbanken- und Anbieter- wie auch aus Markt-Sicht beide Ziele erreicht werden können und sie zusammen einen positiven Einfluss auf Stabilität, Kosten und Risiken in diesen transaktionsstarken Geschäftsfeldern haben.

Ich werde auf den folgenden Seiten meine These darstellen, dass ein Haupttreiber für die Transformation dieses Marktes in der Standardisierung von Produkten und Dienstleistungen liegt. Im Hinblick auf interne Effektivität und Effizienz erleichtert die Standardisierung einen hohen Automatisierungsgrad und bildet damit die Voraussetzung für Skaleneffekte und Risikooptimierung. Aus einer externen Perspektive können sich mit erfolgter Standardisierung und der damit verbundenen, hohen Transparenz der Leistungen eine Vielzahl von Geschäftsbeziehungen und ein funktionierender Markt bilden.

Bedeutung von Standards für die Transformation
Standardisierung als Voraussetzung der Entwicklung

Lassen Sie uns zuerst die Veränderungen im Markt in ihren wesentlichen Aspekten näher betrachten und zusammenfassen.

Wir erleben seit einigen Jahren die Standardisierung von Informationen und damit verbunden eine vereinfachte Koordination der Informationsströme.

Dieser Umstand verstärkt sich zunehmend und führt zu einer fortschreitenden Fragmentierung der Wertschöpfungskette in der Finanzindustrie.[1] Interessant ist, dass bisher kaum untersucht wurde, wie die Grenzen und Strukturen zwischen den entstehenden Wertschöpfungs-Segmenten aus der Sicht der Leistungserbringung verlaufen. Insbesondere die zu erwartende Richtung der Veränderung und die zu erwartenden Veränderungen im Hinblick auf die Wertschöpfung interessieren im Zusammenhang mit den hier angestellten Überlegungen.

Das gesamte Umfeld von transaktionsstarken Bankdienstleistungen hat sich in den letzten Jahren rapide verändert. Die beobachtbaren Veränderung können dabei vorwiegend drei Feldern zugeordnet werden: der Technologie, den Produkten und den regulatorischen Anforderungen an das Geschäft.

Die technologische Entwicklung erlaubt grössere Verarbeitungsvolumina. Dank den technischen Standards sind dabei die Möglichkeiten zur Automatisierung und Überwachung von Prozessen grösser geworden. Gleichzeitig erlauben die Veränderungen den kontrollierten Austausch von Daten- und Leistungsströmen. Dies geschieht nicht nur innerhalb von Unternehmungen sondern auch über deren Grenzen hinaus.

Die steigende Anzahl der Produkte und deren Ableitungen einerseits sowie die Abwicklung der Geschäfte bzw. deren Handling auf der anderen Seite, haben die Komplexität des Geschäftsmodells signifikant erhöht. Insbesondere die Prozessketten im Asset Management sind von hohem Innovationsdruck geprägt. Wo früher eine überschaubare Gruppe von Produkten mit wenig komplexen Abwicklungs-Prozessen stand, erkennen wir heute eine signifikante Anzahl von immer neuen Produkten. Dabei gehorchen viele neue Produkte einer zum Teil eigenständigen, auf die spezielle Charakteristik der Angebote abgestimmten Abwicklungslogik.

Schliesslich stellt die Fremd- und Selbst-Regulierung in der Finanzbranche hohe Anforderungen an die Verlässlichkeit und die Dokumentation der Betriebsorganisation, gerade für transaktionsbasierte Finanzdienstleistungen. Sowohl produkt- als auch abwicklungsbezogen gilt es Risiken detailliert zu erheben, zu bewerten und zu bewirtschaften.

Vor diesem Hintergrund der Entwicklung sind die Freiheitsgrade für die Wahl eines Geschäftsmodells in der Finanzdienstleistungsbranche stark gestiegen. Sie fordern aber auch – nicht zuletzt mit Blick auf die notwendigen, grossen

---

[1] Jacobides, M. G., & Billinger, S. (2005). Designing the Boundaries of the Firm: From «Make, Buy or Ally» to the Dynamic Benefits of Vertical Architecture. London Business School SIM Research Paper Series, Working Paper Series(Special Issue on Organizational Design), 1–27.

Investitionen – klare, strategische Entscheidungen der Verantwortlichen. Organisationen oder Teileinheiten von Organisationen können strategisch heute den Entscheid zur Erlangung von kompetitiven Stärken einer Organisation in der Kundenintimität, der Leistungsführerschaft oder der operativen Exzellenz fällen; die Marktteilnehmer können sich auf Ihr Kerngeschäft fokussieren.

Lassen Sie uns auf der Basis dieser weitgehend unbestrittenen Entwicklungen die beschriebenen Veränderungen aus der Sicht des Marktes selber einordnen. Mit dem zunehmend geringeren Spielraum für Differenzierung in der eigentlichen Abwicklung einerseits sowie der klaren Fokussierung der Marktteilnehmer andererseits entsteht Raum für die Bestimmung der kompetitiven Stärke und daraus abgeleitet für Kooperationsmöglichkeiten. Kurz: es entstehen neu geschaffene Kunden-Lieferantenbeziehungen.

Die wesentliche Voraussetzung für die Aufnahme einer Geschäfts-Beziehung im Sinn eines kooperativen Wertschöpfungsmodells[2] ist dabei die Standardisierung insbesondere im Sinn der Vereinheitlichung von Leistungen und die Modularisierung von Dienstleistungen und Produkten. Erst mit einer hohen Transparenz im Austausch von Produkten und Leistungen und mit der Möglichkeit, die Tiefe der Zusammenarbeit in der Wertschöpfungskette[3] exakt zu definieren und wirksam in der Leistungserbringung zu vereinbaren, entstehen befriedigende Geschäftsbeziehungen – entsteht überhaupt erst ein Markt.

Im Wertschöpfungs-Segment der Abwicklung insbesondere für Wertschriften und dem Zahlungsverkehr gelten die klassischen Disziplinen der Produktionslehre:[4] eine kontinuierliche Optimierung, eine hohe Verlässlichkeit und eine immer weiter verbesserte Effizienz zu liefern und so eigentliche Skaleneffekte zu erreichen, ist das Ziel.

Aus der Sicht der Marktteilnehmer stellen sich die Veränderungen gerade auf Grund der genannten klassischen Disziplinen positiv dar. Durch die häufig zunächst interne, dann typischerweise externe Konzentration der Volumen bei wenigen Marktteilnehmern erfolgt ein erster, wichtiger Schritt der Standardisierung. Sowohl das Volumen als auch die Standardisierung sind ihrerseits Treiber, die wesentliche Investitionen in die Optimierung der Prozesse zum Beispiel durch Automation auslösen und diese Kosten auch rechtfertigen. Erst bei einer hohen Transparenz, der Implikationen einer potentiellen Koopera-

---

[2] Ahuja, G. (2000). The Duality of Collaboration: Inducements and Opportunities in the Formation of Interfirm Linkages. Strategic Management Journal, 21(3), 317–343.
[3] Müller-Stewens, G., & Lechner, C. (2005). Strategisches Management wie strategische Initiativen zum Wandel führen der St.Galler Management Navigator. Stuttgart: Schäffer-Poeschel.
[4] Illustrative Ansätze: Standardisierung, Modularisierung, Automation, Reengineering, Integration, Konsolidierung, Zentralisierung, Spezialisierung.

tion und einer variierenden Leistungs-Modularisierung kann jeder Marktteilnehmer die Intensität des gewünschten Kooperationsmodells bestimmen. Unter diesen Voraussetzungen kann er ein Geschäftsmodell und somit auch vertragliche Bedingungen für die Zusammenarbeit finden, die einerseits die eigene Strategie unterstützt und andererseits Konkurrenzsituationen zwischen den Partnern präventiv vermeiden.

Dank grosser Volumina und hohem Automatisierungsgrad ist es möglich, regulatorische und produktbezogene Besonderheiten zunehmend technisch abzubilden und damit deren Einhaltung verbessert sicherzustellen. Das damit insbesondere die operativen Risiken beherrschbarer werden und auf Grund der Skaleneffekte sich die Kostensituation gleichzeitig verbessert, ermöglicht auch volumenschwachen Marktteilnehmern, ihre jeweiligen Produkte mit Hilfe von Verarbeitungs-Kooperationen zu vertreiben und ist ein konkretes Beispiel für die eingangs des Beitrags formulierte These.

Entwicklung von Markt-Standards

Alle Marktteilnehmer haben ein offensichtliches Interesse an effizienten und stabilen Märkten. Damit verbunden besteht ein hohes Interesse an Standards, die typischerweise zunächst von den führenden Marktteilnehmern in Kooperationen entwickelt werden; dies klar vor dem Hintergrund betriebswirtschaftlicher Interessen und mit dem Anspruch, über die Standards eigene Interessen zu vertreten.

Zum heutigen Zeitpunkt muss festgestellt werden, dass die Leistungen unterschiedlicher Anbieter im Transaction Banking noch wenig transparent sind; derjenige Anbieter, der eine weit entwickelte interne Leistungstransparenz besitzt, kann einen detaillierten Leistungskatalog als kompetitiven Vorteil in der Beziehung mit seinen Partnerbanken nutzen, sei dies zum Beispiel in der Unterstützung eines professionellen Beratungsprozesses in der Entwicklung des Kooperationsmodells, in der Differenzierung eigener Leistungen gegenüber anderen Anbietern oder als Instrument für die systematische Identifikation von zusätzlichen Leistungen bei der Kundenentwicklung.

Es muss erwartet werden, dass im Rahmen der Transformation der Finanzdienstleistungs-Industrie zunehmend standardisierte Leistungspakete entstehen. Im Interesse aller Marktteilnehmer sollten dabei multiple Standards vermieden werden und eine Standardisierung über führende Kooperationen gefördert werden.

Entwicklung zum individuellen Lösungsanbieter

Die Kernaufgabe eines Lösungsanbieters für Partnerbanken ist die Leistungsübernahme, typischerweise ein Produkt oder ein (Teil-) Prozess. Im Vergleich zu der nachfragenden Bank ist der Anspruch an den Leistungserbringer, so viel effektiver und effizienter als die nachfragende Bank zu sein, dass sie als Leistungserbringer einen Teil der Kompensation als Marge zurückbehalten kann.

Ein Blick auf die globale Entwicklung der letzten Jahre zeigt, dass bei der strategischen Ausrichtung von Transaktionsanbietern operative Exzellenz als strategische, für die Wertschöpfung entscheidende Disziplin im Vordergrund steht: eine starke Marktposition soll auf der Basis einer Kostenführerschaft aufgebaut werden. Zielsetzung sind entsprechend hohe Volumina für eine hohe System-Auslastung, standardisierte Leistungen mit geringer Komplexität und automatisierte Prozesse.

So eingängig das Bild der Commodity-Leistung im Geschäft mit Partnerbanken ist, umso eindeutiger wächst als Anbieter rasch die Erkenntnis, dass es sich auch bei diesen Lösungen in der Regel nicht um Standardleistungen handelt. Die Wertschöpfungsprozesse bei Banken sind mit einigen Ausnahmen insbesondere im Zahlungsverkehr wenig homogen und nur selten einfach gleichzuschalten, sondern sie weisen eine bemerkenswerte Differenzierung auf. Dies betrifft nicht nur die technische Infrastruktur mit Implikationen auf Schnittstellen, sondern auch die Geschäftslogik. Einige Beispiele hierfür: Welche Dispositions- und Buchungsverfahren werden angewendet? Soll eine Wertpapier-Order durch eine Transaktionsbank an die Börse geleitet werden oder ist dies eine Inhouse-Kompetenz der Partnerbank? Welche regulatorischen Spezifika sind zu berücksichtigen?

Leistungsanbieter befinden sich auf den ersten Blick in einem logischen Interessenskonflikt: Zum einen müssen sie, um profitabel zu arbeiten, ihre Leistungen weitestgehend intern und extern standardisieren. Zum anderen müssen die Angebote möglichst passgenau in die bestehende Prozesskette der Partnerbanken angepasst und mit kundenspezifischen Zusatzservices ergänzt werden.

UBS hat für dieses scheinbare Dilemma eine Lösung entwickelt und diese in Ergänzung zum Verständnis als Abwicklungsfabrik das Konzept einer prozess- und projektorientierten Partnerschaft für kundenspezifische Lösungen umgesetzt. Dies geschieht im Wesentlichen auf der Basis von modularisierten und standardisierten Einzelleistungen.

Aus der Sicht der Partnerbanken sind nicht nur die Leistungsfähigkeit und Effizienz der bezogenen Services entscheidend. Da der von der Anbieterbank bearbeitete Prozessteil in der Regel nicht klar gekapselt, herausgeschnitten, partiell optimiert und somit kostengünstiger gestaltet werden kann, ohne dass nachteilige Auswirkungen auf verbundene Prozessteile befürchtet werden müssen, gilt es den Blick zu weiten und gemeinsam die unternehmensübergreifende Wertschöpfungskette mittelfristig zu optimieren.

Grundsätzlich bringt die Standardisierung der Leistungen und in Folge die Vereinheitlichung der Prozesse viele Vorteile mit sich. Erst durch Standardisierung können die Kosten pro Transaktion gesenkt und die beabsichtigten Skaleneffekte erreicht werden. Weitere vorteilhafte Effekte auf die nachhaltige Wertschöpfung kommen aus weiteren Bereichen: verbesserte Anpassung der Leistungsangebote an Kundenbedürfnisse, erleichterter Wissensaufbau, erleichterte Führung (Ausrichtung, Kontrolle der Performance und der Risiken) und nicht zuletzt verbesserte interne und externe Zusammenarbeit auf der Basis eines verbesserten gegenseitigen Verständnisses.

Auf der anderen Seite muss erwähnt werden, dass eine Standardisierung durchaus die Wahlmöglichkeiten und die bisher in den Prozessen gelebte Individualität einer Partnerbank verringern kann. Diese typischerweise historisch gewachsenen Ablauf-Organisationen müssen vor dem Hintergrund der Zielsetzung einer nachhaltig verbesserten Wertschöpfung kritisch hinterfragt werden.

Implikationen für Kooperations-Modelle

Was kooperative Wertschöpfungsmodelle von traditionellen Unternehmensbeziehungen im Allgemeinen unterscheidet, ist die Fähigkeit der einzelnen Parteien, dem Partner Vertrauen entgegenzubringen und dabei vorauszusetzen, dass der Andere am Wohl des eigenen Unternehmens interessiert ist und keine Handlungen ausführen wird, bevor er nicht auch deren Auswirkungen auf den Partner geklärt hat.

Jeder Anbieter muss seine Marktpositionierung und somit die von ihm angebotenen Kooperations-Modelle definieren: sei dies als Anbieter einer vergleichsweise geringen Leistungsbreite (Commodities) mit dem Ziel grosse Volumina abzuwickeln oder als strategischer Partner mit breiteren und komplexeren Leistungen. In Anlehnung an das klassische Modell der Wertschöpfungskette nach Porter[5] und auf der Basis des Entscheids, auch komplexe Kooperations-Modelle anzubieten, wurden in der UBS «The Bank for Banks»-Initiative die folgenden Wertschöpfungs-Module definiert:

---

[5] Porter, M. E. (1998A). Competitive Advantage: Creating and Sustaining Superior Performance. New York: Free Press.

- Bereitstellung von Markt- und Industrie-Know-how sowie die Unterstützung der Entscheidungsfindung
- Ausführung von Geschäftstransaktionen sowie die Sicherstellung einer ausreichenden Liquidität
- Abwicklung von Geschäftstransaktionen
- Unterstützung der Kundenbetreuung

Für alle Streams existieren Module, welche eher die Basisabwicklung und die eigentlichen Transaktionen enthalten als auch höher wertschöpfende Tätigkeiten wie Research, Beratung, Risikosteuerung.

Auf der Seite der jeweiligen Partnerbank oder besser: der Partner, die an dem kooperativen Wertschöpfungsmodell partizipieren, gibt es je nach Art der extern bezogenen Produkte und Dienstleistungen unterschiedliche Möglichkeiten, die Zusammenarbeit zu organisieren. Die Organisation der Zusammenarbeit kann von einem reinen Wissens- und Informationsaustausch, der kaum oder nur gering institutionalisiert ist, bis hin zu einer festen Anbindung an die Handels- und Abwicklungsplattformen reichen.

Auf der Seite des Kooperations-Anbieters kann zur Erlangung der angestrebten Effizienzziele mit keiner signifikanten Veränderung des Leistungsangebotsmodells gerechnet werden. Die Definition von marktfähigen Leistungen als Kernelemente der Initiative ist als Grundvoraussetzung zu sehen, um als Kooperationsanbieter für Partnerbanken auftreten zu können.

Die folgende Grafik zeigt die Wertschöpfungskette und die von den Streams im Rahmen der «The Bank for Banks»-Initiative erbrachten Leistungen auf:

Standardisierte Leistungen

Service overview

	Market Intelligence/ Decision Support	Business Execution/ Liquidity Provision	Processing	Client Servicing
Cash/ Currency	FX Web Interchange KeyInvest	FX Trader/FX Option Trader White Labeling/Fx2B FX Investor KeyPhysical	STP Cash Clearing/CLS/KeyLink Post-trade Services Prime Brokerage	
Securities	Research	Order Handling Execution Securities Lending	Clearing Settlement Custody	Value-added and Client Services
Asset Management	Investment Solutions and Products	Institutional Asset Management Investment Funds Private Label Funds	Portfolio Management Fund Administration	Client Information and Reporting
Private Banking	Private Clients Investment Solutions		Private Client Servicing	
Corporate Finance	Advisory (M&A, Disposals, etc.) Financing (Equity and Debt) IPOs			
Trade & Export Finance	Advisory (Structuring)	Liquidity Management Trade-related Financing Medium-/Long-term Export Credits	Payment/Performance Risk Protection	Risk Transformation

Abb. 1: Überblick über die Wertschöpfungskette und Leistungen der Streams in der «Bank for Banks»-Initiative

Ist das strategische Gerüst in der beschriebenen Art stimmig aufgebaut, können die Kooperationen im Rahmen eines professionellen Service- und Projekt-Managements abgewickelt werden. Das heisst konkret, dass die Kooperationspartner im Fall von «The Bank for Banks» einem standardisierten Analyse- und Implementierungspfad im Rahmen des gewählten (Teil-) Streams folgen können. Auf Basis der modularen und standardisierten Leistungen und Technologien werden prozessuale und technische Schnittstellen vereinbart. Auf vereinbarten Grundlagen werden dann Leistungen, Leistungsniveaus, Rollen und Verantwortlichkeiten festgelegt.

Neben der Erfüllung unseres Leistungsversprechens ist der Aufbau, die Pflege und Entwicklung der Partnerschaft zu einer wesentlichen Kompetenz im «Bank for Banks» Geschäft geworden.

Stabilisierung, Risikooptimierung und Kostensenkung

Wir können bisher festhalten, dass auf Grund der veränderten Rahmenbedingungen im Finanzsektor ein Markt für Transaktionsdienstleistungen entsteht, der in vielem an die betriebswirtschaftlichen Paradigmen von produzierenden Industrien anknüpft und gleichermassen im Einzelfall vorteilhaft auf die Effizienz und Sicherheit wirken kann; Standardisierung bedeutet Risikosenkung und Stabilisierung.

In den folgenden Abschnitten sollen ergänzend die Marktaspekte untersucht werden: führen innovative Kooperationsmodelle im Geschäft zwischen Banken und die damit verbundene Effizienzsteigerung für den Kapitalmarkt als ganzes zu einer Verbesserung der Stabilisierung und Risikooptimierung? Ist eine Verbesserung der Wertschöpfung auch im Hinblick auf die Kosteneffizienz nachweisbar?

Stabilisierung und Risikooptimierung

Das bedeutendste Risiko einer Transaktionsbank stellt das operative Risiko in den Abwicklungs-Prozessketten und der IT-Infrastruktur dar. Durch regulatorische Veränderungen wie zum Beispiel Basel II und SOX erhält die Überwachung dieser Risiken eine neue Dimension. Es ist offensichtlich, dass sich durch die Erhöhung der Volumen zunächst die (Klumpen-) Risiken erhöhen. Es lässt sich aber belegen, dass der Gewinn an Risiko-Kontrolle und/oder Risiko-Verminderung, der durch Automatisierung und Standardisierung entsteht, diesen Anstieg bei weitem auszugleichen vermag.

Die Group of Thirty[6] hat zwanzig Empfehlungen für das globale Clearing & Settlement entwickelt und publiziert[7]. Eine zentrale Empfehlung liegt im Ausbau des Risiko-Managements bei Nutzern und Anbietern von Clearing- und Settlement Leistungen. Eine zunehmende Bündelung von Leistungen im Geschäft mit Banken ermöglicht eine Professionalisierung des Risiko-Managements. Treiber dieser Leistungsverbesserung ist ebenfalls die Tatsache, dass für volumenstarke Anbieter nahezu sämtliche Geschäftsvorfälle – vor allem auch Ausnahme-Situationen in der Abwicklung von Transaktionen – zum All-

---

[6] Internationales Gremium des Bank- und Wertpapierwesens.
[7] Januar 2003 (Plan of Action) und 2006 (Final Monitoring Report).

tag werden. Von diesem umfassenden Wissen über Fakten, Zusammenhänge und Know-how können Partnerbanken profitieren.

Eine moderne, modulare und integrierte technische Plattform, die wesentliche Back-Office Prozesse in Echtzeit unterstützt, ist ein Vorhaben von strategischer Bedeutung welches auch Implikationen auf operative Risiken hat. Die Möglichkeit, zum Beispiel im Bereich der Fund-Services, regulatorische Anpassungen zentral für 28 Vertriebsländer zu definieren, verringert die Risiken in der Parametrierung vernetzter nationaler Systeme, die früher in unterschiedlichen Architekturen aufgebaut waren. Und ein weiterer Vorteil einer zentralisierten, technischen Infrastruktur wird deutlich: sie erleichtert entscheidend die Bewältigung der zunehmenden Komplexität und des hohen Änderungstaktes von regulatorischen Anforderungen.

Ein zunehmend an Bedeutung gewinnender Erfolgsfaktor für das Geschäft mit Banken ist das Risikomanagement als Leistungsangebot. Professionelle, standardisierte Implementierungs-Verfahren dienen dazu, relativ frühzeitig im Projekt den strategischen und technologischen Fit zu bestimmen und die Erwartungen der Partnerbanken auch im Hinblick auf Zusatzleistungen zu konkretisieren: so genannte ‹value added services› sind beispielsweise Risiko-Management Leistungen.

Kostensenkung

Als kooperatives Wertschöpfungsmodell schafft die «The Bank for Banks»-Initiative der UBS eine Vielzahl an Möglichkeiten, die je nach Art und Ausprägung der Zusammenarbeit kombiniert werden. Die Initiative weist eine im Vergleich zu anderen Organisationsmodellen deutlich höhere Flexibilität in der Ausgestaltung der Zusammenarbeit auf. Um für beide Parteien unvorteilhafte Effekte zu vermeiden, kombiniert die «The Bank for Banks»-Initiative den Vorteil einer zentralen Betrachtung der Bedürfnisse der Partnerbanken und ein kundenindividuelles Vorgehen mit einem auf internen und externen Standards aufbauenden, modularen Leistungsansatz.

Auf Basis der Erfahrung der ersten Jahre ist der Treiber der Teilnahme an dem kooperativen Wertschöpfungsmodell für die Partnerbanken das Ziel, die eigene Wertschöpfung durch die vollständige oder durch eine partielle Auslagerung von Wertschöpfungsaktivitäten, effizienter zu gestalten oder eine Erweiterung des eigenen Leistungsportfolios zu erreichen. Eine der Motivationen von UBS zur Entwicklung des «The Bank for Banks»-Modells ist die

Verbesserung der Auslastung der eigenen Systeme und Ressourcen; eine Optimierung der Kosteneffizienz kann heute nachgewiesen werden.[8]

Der Mehrwert der Spezialisierung für einen Leistungsnachfrager ist – wenn auch je nach Kooperationsmodell unterschiedlich – unumstritten: lagert beispielsweise ein Fondsanbieter seine Fonds-Administration aus, so kann er im Prinzip mit variablen Kosten rechnen; er baut den Fixkostenblock in diesem Geschäft ab. Vertraglich vereinbarte Konditionen, die ein relevantes Einsparpotential über Jahre absichern – für spezifische Einzelleistungen auch mit stetigen Kostendegressionen für den Leistungsnachfrager – bilden heute keine Ausnahme mehr.

Interessanter als die Feststellung, dass Kooperationsmodelle den Mehrwert für beide Parteien steigern können, ist die Frage nach dem spezifischen Mehrwert durch individuelle kooperative Wertschöpfungsmodelle.

Werden die Struktur und die Ausprägungen der Wertbeiträge der Zusammenarbeit betrachtet, so gilt, dass die einzelnen Kooperationsformen zielgenau auf die Motivation der Partnerbanken abgestimmt werden. Werden die Wertbeiträge nach den beteiligten Akteuren betrachtet, so kann festgehalten werden, dass alle Kooperationsformen des UBS «The Bank for Banks»-Modell für die Partnerbanken als wertschöpfend zu betrachten sind.[9] Auch wenn aus dieser Beobachtung keine direkte Aussage für den Markt abzuleiten ist und die individuelle Einschätzung der Partnerbanken in Bezug auf die Vorteilhaftigkeit der Zusammenarbeit von der hier gegebenen Betrachtung bei der Gewichtung und der Ausprägung der Bewertungsfaktoren abweichen kann, so ist dennoch die These denkbar, dass dieser Effekt sich auch bei anderen Anbietern einstellen müsste. Das kooperative Wertschöpfungsmodell «The Bank for Banks» vereinbart durch seinen modularen Aufbau und durch eine Vielzahl der möglichen Anbindungen an die UBS Infrastruktur die Vorteile des Zugangs zu strategischen Ressourcen – Kompetenzen und effizienten Systemen – mit den Interessen der Partnerbanken in Bezug auf die Sicherheit der Endkundendaten und der Flexibilität der eigenen Wertschöpfung und des eigenen Geschäftsschwerpunktes.

Auch wenn noch tiefer gehende Kooperationen zwischen Anbietern stärkere Effizienzgewinne realisieren können, so behindern Abhängigkeiten und Interessenskonflikte oftmals diese weitergehenden und wenig flexiblen Formen der Zusammenarbeit. Aus Sicht des Kooperationsanbieters ist die Frage

---

[8] Berger, A. N., & Mester, L. J. (1997). Inside the black box: What explains differences in the efficiencies of financial institutions? Journal of Banking & Finance, 21 (7), 895–947.
[9] Hennig, J. (2007). Kooperative Wertschöpfungsmodelle in der Asset Management und Wealth Management Industrie.

nach den realisierten Wertschöpfungs-Effekten nicht eindeutig zu beantworten. Dieser muss seine langfristigen strategischen Interessen berücksichtigen, die bestimmte Formen der Kooperation auf Anbieterseite vorteilhafter erscheinen lassen, als andere.

Komplementäre Kooperationen mit mehreren Partnern scheinen bis heute nicht vorzukommen. Eine mögliche Erklärung: die Leistungsdefinition und damit verbunden die Standardisierung der Leistungen und der Prozesse ist bisher nicht weit genug fortgeschritten. Es muss ein Kernunternehmen existieren, welches für den Verbund die Standards in Bezug auf Leistungen, Prozesse vorschlägt.

Ausblick

Aus den in diesem Beitrag dargestellten Überlegungen kann erwartet werden, dass die Spezialisierung der Marktteilnehmer in der Wertschöpfungskette und insbesondere die mit dieser Entwicklung zunehmende Standardisierung von Leistungen im Geschäft mit Banken im Interesse aller Marktteilnehmer dazu beitragen wird, die Effizienz zu steigern und die Risiken tendenziell zu senken.

Die aktuelle Entwicklung des entstehenden Marktes für Transaktionsleistungen in der Schweiz mit einer zunehmenden und differenzierter werdenden Nachfrage und einer starken Veränderung der Struktur und Qualität des Angebots für Produkte und Dienstleistungen zeigt in Ansätzen, welche Entwicklung für die kommenden Jahre zu erwarten ist:

- Bedingt durch die Treiber der Entscheidungsfindung erwarten wir ein signifikant zunehmendes Gesamtwachstum des Marktes für transaktionsbasierte Finanzdienstleistungen. Die letzten Jahre in der Schweiz waren für viele Banken geprägt von Entscheiden hin zu einer Standardisierung der technischen Geschäftsplattform; diese schafft eine wesentliche Voraussetzung für die weitere Entwicklung des Geschäftsmodells, da sie die Freiheitsgrade für die kooperative Wertschöpfungsmodelle vergrössert.

- Die Nachfrage nach transaktionsbasierten Finanzdienstleistungen wird zum einen durch eine weitere Zunahme der Kooperationen und zum anderen durch die Verbreiterung und Vertiefung der nachgefragten Leistungen gesteigert. Zu dieser Entwicklung wird beitragen, dass zunehmender regulatorischer Druck weitere Potentiale für die Wertschöpfungsoptimierung durch Kooperationsmodelle eröffnet und auch die Standardisierung weiter vorantreibt.[10]

---

[10] Beispielhaft sei die Etablierung der Single Euro Payments Area (SEPA) genannt.

- Die Anzahl der Anbieter von transaktionsbasierten Finanzdienstleistungen wird sich langfristig reduzieren, dies insbesondere für abwicklungsnahe Leistungen für Wertschriften und im Zahlungsverkehr. Auch wenn die Nutzung vorhandener Kapazitäten strategisch auf den ersten Blick interessant zu sein scheint, so bestehen hohe Barrieren für eine nachhaltige Leistungserbringung: die Partnerbank wünscht sich einen prozess- und projektorientierten Erbringer von kundenspezifischen Lösungen auf der Basis von modularisierten und standardisierten Einzelleistungen. Dieser Anspruch erfordert für die Lösungsanbieter den Aufbau von Vertriebs- und Beratungsfunktionen für Partnerbanken, die kosteneffiziente Bewältigung einer zusätzlichen Komplexität bei Produkten und Dienstleistungen und eine konsequente Weiterentwicklung im Prozess- und Service-Management.

Es gilt, die führende Stellung der Schweiz als weltweit operierendes Finanzdienstleistungs- und insbesondere Vermögensverwaltungs-Zentrum auszubauen und zu verteidigen. Innovative, kosteneffiziente Lösungen in der Abwicklung von Bankgeschäften tragen zur Festigung dieser Stärke bei. Tatsächlich scheinen einige Standortvorteile der Schweiz im Transaction Banking zu bestehen: insbesondere hohe Volumen der verwalteten Vermögen, vorhandenes Wissen und volkswirtschaftlich sowie regulatorisch attraktive Rahmenbedingungen. In der Vergangenheit konnte die Schweiz erfolgreich komparative Vorteile zum eigenen Vorteil entwickeln und nutzen; als Land haben wir heute das Potential und die Chance, diesen Ansatz für das internationale Transaction Banking erfolgreich umzusetzen.

Stephan Zimmermann, Chief Operations Officer, Global Wealth Management & Business Banking

Architekt des «The Bank for Banks» Geschäfts

Stephan Zimmermann ist ein «Early Mover» des Transaction Banking in der Schweiz. Früh erkannte er das Potenzial, das die «Fabrik» UBS AG für Drittbanken aufgebaut hat und erarbeitete erstmals ein konsequentes Transaction Banking Konzept auf dem Bankenplatz Schweiz.

Dies ist auch nicht verwunderlich, denn Stephan Zimmermann hat die rasante Entwicklung im Banking von den Anfängen seiner Karriere miterlebt und erfahren, wie stark die Informationstechnologie das Geschäftsmodell der Banken verändert hat. Seine Karriere startete er 1975 im Bereich Automation des damaligen Schweizerischen Bankvereins. Danach folgten Stationen in London, Singapur und Deutschland, immer im Bereich Operations. Danach ging es die Karriere-Leiter stetig aufwärts bis in die Generaldirektion. Nach der Fusion zur neuen UBS AG wurde ihm das wichtige Departement Operations anvertraut.

Seit 1998 sitzt er als Member of the Group Managing Board im Führungsgremium der UBS und seit 2005 zeichnet er als Chief Operations Officer für den Bereich Global Wealth Management & Business Banking verantwortlich. Er ist ausserdem Verwaltungsratspräsident der Telekurs Group (Zürich), einem Gemeinschaftswerk der Schweizer Banken sowie Deputy Chairman der SWIFT (Society for Worldwide Interbank Financial Telecommunication) in La Hulpe, einer Gesellschaft an der alle Banken der Welt beteiligt sind und die den Transaktionsaustausch für die Finanzindustrie sicherstellt.

Stephan Zimmermann, COO Global Wealth Management & Business Banking, Member of the Group Managing Board UBS AG, Bahnhofstrasse 45, 8098 Zürich

STEPHAN ZWAHLEN

Bankenindustrialisierung – das traditionelle Bankenmodell im Umbruch

Getrieben vom technologischen Fortschritt, der Globalisierung des Finanzdienstleistungsgeschäfts sowie dem zunehmenden Deregulierungsdruck auf die Finanz- und Risikomärkte, befindet sich die Finanzbranche am Anfang einer fundamentalen Transformation. In diesem Umfeld sind Alternativen zum traditionellen Geschäftsmodell einer voll integrierten Bank gefragt. So werden, nach dem Vorbild der produzierenden Industrie, Finanzdienstleistungen künftig nicht mehr von einem Finanzintermediär isoliert, sondern vermehrt in Kooperation erbracht. Die Industrialisierung des Bankwesens wird den Finanzplatz Schweiz nachhaltig verändern. Neben den gewaltigen Herausforderungen birgt sie auch Chancen für neue Geschäftsmodelle, wie die Gründung der InCore Bank AG zeigt.

Die Innovationen in der Informations- und Kommunikationstechnologie haben es der Finanzbranche ermöglicht, ihre Prozesse schrittweise zu rationalisieren, zu automatisieren und damit effizienter zu gestalten. Als Beispiele können etwa Zahlungsverkehrs-, Wertschriften- oder Kreditprozesse angeführt werden, die heute vielfach ohne manuelle Eingriffe ablaufen. Abgesehen vom zunehmenden Automatisierungsgrad sind der Inhalt, die Funktionalität und in vielen Fällen auch die Sequenzierung der einzelnen Aktivitäten aber weitgehend identisch geblieben. Während der technologische Fortschritt bis anhin also vorwiegend für inkrementelle Verbesserungen bestehender Prozesse genutzt wurde (so genanntes *Business Process Reengineering*), wird die weiter zunehmende Durchdringung von Finanzdienstleistungen mit moderner Informations- und Kommunikationstechnologie die Finanzbranche grundlegend verändern. So werden sich bisherige Marktgrenzen auflösen, Eintrittsbarrieren reduzieren, und es werden sich neuartige, auch branchenfremde Konkurrenten im Markt positionieren. Weiter werden sich alternative Produktions-, Distributions- und Kommunikationssysteme sowie neue Wettbewerbsstrukturen etablieren.

Die Boomjahre in der zweiten Hälfte der 90er Jahre haben bei vielen Banken zu einer massiven Erhöhung der Kostenbasis geführt, die nach dem Einbruch an den Finanzmärkten nur mit Mühe reduziert werden konnte. Gerade die technische Infrastruktur ist bei vielen Banken nicht mehr auf dem neusten Stand, und deren Betrieb und Unterhalt verschlingt enorme finanzielle Ressourcen. Trotz der zunehmend IT-getriebenen Geschäftsabläufe sind deshalb der bankinternen Prozessoptimierung vielerorts enge Grenzen gesetzt. Die Ablösung veralteter IT-Systeme und eine höhere Automatisierung in Einklang mit der Maxime des so genannten *Straight Through Processing* sind gerade bei kleinen und mittleren Banken kaum finanzierbar. Dasselbe gilt auch für den Investitionsbedarf, der von der Umsetzung zusätzlicher regulatorischer Anforderungen ausgeht. Gleichzeitig begünstigen die steigende Markttransparenz und die damit einhergehende Wettbewerbsintensivierung die Margenerosion auf der Ertragsseite.

Neukonfiguration der Wertschöpfungskette

Um als traditionelle Bank in diesem Marktumfeld zu bestehen, bedarf es der Entwicklung alternativer Geschäftsmodelle, die den veränderten Rahmenbedingungen sowie den genannten institutionellen Herausforderungen Rechnung tragen. Dies gilt in besonderem Masse für kleine und mittlere Banken, die vielfach noch über eine zu hohe Fertigungstiefe verfügen. Die Transaktionsvolumen des einzelnen Finanzinstituts fallen zu gering aus, um die ganze Breite der Wertschöpfungskette selbst abbilden und die hohen (Ersatz-)Investitionen in neue IT-Systeme eigenständig finanzieren zu können. Mittels Konzentration auf die Kernkompetenzen bzw. konsequenter Auslagerung all jener Bereiche, die nicht zum Kerngeschäft gehören, müssen die Kostenbasis und der Investitionsbedarf reduziert werden. Das Festhalten am Modell der voll integrierten Bank macht aber auch aus strategischer Sicht wenig Sinn. So sind zahlreiche Prozesse in den Bereichen Wertschriftenhandel, Verarbeitung und Abwicklung sowie IT längst zur «Commodity» mutiert. Sie sind deshalb für die meisten Banken kaum als Differenzierungsmerkmal gegenüber der Konkurrenz geeignet. Die Fokussierung auf das Kerngeschäft erlaubt die Konzentration der Ressourcen von Management und Mitarbeitern und schafft gleichsam die Basis für eine konsequente Differenzierungsstrategie.

Die Reduktion der Fertigungstiefen bzw. die Auslagerung ganzer Geschäftsprozesse an dafür spezialisierte Dritte führt zu einer Neukonfiguration der Wertschöpfungskette. So werden Finanzdienstleistungen nicht mehr von einzelnen Finanzintermediären entlang eines linearen Produktions- und Distributionsprozesses erbracht. Stattdessen steuern mehrere spezialisierte Finanzintermediäre innerhalb so genannter *Wertschöpfungsnetzwerke* einen Teil zum Endprodukt bei. Die mit der Bildung von Netzwerken verbundene Spezialisierung ermöglicht eine Effizienzsteigerung bei der Erbringung von Teildienstleistungen, da Ressourcen besser genutzt, Wissen spezifischer eingesetzt und Investitionen über höhere Transaktionsvolumen verteilt werden können. Der Trend zur Reduktion der Fertigungstiefen wird die Bankenlandschaft in der Schweiz nachhaltig verändern. Unter den kleinen und mittleren Banken werden sich vor allem drei Typen von Finanzintermediären herausbilden:

- *Vertriebsbanken* konzentrieren sich auf das Private Banking und Firmenkundengeschäft. Sie streben nach erstklassiger Beratungsqualität, indem sie die besten im Markt verfügbaren Produkte zu ganzheitlichen Kundenlösungen kombinieren.

- *Transaktionsbanken* verarbeiten für mehrere Finanzintermediäre grössere Mengen standardisierter Prozesse (z.B. in der Wertschriftenabwicklung oder dem Zahlungsverkehr) und realisieren dank hoher Transaktionsvolumen «economies of scales».

- *Produktentwicklungsbanken* befassen sich mit der Strukturierung von Finanzprodukten wie Anlagefonds oder derivativen Instrumenten und stellen diese den Vertriebsbanken oder direkt den Endkunden zur Verfügung.

Abgesehen von den drei genannten Idealtypen bedarf es weiterer Unternehmen, die mit ihren Dienstleistungen die Funktionsfähigkeit von Wertschöpfungsnetzwerken erst ermöglichen. Dazu zählen etwa Anbieter von Finanzsoftwareprodukten oder Unternehmen, die sich mit der Aufbereitung von Finanzinformationen befassen.

Dynamik des Transformationsprozesses

Während in Branchen wie der Automobil- oder Elektroindustrie das Aufbrechen der Wertschöpfungskette bereits vor Jahren stattgefunden hat, verläuft der Transformationsprozess in der Finanzbranche wesentlich langsamer als ursprünglich erwartet. So haben sich Auslagerungen bei Banken lange Zeit auf Teilfunktionen wie etwa die IT-Infrastruktur und später den Betrieb und Unterhalt von IT-Applikationen beschränkt. Dies ist aus zwei Gründen überraschend: Erstens wird der Auslagerung kompletter Geschäftsprozesse (so genanntes *Business Process Outsourcing*) das grösste Rationalisierungspotential beigemessen. Zweitens verfügen Banken häufig über standardisierbare Abläufe, die für ein umfassendes Outsourcing prädestiniert sind. Gründe für die eher gemächlich verlaufende Transformation der Finanzbranche lassen sich sowohl auf der Nachfrage- als auch der Angebotsseite finden.

Noch immer bekunden viele Banken Mühe damit, sich im Rahmen einer Kooperation in die Abhängigkeit eines Partners zu begeben. So geht mit der Auslagerung naturgemäss ein Verlust an Know-how einher, für dessen Aufbau oft viele Jahre nötig waren. Datenschutzrechtliche Bedenken und die Angst vor unzureichender Datensicherheit sind weitere Argumente, die zu einer Verlangsamung des Transformationsprozesses beitragen. Auch ist die Sorge, dass Tätigkeiten ausserhalb des unmittelbaren Einflussbereiches der Bank mit zusätzlichen Risiken behaftet sind, nach wie vor stark verbreitet. Des Weiteren spielen gerade im traditionsgeprägten Bankwesen unternehmenskulturelle und emotionale Faktoren eine nicht zu unterschätzende Rolle. So bedeutet das Aufbrechen der Wertschöpfungskette nicht nur den Abschied vom vertrauten Bankenmodell, das sich über Jahrzehnte im Bewusstsein der Kunden festgesetzt hat. Vielmehr hat der Umbau einer Privat- oder Retailbank zu einer Vertriebsbank mit geringer Fertigungstiefe auch Konsequenzen für den einzelnen Mitarbeiter. Das Anforderungsprofil des Managements verändert sich, der Einfluss und das Prestige einzelner Führungskräfte nehmen ab, und es müssen im Zuge der Restrukturierung unter Umständen ganze Abteilungen abgebaut werden. Letzteres birgt gerade bei regional stark verankerten Banken eine lokalpolitische Komponente, die eine rein betriebswirtschaftliche Betrachtungsweise zu kurz greifen lassen würde.

Auch auf der Angebotsseite tragen verschiedene Faktoren zur Abschwächung der Transformationsdynamik bei. So haben sich aufgrund der hohen Markteintrittsbarrieren auf dem Finanzplatz Schweiz erst vereinzelt Anbieter etabliert, die auslagerungswilligen Banken ein umfassendes Outsourcing ermöglichen. Dies hängt in erster Linie damit zusammen, dass die Kombination aus technologischem Know-how und Erfahrung in der Organisation effizienter bankfachlicher Prozesse rar ist. Gleichzeitig gestaltet sich deren Aufbau sehr zeit- und ressourcenintensiv. Die hohen Anforderungen an die Leistungsfähigkeit der IT-Plattform stellen einen weiteren limitierenden Faktor dar. Dies hängt mit der Tatsache zusammen, dass im Markt kaum Softwarelösungen verfügbar sind, die eine «industrielle Fertigung» von Finanzdienstleistungen für mehrere Banken auf einer einzigen Plattform zulassen. Hinzu kommt, dass viele Geschäftsmodelle den veränderten Bedürfnissen auslagerungswilliger Banken zu wenig Rechnung tragen. Mangels Bankenstatus ist es etwa einem Informatikunternehmen nicht möglich, einen Wertschriftenprozess von der Erfassung des Kundenauftrages, über den Handel an der Börse, die Verarbeitung und Abwicklung bis hin zum Kundenreporting zu übernehmen. Sodann mangelt es noch an zweckmässigen Corporate Governance-Modellen, die es dem Insourcer erlauben, seine Dienstleistungen frei von Interessenkonflikten anzubieten. Die Bereitschaft auslagernder Banken ist deshalb beschränkt, Prozesse einem Finanzinstitut anzuvertrauen, mit dem sie in anderen Geschäftsfeldern im Wettbewerb stehen (so genanntes *White Label-Syndrom*).

Entwicklung und Potential neuer Märkte

Eine wirtschaftshistorische Betrachtung deckt auf, dass einst auch in der produzierenden Industrie ähnliche Vorbehalte das Aufbrechen der Wertschöpfungskette verlangsamt hatten. Doch wie in der Automobil- oder der Elektroindustrie werden auch in der Finanzbranche schliesslich die mit der Transformation verbundenen Chancen in den Vordergrund rücken. Die gegenwärtig guten Geschäftsergebnisse tragen dazu bei, dass der Kostendruck bei vielen Banken noch nicht stark genug ist, um die Zurückhaltung gegenüber einer grundlegend neuen strategischen Ausrichtung abzulegen. Im Lichte der zunehmenden Wettbewerbsintensität und anhaltenden Margenerosion werden sich kleine und mittlere Banken aber mittelfristig zur Reduktion ihrer Fertigungstiefen gezwungen sehen. Das Argument der befürchteten Abhängigkeiten wird an Bedeutung verlieren, sobald sich im Markt mehrere eigenständige Insourcer etabliert haben, die das Bedürfnis der Banken nach umfassender Auslagerung abzudecken vermögen. Spätestens dann werden die Bedenken hinsichtlich des Know-how-Verlusts der Überzeugung weichen, dass hohe Produktqualität und Versorgungssicherheit auch mittels Kooperation innerhalb von Wertschöpfungsnetzwerken erzielt werden können.

Die Umsetzung eines reinen Vertriebsbankenmodells verlangt die konsequente Auslagerung sämtlicher Geschäftsprozesse, die nicht in unmittelbarem Zusammenhang mit dem Kerngeschäft stehen. Im Falle einer Privatbank betrifft dies beispielsweise den Wertschriftenhandel, die Verarbeitung und Abwicklung von Wertschriftentransaktionen und den Zahlungsverkehr. Während die Schnittstelle zum Kunden stets in der Domäne der Vertriebsbank bleibt, bedarf das Outsourcing der Zusammenarbeit mit einer Transaktionsbank, die in der Lage ist, die ebengenannten Prozesse zu übernehmen. Grundvoraussetzung hierfür ist eine moderne technologische Plattform, die sich durch hohe Schnittstellenkompatibilität auszeichnet und die Bündelung der Transaktionsvolumen mehrerer Vertriebsbanken erlaubt. Hohe Transaktionsvolumen, der zentrale Betrieb und Unterhalt der IT-Infrastruktur sowie der typischerweise hohe Automatisierungsgrad der Prozesse tragen zu einer signifikanten Reduktion der «Stückkosten» bei. Das Transaction Banking dient als Beispiel für einen neuen Markt, dessen Entstehung in unmittelbarem Zusammenhang mit der Transformation der Finanzbranche steht. Wird davon ausgegangen, dass sich im Verlaufe der kommenden Jahre ein Grossteil der Privat- und Retailbanken auf dem Finanzplatz Schweiz zu Vertriebsbanken entwickeln wird, lässt sich die Bedeutung des Transaction Bankings erahnen.

Das Marktpotential im Transaction Banking kann ausgehend von den heutigen IT- und Back Office-Aufwendungen sämtlicher Banken auf dem Finanzplatz Schweiz geschätzt werden. Unter Einbezug von Kriterien wie Institutsgrösse, bestehende Kooperationszugehörigkeit und verwendete Bankensoftware lassen sich Rückschlüsse auf die Wahrscheinlichkeit ziehen, dass eine Bank innerhalb der nächsten Jahre umfassend auslagern wird. Entsprechende Berechnungen legen nahe, dass sich im Transaction Banking ein Ertragsvolumen von deutlich über einer Milliarde Franken pro Jahr wird generieren lassen. Obwohl der Transaction Banking-Markt erst im Entstehen begriffen ist, treten bereits erste Anbieter im Markt auf. Neben der InCore Bank AG streben auch die Bank Vontobel, UBS Bank for Banks, das Real-Time Center (RTC) oder B-Source danach, am enormen Marktpotential zu partizipieren. Analog anderer Branchen wird vermutlich auch der Schweizer Transaction Banking-Markt in seiner Reifephase eine Konsolidierung erfahren. Daraus dürften langfristig bis zu fünf Transaktionsbanken hervorgehen. Die Etablierung mehrerer Anbieter von Transaktionsdienstleistungen schafft günstige Voraussetzungen für wirksamen Wettbewerb und trägt ferner dazu bei, die Angst vor Abhängigkeiten und Know-how-Verlust seitens der auslagernden Banken zu reduzieren. Während Geschäftsmodell und strategische Ausrichtung dieser Unternehmen gegenwärtig noch sehr verschiedenartig sind, wird sich der Bankenstatus als eines der konstitutiven Merkmale einer Transaktionsbank durchsetzen.

Bankenindustrialisierung – das traditionelle Bankenmodell im Umbruch

Erste eigenständige Transaktionsbank der Schweiz

Die Notwendigkeit des Bankenstatus für ein Unternehmen, das ganze Geschäftsprozesse einer Vertriebsbank übernimmt, lässt sich anhand des Geschäftsmodells der InCore Bank AG veranschaulichen. Letztere ist auf dem Wege einer so genannten *Abspaltung zur Neugründung* nach Fusionsgesetz aus der Zürcher Privatbank Maerki Baumann & Co. AG hervorgegangen. Die InCore Bank AG hat Anfang 2007 ihre operative Geschäftstätigkeit aufgenommen und gilt als erste eigenständige Transaktionsbank der Schweiz. Im Gegensatz zum reinen Transaktionsbankenmodell bietet sie neben den eigentlichen Transaktionsdienstleistungen eine breite Palette weiterer Banking Services an. Das Leistungsspektrum erstreckt sich vom Wertschriftenhandel über die Abwicklung und Verarbeitung von Wertschriftengeschäften, das Global Custody (inkl. Corporate Actions), den Zahlungsverkehr bis hin zur Bereitstellung der Daten für das Reporting an die Behörden und Kunden. Die moderne technologische Plattform und die komplexe IT-Architektur mit zwei vollständig redundant funktionierenden Datacenters bieten Gewähr für permanente Systemverfügbarkeit und hohe Datensicherheit. Der Bankenstatus ermöglicht es der InCore Bank AG, als zentrale und einzige Gegenpartei der Vertriebsbanken aufzutreten. Ferner schafft er die Voraussetzung für die Anbindung an ein weit verzweigtes Netz nationaler und internationaler Handelsplätze und die Mitgliedschaften bei Börsen sowie Clearing- und Settlementinstitutionen. Damit ist die Basis für ein skalierbares Geschäftsmodell geschaffen, bei dem die Geschäftsprozesse der auslagernden Banken komplett übernommen werden.

Da die InCore Bank AG den überwiegenden Teil der IT-Infrastruktur für sämtliche Kundenbanken zentral betreibt und unterhält, verfügen die auslagernden Banken im Idealfall nur noch über ein so genanntes *Local Area Network (LAN)* sowie Workstations für Frontmitarbeiter, auf denen die Bank- und Office-Applikationen laufen. Die Vertriebsbanken werden von einer grossen Anzahl vertraglicher und technischer Schnittstellen sowie von der Umsetzung aufwändiger regulatorischer Anforderungen entlastet. Die dadurch frei werdenden personellen und finanziellen Ressourcen können zugunsten einer konsequenten Differenzierungsstrategie eingesetzt werden, bei der die Fokussierung auf erstklassige Beratungsqualität für den Privat- und Firmenkunden im Zentrum steht. Aufgrund der Auslagerung der volumengetriebenen Prozesse verliert auch die vieldiskutierte Frage nach der optimalen Institutsgrösse an Bedeutung. Das Streben nach Wachstum gründet somit nicht mehr auf der Notwendigkeit, eine gewisse kritische Grösse zu erreichen. Stattdessen stellt eine Strategie, bei der auf nachhaltiges organisches Wachstum gesetzt wird, eine gangbare Alternative zum Wachstum über Akquisitionen oder Fusionen dar. Dass die InCore Bank AG ihre Banking Services als eigenständiges Unternehmen anbietet und die Kundenbanken nicht konkurrenziert, bewahrt sie vor Interessenkonflikten.

Während bei einer Vertriebsbank die Verfolgung einer Differenzierungsstrategie im Zentrum steht, strebt eine Transaktionsbank nach der Kostenführerschaft. Anhand des Beispiels der InCore Bank AG lassen sich eine Vielzahl kritischer Erfolgsfaktoren ableiten, die zur Erreichung dieser Zielsetzung nötig sind:

- Leistungsfähige technologische Plattform, die sich durch eine hohe Schnittstellenkompatibilität zu Fremdsystemen auszeichnet;
- Kombination aus technischem Know-how und grosser Erfahrung in der Organisation effizienter bankfachlicher Prozesse;
- Qualitativ erstklassige Banking Services, die der Individualität der Kundenbanken Rechnung tragen;
- Grosse Transaktionsvolumen und gleichzeitig hoher Automatisierungsgrad der institutsübergreifenden Prozesse;
- Hervorragendes Kooperationsmanagement, bei dem die professionelle Zusammenarbeit mit den besten Partnern der Welt im Zentrum steht;
- Corporate Governance-Struktur, die Interessenkonflikte ausschliesst und keine Konkurrenzierung der Kundenbanken zulässt;
- Erstklassige Reputation, die im Markt Vertrauen erweckt und für hohen Datenschutz sowie permanente Datensicherheit garantiert.

Der Aufbau des nötigen technischen und bankfachlichen Know-hows, die Entwicklung der technologischen Infrastruktur und die erfolgreiche Positionierung einer Transaktionsbank im Markt nehmen Jahre in Anspruch. Dies gilt auch für die InCore Bank AG, deren Kernkompetenzen vor ihrer rechtlichen Verselbstständigung seit dem Jahre 2000 innerhalb der Maerki Baumann & Co. AG aufgebaut wurden.

Bankenindustrialisierung als Herausforderung und Chance

Das Beispiel der InCore Bank AG zeigt, dass die Transformation der Finanzbranche die Etablierung neuartiger Geschäftsmodelle wie etwa jenes einer Transaktionsbank ermöglicht. Wie in anderen Branchen auch stellt die Phase nach der Gründung einer Pionierunternehmung eine besondere Herausforderung dar. Um eine gesunde Unternehmensentwicklung sicherzustellen, bedarf es einer ambitionierten, aber nachhaltigen Wachstumsstrategie, der

Bankenindustrialisierung – das traditionelle Bankenmodell im Umbruch

permanenten Weiterentwicklung der technologischen Plattform, der stetigen Prozessoptimierung und nicht zuletzt eines professionellen Kooperationsmanagements. Für kleine und mittlere Privat- und Retailbanken bedeuten die neuen Rahmenbedingungen die Notwendigkeit zur Anpassung ihrer bisherigen strategischen Ausrichtung. Das Modell der Vertriebsbank stellt für sie eine angemessene Antwort auf die weiter zunehmenden regulatorischen Anforderungen, die steigenden IT-Kosten sowie die anhaltende Margenerosion dar. Doch die Reduktion der Fertigungstiefen nach dem Vorbild der produzierenden Industrie allein wird nicht ausreichen. Zwar bedeuten umfassende Auslagerungen kompletter Geschäftsprozesse einen ersten Schritt in die richtige Richtung. Auch hiernach bleibt aber der Bedarf nach ganzheitlichen und innovativen Gesamtlösungen für den Kunden unverändert bestehen. Gerade in diesem Bereich besteht bei vielen Banken Nachholbedarf, zumal die Dienstleistungen häufig zu wenig Differenzierungspotential beinhalten, um dem Kunden einen echten Mehrwert gegenüber dem Konkurrenzangebot glaubhaft zu machen.

Die Entstehung mehrerer eigenständiger Transaktionsbanken nach dem Vorbild der InCore Bank AG dürfte den Konsolidierungsprozess in der Schweizer Bankbranche verlangsamen. Denn die Kooperation mit einem Finanzinstitut, das die Vertriebsbank am Markt nicht direkt konkurrenziert, stellt eine interessante Alternative zu einer Fusion dar. Sie erlaubt einer auslagernden Bank die Wahrung ihrer Unabhängigkeit im Kerngeschäft. Dieser Umstand wird zur Aufrechterhaltung der Bankenvielfalt in der Schweiz beitragen, was positive Auswirkungen auf den Wettbewerb und die Innovationskraft der Finanzbranche haben dürfte. In diesem Sinne bedeutet die Bankenindustrialisierung nicht nur eine gewaltige Herausforderung, sondern vor allem auch eine Chance. So gilt es die führende Stellung der Schweiz als weltweit tätiges Vermögensverwaltungszentrum zu verteidigen. Neben innovativen Vertriebs- und Produktentwicklungsbanken können Transaktionsbanken mit ihrem Angebot umfassender Banking Services einen entscheidenden Beitrag dazu leisten. Die Standortvorteile der Schweiz im Transaction Banking zeichnen sich denn auch immer deutlicher ab. Exemplarisch seien das weltweit einmalig hohe Volumen an verwalteten Vermögen, die damit verbundene Datenmenge, die Garantie des Datenschutzes, die hochqualifizierten Humanressourcen, die volkswirtschaftliche Stabilität sowie die hervorragende Finanzplatzinfrastruktur (Swiss Value Chain) genannt. Sie verleihen dem Finanzplatz Schweiz sogar das Potential, sich als Offshore-Zentrum für das internationale Transaction Banking zu profilieren.

Stephan Zwahlen, lic. oec. HSG, Maerki Baumann Holding AG

Kombination von Wissenschaft und Praxis

Ab Mitte 2005 war Stephan Zwahlen bei der Zürcher Privatbank Maerki Baumann & Co. AG mit der Ausarbeitung der Strategie sowie der Umsetzungsplanung für die Spaltung des Unternehmens in eine eigenständige Privatbank und eine Transaktionsbank befasst. Anschliessend wurde er vom Verwaltungsrat als Gesamtprojektleiter mit der Restrukturierung der Bank beauftragt. Auf dem Wege einer so genannten *Abspaltung zur Neugründung* ist daraus die InCore Bank AG hervorgegangen, die als erste eigenständige Transaktionsbank der Schweiz gilt.

Seit 2007 zeichnet Zwahlen als Mitglied der Direktion der Maerki Baumann Holding AG für das Corporate Development der Maerki Baumann Gruppe verantwortlich. In dieser Funktion beschäftigt er sich mit den Wachstumsstrategien sowie der Marktpositionierung der Privatbank Maerki Baumann & Co. AG und der InCore Bank AG. Die enge Zusammenarbeit mit den Geschäftsleitungen beider Banken trägt entscheidend zu seinem breiten Wissen sowohl über die Vertriebsbank als auch die Transaktionsbank bei.

Vor seiner Tätigkeit bei Maerki Baumann arbeitete Zwahlen als Projektleiter bei Prof. Dr. Beat Bernet am Schweizerischen Institut für Banken und Finanzen an der Universität St. Gallen (HSG). Dort setzte er sich mit wissenschaftlichen Fragestellungen zur Transformation der Finanzbranche, der Positionierung des Finanzplatzes Schweiz sowie mit alternativen Geschäftsmodellen für Banken auseinander. Praxiserfahrungen sammelte er unter anderem bei Sarasin Investment Management Ltd in London, UK, als Assistent des Group Chief Investment Officers der Bank Sarasin.

Das theoretische Fundament erwarb Zwahlen während seiner Ausbildung an der Universität St. Gallen (HSG) und der Richard Ivey School of Business in London, Ontario (Canada), wo er Betriebswirtschaft mit Spezialisierung in Finance studierte. Neben seiner Praxistätigkeit absolvierte Zwahlen an der Universität St. Gallen das Doktorandenstudium im Fachprogramm *Banking and Corporate Finance*. Im Rahmen seiner Dissertation befasst er sich mit dem Instrument der Kosten-/Nutzenanalyse in der Finanzmarktregulierung.

Stephan Zwahlen, lic. oec. HSG, Maerki Baumann Holding AG, Mitglied der Direktion, Dreikönigstrasse 6, CH-8022 Zürich

WERNER FREY

Effizientes Clearing und Settlement begrenzt Risiken und Kosten

Clearing and settlement is of enormous importance to the efficiency of capital markets in the EU

Commissioner Charlie McCreevy, 11 July 2006

Clearing und Settlement entwickeln sich immer stärker vom ungeliebten (aber notwendigen) Abwicklungsbereich zur Schlüsselstelle effizienter internationaler Kapitalmärkte: Die Abwicklung von grenzüberschreitenden Wertschriftentransaktionen in Europa ist ineffizient. Diese Ineffizienz verursacht zusätzliche Kosten – verglichen mit einem weitgehend integrierten System – von EUR 3,5–5 Mia. p.a.[1]. Eine Studie der Europäischen Kommission hat zudem errechnet, dass eine Reduktion der Handelskosten einschliesslich Abwicklung von 10% zu einem Wachstum des Bruttosozialproduktes in der EU von jährlich EUR 33 Mia. führen könnte[2].

---

[1] European Commission, Regulatory Impact Assessment, März 2005; Euroclear und Morgan Stanley sind in unabhängigen Analysen zu Ergebnissen in ähnlicher Grössenordnung gelangt.
[2] European Commission, Economic Impact Study, Juni 2005.

Die Tatsache, dass der Abwicklungsteil der Wertschöpfungskette von grenzüberschreitenden Kapitalmarkttransaktionen eine zentrale Rolle bezüglich Effizient und Sicherheit spielt, wird durch globale wie europäische Initiativen des privaten wie des öffentlichen Sektors belegt:

- Ein Steering Committee der Group of Thirty unter der Führung von Sir Andrew Large, damals Deputy Governor der Bank of England hat 2003 in einem Aktionsplan[3] 20 Empfehlungen publiziert mit dem Ziel, die Effizienz des globalen Clearing & Settlement zu erhöhen und dessen Risiken zu mindern.
- Eine Expertengruppe unter der Führung von Alberto Giovannini, eingesetzt von der Europäischen Kommission, hat in zwei Berichten 2001 und 2003[4] die Hindernisse, die einem integrierten und effizienten Wertschriftenabwicklungs- und -aufbewahrungssystem im Wege stehen analysiert und einen Plan zu deren Beseitigung vorgelegt.
- Am 7. November 2006 haben die Europäische Kommission und die europäischen Infrastrukturunternehmen (Börsen, Zentrale Gegenparteien, Abwicklungsorganisationen) einen Verhaltenskodex[5] vorgelegt, der dem Ziel der Effizienzsteigerung verpflichtet ist.
- Weitsichtige Banquiers wie Sir David Walker, Morgan Stanley, und Marcel Ospel, UBS, haben bereits in der zweiten Hälfte der 1990er Jahren das European Securities Forum[6] aus der Taufe gehoben aus der Erkenntnis heraus, dass der private Sektor einen wesentlichen Beitrag zur Schaffung eines integrierten, effizienten Kapitalmarktes zu leisten habe.

Effizienz und Sicherheit – untrennbare Zwillinge im Clearing & Settlement

Effizienz und Sicherheit sind im Clearing & Settlement untrennbar miteinander verbunden, ja sie bedingen sich gegenseitig. Marktteilnehmer, die hohe Abwicklungsverluste erleiden, werden sich dieser Tatsache schmerzlich bewusst.

Diese Gesetzmässigkeit wird auch durch das Zusammenwirken von Zentralbanken und Aufsichtsbehörden für Kapital- und Wertpapiermärkte auf inter-

---

[3] Group of Thirty, Global Clearing and Settlement, A Plan of Action, Washington DC, 2003.
[4] The Giovannini Group, Second Report on EU Clearing and Settlement Arrangements, Brussels, 2003.
[5] http://ec.europa.eu/internal_market/financial_markets/docs/code/code_en.pdf
[6] www.eurosf.com

nationaler (CPSS-IOSCO)[7] wie europäischer Ebene (ESCB-CESR)[8] in der Entwicklung von Standards für Wertschriftenabwicklungs-Systeme belegt.[9] Dabei ist von untergeordneter Bedeutung, dass das Augenmerk von Zentralbanken vermehrt auf systemischen Risiken liegt, während für Aufsichtsbehörden die Sicherheit der Investoren im Vordergrund steht. (Für Marktteilnehmer irritierend ist einzig die Tatsache, dass dieser Standardisierungsprozess in Europa derzeit aufgrund unüberbrückbarer Meinungsunterschiede in einigen wenigen Bereichen auf Eis gelegt ist.)

Sicherheit und Effizienz in der Abwicklung werden auch von der Europäischen Kommission in einem Atemzug genannt: «*The creation of an integrated and efficient European capital market is one of the most important and ambitious economic projects currently under way in the European Union... A crucial element of this framework will be the safety and efficiency of the arrangements required to finalise securities transactions («Clearing and Settlement»)*.»[10]

Ursachen (noch) bestehender Ineffizienzen in der grenzüberschreitenden Wertschriftenabwicklung und Wertschriftenaufbewahrung in Europa

Die Analyse der Giovannini Group unterscheidet drei Gruppen von Hindernissen als Ursachen bestehender Ineffizienzen: unterschiedliche Marktusanzen, rechtliche Divergenzen und eine fehlende Einheitlichkeit in steuerlichen Belangen und Prozessen.

Die Liste nicht standardisierter Marktusanzen reicht von unterschiedlichen IT-Plattformen und Schnittstellen über nationale Unterschiede bei Emissionspraktiken bis zu divergierenden Fristen und Abwicklungszyklen der nationalen Abwicklungsorganisationen.

Im Bereich der rechtlichen Fragmentierung der europäischen Wertschriftenmärkte entlang nationaler Grenzen führen das Fehlen einheitlicher Regeln bezüglich anwendbaren Rechts (conflict of laws) und die Absenz einheitlicher

---

[7] The International Organization of Securities Commissions (IOSCO) and the Committee on Payment and Settlement Systems (CPSS) of the central banks of the Group of Ten countries, Recommendations for Securities Settlement Systems, 2001.
[8] European System of Central Banks (ESCB) and Committee of European Securities Regulators (CESR), Standards for Securities Clearing and Settlement in the European Union, 2004.
[9] Vgl. dazu die Zielsetzungen der ESCB-CESR Standards, ebenda, S. 3.
[10] European Commission, Communication from the Commission to the Council and the European Parliament, Clearing and Settlement in the European Union – The way forward, 2004.

Normen im Gebiet der (nationalen) Wertpapierrechtssysteme (z.B. Eigentumsrechte) zu Rechtsunsicherheit und entsprechenden Risken.

Angesichts der Sensitivität nationaler Souveränität in Steuerfragen innerhalb der Europäischen Union beschränkt sich die Analyse der Giovannini Gruppe im fiskalischen Bereich auf die Eliminierung von diskriminierenden prozeduralen Bestimmungen (z.B. bezüglich Dienstleistungen im Gebiet der Rückforderung von Quellensteuern).

Diese analytische Gliederung sollte jedoch nicht darüber hinwegtäuschen, dass de facto viele dieser ‚barriers' eng miteinander verknüpft sind. So stehen beispielsweise rechtlich unterschiedliche Normen des Eigentumsübergangs unmittelbar und ursächlich im Zusammenhang mit divergierenden Marktusanzen im hoch komplexen Bereich der Corporate Actions (Dividendenzahlungen, Kapitalerhöhungen, Uebernahmeangebote etc.). Spezifische Eigenheiten einzelner Märkt – oft Quellen von Ineffizienzen par excellence wie etwa der Registrierungsprozess für Aktien in Spanien – gründen in vielen Fällen auf entsprechenden Rechtsvorschriften.

Die spezielle Rolle der Zentralen Gegenpartei in der Effizienzsteigerung und Risikoreduktion und Risikoabsorption

Die zentrale Gegenpartei hat ihren Ursprung im Derivatgeschäft, in dem ihre Hauptaufgabe, die Erfüllung der Verpflichtungen aus dem Handelsgeschäft sicherzustellen, von besonderer Bedeutung war und ist, fallen Abschluss des Kaufvertrages und dessen Erfüllung zeitlich doch oftmals Wochen oder Monate auseinander. Erst in den letzten Jahren, angeführt von Clearnet in Paris, begannen Central Counterparties, CCP, im europäischen Wertschriften-Kassageschäft eine Rolle zu spielen.

Welches sind die Aufgaben und Charakteristika der CCP in der Wertschöpfungskette des Wertschriftengeschäfts?

Die Zentrale Gegenpartei wird erstens mittels Novation Gegenpartei des Käufers und des Verkäufers; sie absorbiert die Risiken, in erster Linie die Gegenparteirisiken, zwischen dem Handelsabschluss und der Erfüllung des Kaufvertrages, d.h. der Lieferung der Wertschriften gegen deren Bezahlung.

Sie nimmt, zweitens, die Aufgabe des Risk Management wahr, d.h. die Risikokalkulation, das Margining und das Default Management.

Besonders bei Transaktionen mit grossen Positionen in Titeln mit geringer Liquidität spielt, drittens, die Gewährleistung der Anonymität auch in der Abwicklungsphase eine wichtige Rolle.

Und viertens werden mittels multilateralem Netting Settlement-Risiken und -Kosten reduziert und die Kapitaleffizienz gesteigert.

Der zunehmenden Bedeutung der Zentralen Gegenparteien liegen wesentliche strukturelle Marktveränderungen zugrunde:

- Die zunehmende Heterogenität der Marktteilnehmer: die exklusive Börsenmitgliedschaft ist durch eine steigende Zahl von sog. Remote Members ersetzt worden; die Divergenz zwischen grossen und grössten und kleinen und kleinsten Marktteilnehmern ist signifikant gestiegen.
- Die Internationalisierung der Investmenttätigkeit und damit der Handelstätigkeit u.a. als Folge des Branchen- und Sektoransatzes, der den Länderansatz in der Anlagetätigkeit zunehmend verdrängt.
- Das Streben der Finanzintermediäre nach Risikoreduktion und Risikotransfer zur Steigerung der Eigenmitteleffizienz.

In den letzten Jahren ist die Zahl von Anbietern von CCP-Dienstleistungen in den europäischen Wertschriften-Kassamärkten gewachsen – die Fragmentierung der Marktstrukturen auch in diesem Bereich ist der Effizienz abträglich. Umso höher ist der Stellenwert einer durch den oben erwähnten Code of Conduct ermöglichten Wettbewerbsintensivierung zu veranschlagen.

Der anspruchsvolle Prozess der Eliminierung von Ineffizienzen im Clearing & Settlement

Die Beseitigung der durch die Giovannini Reports eruierten Hindernisse auf dem Weg zu einem integrierten Abwicklungs*system* in Europa macht ansprechende Fortschritte – mindestens soweit operationelle Prozesse und Marktusanzen und Initiativen des privaten Sektors betroffen sind –, wenngleich die Einführung der ausgearbeiteten Standards teilweise noch Jahre in Anspruch nehmen wird. Die von der Europäischen Kommission eingesetzte Clearing and Settlement Advisory and Monitoring Expert Group (CESAME Group) begleitet diesen Prozess in einer den privaten und öffentlich-rechtlichen Sektor übergreifenden Weise. Der Entscheid von Kommissar McCreevy vom Juli 2006 gegen eine EU Clearing & Settlement Richtlinie und für einen ‹industry led approach› ist daher vorbehaltlos zu begrüssen.

Ohne eine weitestgehende Harmonisierung und Standardisierung der Prozesse und Abläufe ist eine Integration der Wertschrifteninfrastruktur-Systeme innert vernünftiger Zeit und zu angemessenen Kosten nicht zu bewerkstelligen. Darauf sind die Anstrengungen zu konzentrieren. Die Erfahrungen von Euronext und Euroclear zeigen gleichzeitig, dass Fusionen den Prozess der Harmonisierung und Standardisierung begünstigen und beschleunigen. Der

Umkehrschluss dürfte ebenfalls zutreffen, wonach die Harmonisierung und Standardisierung der Prozesse und Systeme Kooperationen und Zusammenschlüsse erleichtern und fördern werden.

In diesem Zusammenhang spielt der eingangs erwähnte, im November 2006 vereinbarte Code of Conduct eine wichtige Rolle: seine Elemente der Preistransparenz, der Öffnung und Interoperabilität sowie der Entflechtung des Dienstleistungsangebotes werden die Wertschrifteninfrastruktur-Unternehmen einer bis anhin kaum gekannten Wettbewerbsintensität aussetzen. Eine ‹natürliche› (nationale) Monopolsituation soll durch eine Marktstruktur ersetzt werden, die dem Marktteilnehmer echte Wahlmöglichkeiten offeriert – ein unverzichtbares Instrument hin zu grösserer Effizienz.

Die Arbeiten auf der europäischen Clearing & Settlement-Grossbaustelle müssen jedoch Stückwerk bleiben, wenn es nicht gelingt, die rechtlichen, regulatorischen und steuerlichen Integrationshemmnisse zielgerichtet abzubauen. Von der EU Kommission eingesetzte Expertenkommissionen (Legal Certainty Group, Fiscal Compliance Group) sind zwar mit der Erarbeitung von Lösungsvorschlägen beauftragt. Das dilatorische Verhalten der Behörden auf nationaler Ebene in der Wahrnehmung ihrer Verantwortung zur Beseitigung der Giovannini ‹barriers› widerspiegelt jedoch vielmehr das Bestreben, ‹nationale Interessen› (nicht selten im Dienst kommerzieller Interessen) zu verteidigen als wesentlich zu notwendigen Integrationsvorhaben beizutragen. Diese jedoch sind der Grundstein für eine effiziente und sichere grenzüberschreitende Wertschriftenabwicklung. Die ‹Hague Convention on the Law Applicable to Certain Rights in Respect of Securities held with an Intermediary› und die derzeit im Entwurf vorliegende ‹Unidroit Convention on Harmonised Substantive Rules regarding Intermediated Securities› weisen auf rechtlichem Gebiet den Weg.

Dr. Werner Frey, CEO European Securities Forum esf

Der grenzüberschreitenden Wertschriftenabwicklung verpflichtet

Dr. Werner Frey ist seit 2002 CEO des European Securities Forum. Die Mitglieder des European Securities Forum (ESF) zählen zu den bedeutendsten international tätigen Wertschriftenhäusern und Banken. Die primäre Zielsetzung des esf ist die Schaffung eines effizienten paneuropäischen Kapitalmarktes mittels Konsolidierung und Integration der Wertschriften-Infrastruktur.

Frühere Stationen der beruflichen Laufbahn von Dr. Werner Frey waren seine beratende Tätigkeit im Finanzbereich mit Schwergewicht Wertschrifteninfrastruktur in den Jahren 1997 bis 2002 sowie ab 1975 bei der Bank Leu, wo er in den Jahren 1988 bis 1997 als Generaldirektor der Geschäftsleitung der Bank Leu angehörte und für die gesamten Handelsaktivitäten und die Wertschriftenabwicklung verantwortlich zeichnete.

Dr. Werner Frey promovierte an der Universität Zürich in den Gebieten Geschichte, Staatsrecht und Politische Wissenschaften.

Dr. Werner Frey, european securities forum, 25-28 Old Burlington Street, London W1S 3AN, www.eurosf.com

Schlusswort

Hans-Jürgen Maurus

Risk and Prejudice – Hedge Fonds, Derivate und die Stabilität des internationalen Finanzsystems

Die dramatischen Veränderungen auf den internationalen Finanzmärkten der vergangenen 25 Jahre sind offensichtlich. Neue Akteure wie Hedge Fonds, Private Equity Firmen oder Buy Out Spezialisten haben das Finanzsystem revolutioniert und beeinflussen mit innovativen Produkten wie derivative Instrumente und aggressiven long/short Strategien massiv die Märkte.

Die Dimensionen sind gewaltig. Ende 2006 gab es schätzungsweise 8000–9000 Hedge Fonds mit einem Anlagevermögen von rund 1,5 Billionen Dollar, eine Verdoppelung in nur 5 Jahren. Die Kapitalbeteiligungsgesellschaften hatten nach Angaben der Finanznachrichtenagentur Bloomberg allein 2006 Transaktionen im Wert von mehr als 600 Mia Dollar angekündigt, fast dreimal soviel wie im Jahr davor. David Rubenstein, der Mitgründer der amerikanischen Kapitalbeteiligungsgesellschaft Carlyle, erwartet bereits für 2008 «leveraged buy out» Einzeltransaktionen mit einem Volumen von 100 Mia Dollar. Rubenstein hält Private Equity Firmen für das «neue Gesicht des amerikanischen Kapitalismus». Auch das Geschäft mit «Over the Counter» (OTC) Derivaten boomt ungehemmt, der Kontraktnennwert belief sich nach Angaben der Bank für Internationalen Zahlungsausgleich (BIZ) bis zum Sommer 2006 auf sagenhafte 370 Bill. Dollar, eine Zunahme von 24% innerhalb von nur 6 Monaten. Das stärkste Wachstum registrierte die BIZ bei den Kreditderivaten, bei ausstehenden Credit Default Swaps (CDS) stieg der Kontraktnennwert um 46%.

Dass derartige Dimensionen an eingesetztem Kapital früher oder später die Aufsichtsbehörden auf den Plan rufen würden stand zu erwarten. Das US Finanzministerium beobachte die Entwicklung bei Hedge Fonds und Derivaten genau, bestätigte der stellvertretende US Finanzminister Robert Kimmitt Ende 2006, zudem beschäftigte sich eine Presidential Working Group unter Vorsitz von US-Finanzminister Henry Paulson mit dem Thema Regulierung unter den Aspekten Anlegerschutz, operationelle Risiken und Systemrisiken. Der Staatsekretär im Berliner Finanzministerium Thomas Mirow warnte in einer Rede vor Morgan Stanley Hedge Fondmanagern im Berliner Adlon Hotel im Herbst 2006, dass angesichts des explosiven Wachstums von Hedge Fonds jedes Finanzministerium über die Stabilitätsrisiken besorgt sein und die Branche damit rechnen müsse, künftig stärker unter die Lupe genommen zu werden. Bundeskanzlerin Angela Merkel forderte in ihrer Regierungserklärung am 14.12.2006, die Kapitalmärkte transparenter zu machen. Der deutsche Chefsherpa Staatssekretär Bernd Pfaffenbach stellte die Weichen, dass während des G-8 Gipfels in Heiligendamm die Forderung nach mehr Transparenz von Hedge Fonds auf die Tagesordnung kam.

Vor allem potentielle Systemrisiken treibt immer mehr internationale Aufsichtsbehörden um. Es ist die Furcht, dass die weitgehend unregulierten und intransparenten Hedge Fonds und Beteiligungsgesellschaften eine spekulative Blase aufbauen und nicht zuletzt durch aggressive «Alpha» Ertrags-Strategien, übertriebenes «leveraging» sowie den Einsatz hochkomplexer derivativer Produkte ein potentielles Risiko für die Stabilität des globalen Finanzsystems darstellen könnten, wenn eine Kettenreaktion an Hedge Fond Pleiten ungeahnte Konsequenzen nach sich ziehen würde. Insbesondere das Phänomen des «systemic risk» also eines Systemrisikos aufgrund endogener oder exogener Schocks beschäftigt die Experten.

Diese Furcht ist keineswegs irrational. Dass Hedge Fonds nicht zuletzt über riskante Spekulationen beim Einsatz von Derivaten das Potential für ein Finanzdesaster mit potentiell verheerender Kettenreaktion haben ist hinlänglich bekannt. Die Krise des Hedge Fond Long Term Capital Management (LTCM) aus dem Jahre 1998, der mit Investitionen in Staatsanleihen 4 Mia Dollar verlor, ist hinreichend dokumentiert. Die Schockwirkung im Herbst 1998 war beträchtlich. Nur durch eine von der New Yorker Notenbank organisierte Krisensitzung der mächtigsten Banker des Landes sowie einiger europäischer Spitzenbankiers und einer Stützungsaktion mit einem Volumen von 3,65 Mia Dollar konnte ein «Schneeballeffekt» verhindert werden, der ein echtes Systemrisiko hätte bewirken können. Der erstaunlichste Aspekt des Dramas war nicht allein die Tatsache, dass ein Hedge Fund mit 100 Mia Dollar Einlagen durch tausende von Derivatekontrakten es auf mehr als 1 Billion an «exposure» gebracht hatte, sondern dass die Chefs von Goldman Sachs, Merrill Lynch, Morgan Stanley Dean Witter, Bear Stearns, Bankers Trust, Chase Manhattan, J.P. Morgan, Lehman Brothers, Salomon Smith Barney sowie Spitzenvertretern von UBS, Deutsche Bank, Lloyds und Credit Lyonnais erst beim Betreten des Konferenzzimmers feststellen, dass sie bei LTCM faktisch alle zusammen im selben Boot sassen. Eine wichtige Beobachtung, weil die Intransparenz von Hedge Fonds solche Informationslücken fördert.

Auch kriminelle Energie kann eine Institution ruinieren, wie die englische Merchant Bank Barings 1995 erfahren musste, als ein 27-jähriger Händler das 1762 gegründete Institut durch gigantische Fehlspekulationen innerhalb weniger Monate ruinierte. Barings sei ein verheerendes Beispiel für lausige Kontrolle gewesen, meint ein Londoner Händler, für ein Desaster seien stets zwei Faktoren nötig. Betrügerische Machenschaften und fehlende Überwachung.

Manchmal versagen aber schlicht die Kontrollen, so geschehen beim Skandal um die staatliche chinesische Ölfirma China Aviation Oil, die 2004 durch spekulative Derivatetransaktionen eines Händlers, der interne Kontrollmechanismen ignoriert hatte, Verluste von rund 550 Mio Dollar erlitt. Auch das Debakel um den Hedge Fond Amaranth, der im Erdgasmarkt satte Verluste von 6 Mia Dollar erlitt, sorgte bei Zentralbankiers, Aufsichtsbehörden und Regierungen weltweit für einiges Aufsehen.

Verwundbarkeit und Prävention

Schon im Mai 2003 hatten in Berlin die Mitglieder des Financial Stability Forums (FSF) nach Angaben von ex BIZ Chef Andrew Crockett die Verwundbarkeit des internationalen Finanzsystems erörtert. Bei Kreditderivaten müsse man mehr über die Risiken wissen, betonte Crockett damals, insbesondere bei der Übertragung von Kreditrisiken (credit risk transfer) benötige man «bessere Aggregatdaten und mehr Transparenz». Die FSF Mitglieder plädierten in diesem Zusammenhang auch für mehr Offenheit von Seiten der Rückversicherer, die sich in diesem Markt tummeln. In der Rückversicherungsbranche notierte Crockett «Wissenslücken bezüglich der Risiken», aber auch die Regulierer müssten besser verstehen, «was die Industrie macht.» Crockett räumte damals bereits ein, dass man auch über Derivate «mehr relevante Informationen benötige».

Die Komplexität der Materie ist beträchtlich. Hochbezahlte Mathematiker und «rocket scientists» basteln ständig an neuen hochkomplizierten Produkten und Simulationsmodellen, die gelegentlich als «heiliger Gral» für die Kundschaft angepriesen, aber selbst von so manchem Vorstandschef einer internationalen Grossbank nicht mehr verstanden werden. Ständig kommen neue Produkte hinzu. So offeriert der in London ansässige Hedge Fond «Man

Group» gegenüber Pensionsfonds ein «deficit buster» Produkt aus einer Kombination von Inflationsswap, Zero Coupon Bond und investiertem Restkapital als Instrument, um starke Erträge bei «Null Risiko nach unten» zu erzielen. Die Aufsichtsbehörden haben ein Defizit beim Fachpersonal und versuchen durch Rekrutierung von Spezialisten «know how» einzukaufen.

Amerikas erfolgreichster Investor Warren Buffett bezeichnete Derivate schon 2003 als «Massenvernichtungswaffen» für die Finanzmärkte und monierte, dass Derivate zu fehlerhaften Bilanzierungen führen könnten. Buffett prangerte auch die Konzentration von Kreditrisiken in Händen weniger Händler an, die zudem Geschäfte untereinander machten. Bei Kreditderivaten sei es zudem schwierig, das Risikoprofil von Banken, Versicherungen und anderen Finanzinstituten adäquat zu bewerten.

Pensionsfonds suchen Hedge Fonds

Für Aufsichtsbehörden und Politiker geht es bei Hedge Fonds aber auch noch um einen anderen Aspekt. Hedge Fonds sind mittlerweile «mainstream», das ursprüngliche Modell wohlhabender und reifer Kunden, die erhöhte Risiken kennen, richtig einschätzen und entsprechende Verluste auch akzeptieren, wird durch die «retail» Strategie ergänzt. Kleinanleger werden ermutigt, über Dachfonds in Hedge Fonds einzusteigen, gleichzeitig treibt es immer mehr Pensionsfonds als institutionelle Anleger in die Arme von Hedgefonds, um höhere Renditen zu erzielen. Der Vorsitzende des Finanzausschusses im US Repräsentantenhaus Barney Frank stellte bereits die Frage, ob Pensionsfonds «gut genug gerüstet sind», in «leicht regulierte Investment Vehikel» zu investieren. Auch der Vorsitzende des Bankenausschusses im Senat Christopher Dodd sorgt sich um «mögliche Risiken bei Hedge Fonds» für Rentner. Dagegen hält ein Londoner Investment Banker es für erwiesen, dass «alternative Investments» sichere und höhere Erträge liefern. «Vorsichtige Strategien» seien zudem durch «prozentuale asset allocations» möglich. Dennoch muss die Frage erlaubt sein, ob es klug ist, Pensionsgelder der «kleinen Leute» bei aggressiv operierenden Fonds anzulegen. Man kann dies durchaus bejahen, gleichwohl müssen entsprechende Trends sowie potentiell negative Implikationen samt politischer Konsequenzen in jedem Fall von den Kontrollinstanzen wahrgenommen und beobachtet werden.

Derivate – Fluch oder Segen ?

Ob und in welchem Ausmass das Agieren von Hedge Fonds oder der Einsatz von Derivaten tatsächlich ein Risiko für die Stabilität des Finanzsystems bedeuten kann, ist heftig umstritten. Befürworter des status quo argumentieren zurecht, dass Hedging Strategien sowie der Einsatz von Derivaten primär darauf abzielen, die Risiken der Investoren zu streuen oder abzusichern. Derivate erlauben ein flexibleres Risikomanagement bei Banken und leisten ein effizienteres Verteilen einzelner Risiken sowie den Abbau des aggregierten Risikos innerhalb einer Volkswirtschaft, hiess es schon 2004 in einer Studie der Deutschen Bank, die Handelbarkeit und Möglichkeit synthetischer Zusammenstellung und dynamischer Anpassung des Kreditportfolios sind weitere Pluspunkte, um finanziellen Schieflagen vorzubeugen.

Auf makroökonomischer Ebene dienen Derivate der effizienteren Verteilung der gesamtwirtschaftlichen Risiken, indem z.B. Risiken von Banken auf andere Sektoren wie Versicherungen, Fondsgesellschaften oder Hedge Fonds übertragen werden.

Das überraschende Aus des US Hedge Fonds Amaranth ohne Kettenreaktion wird von Anhängern der Branche als schlagender Beweis angeführt, dass der Markt auch Pleiten einzelner Akteure locker verkraften kann und die Distribution der Risiken funktioniert. Doch bei der Deutschen Bundesbank wurde die Amaranth Pleite als Beweis für die Bedeutung des Vorschlags von Bundesbankvorstandsmitglied Edgar Meister herangezogen, Hedge Fonds von Rating Agenturen bewerten zu lassen. Der Vorfall zeige ausserdem, so die Argumentation der Aufsichtsbehörde, dass sich Notenbanken und Bankenaufseher intensiv mit Fragen der mangelnden Transparenz von Hedge Fonds und der Risiken für das internationale Finanzsystem befassen müssten.

Stärken und Schwächen

Hedge Fond Insider sind erbost, wenn die Branche generell verunglimpft und Schwächen überdramatisiert werden. So ignorierten 90% der Beobachter, die über Hedge Fonds schreiben, wie das «margining system» funktioniere, ereifert sich sich ein Londoner Derivatespezialist, das Risiko sei nur ein Bruchteil des «notional value». Zudem werde die «financial performance» von Hedge Funds von Banken täglich getestet, ebenso das «leverage» sowie die Solvenz der «balance sheets», insofern seien Hedge Fonds sogar transparenter als Asset Manager. Ausserdem hätten die Banken zehn unterschiedliche Methoden und Modelle entwickelt, um Risiken zu simulieren, zu analysieren und zu gewichten.

Doch in einer Umfrage der Wirtschaftszeitung Wall Street Journal vom Oktober 2006 gaben 23 von 41 befragten Ökonomen an, dass Hedge Fonds ein Risiko für die Finanzmärkte darstellen und eine strengere Regulierung erforderlich sei. «Wir wissen einfach nicht, ob Hedge Fonds gefährlich sind», betonte Chefökonomin Diane Swonk vom Chicagoer Finanzdienstleister Mesirow

Financial, und «wenn wir über Finanzmärkte reden ist das Unbekannte unakzeptabel».

Erste strukturelle Schwächen im System wurden erkannt. Der Präsident der New York Fed Timothy Geitner glaubt, dass die Notenbank die Sicherheitsmargen überprüfen muss, weil die bisher erforderlichen Margen in Krisensituationen ungenügend sind und erhebliche Volatilitäten am Markt auslösen könnten. Dies dürfte bedeuten, dass die Banken dazu ermuntert werden, mehr Kapitalrückstellungen für potentielle Verluste im Handel oder im Kreditgeschäft vorzunehmen. Einigen grossen Hedge Fonds werden offenbar nur minimale Sicherheiten zugemutet.

Stärkere Stützpfeiler

Die Stabilität des Finanzsystems hat sich seit der LTCM Krise zweifelsohne strukturell verbessert. Die Konsolidierung unter den Grossbanken hat neue starke Player erzeugt, die gegenüber externen Schocks resistenter sind als früher. Gleichzeitig hat die regionale Diversifikation in diversifizierten Märkten zugenommen. Auch die Aufsichtsbehörden «arbeiten enger zusammen», meint Adam Posen vom Petersen Institute for International Economics in Washington, und Kreditrisiken werden im System effizienter verteilt. Posen nennt als Beispiel den Verbriefungslevel bei Hypotheken, der in den USA ein Niveau von 90% erreicht hat.

Zudem habe man aus den Fehlern des LTCM Debakels gelernt, heisst es in der Industrie. So hat man strukturelle Schwächen wie den noch vor 5 Jahren auf wenige Akteure konzentrierten Handel mit Kreditderivaten auf eine signifikant grössere Zahl an Institutionen ausgedehnt. Waren früher sieben der aktivsten Banken im Kreditderivatemarkt für 98% des gesamten von US Banken initiierten Marktvolumens verantwortlich, tummeln sich mittlerweile in diesem Marktsegment 20–25 sehr grosse Dealers, 50–100 Hedge Fonds und 500 Versicherungsunternehmen.

Leverage Faktor

Dennoch gibt es Sorgen der US Aufsichtsbehörden, die prüfen müssen, ob die Banken genügend Reserven für ausstehende Kredite haben oder aufstocken sollten. Auch das gesamte Ausmass des enormen «leverage», also der Einsatz von Fremdkapital, ist ein unbekannter Faktor ebenso wie das Kreditrisiko der Banken im Bereich «leveraged loans». Hedge Fonds haben im Schnitt ein leverage von 1:4, doch etliche Fonds liegen bei 1:10 oder 1:20. Nicht der leverage Faktor an sich ist das Problem, meint ein Experte, sondern wie viel Kapital ge-leveraged wird.

Im November 2006 warnte die Ratingagentur Standard & Poor in einer Studie vor der Gefahr allzu leicht vergebener Kreditlinien, weil Banken das Risiko an Hedge Fonds und andere Investoren weitergeben. Sollte sich der Appetit der Investoren schnell ändern, so Standard & Poor´s, müssten die Finanzinstitute einen grossen Teil der verlorenen Kredite in den eigenen Büchern absorbieren. Die Ratingagentur registrierte zudem mehr Sorglosigkeit bei der Kreditvergabe, weil die Nachfrage hoch und Ausfälle relativ gering sind.

Hinzu kommt, dass niemand einen Überblick über die Positionen der Hedge Fond Akteure hat, die aus verständlichen Gründen ihre Strategie geheim halten. Neben der Intransparenz der Investment Strategien der Hedge Fonds ist die Einschätzung der eingegangenen Risiken bei Derivaten nicht unproblematisch. Ob die Banken in ihren Positionen gegenüber Hedge Fonds «neutral» sind weiss niemand, unterstreicht Adam Posen, wenn jemand behauptet, er wisse es, liegt er falsch. Auch der Hinweis, dass Banken mithilfe von Simulationsmodellen potentielle Risiken ständig überprüfen, kann Kritiker nicht völlig überzeugen. Simulationsmodelle simulieren nur Daten oder Krisensituationen aus der Vergangenheit, betont ex UBS CEO Luqman Arnold, neue Krisen kommen immer unverhofft. Es ist besser, Simulationsmodelle zu haben als keine, ergänzt Adam Posen, doch sie basieren nur auf vergangenen Ereignissen. Simulationsmodelle sind wie Bremsen am Auto, meint ein deutscher Topbanker, die Sicherheit wird erhöht, dennoch kann man nicht unbegrenzt schnell fahren.

Zudem sind Simulationsmodelle obsolet, wenn es aufgrund von externen Schocks wie strukturellen Ungleichgewichten oder Energieengpässen zu Panikverkäufen kommt, die wiederum einen Schneeballeffekt auslösen und zu Liquiditätsengpässen führen können. Der kritische Faktor ist in der Tat die Liquidität der Märkte. Was geschieht, falls sich ein «schwarzes Loch» an Liquidität öffnet, die Volatilität dramatisch steigt und alle durch den Ausgang flüchten? fragt Andrew Rozanov, Senior Manager von State Street Global Advisors, die meisten Beobachter erwarten, dass es genügend wohlhabende Investoren gibt, die dann einsteigen, um die angeschlagenen Portfolios zum Spottpreis zu übernehmen, doch vielleicht ist dies nicht mehr als eine vage Hoffnung.

Um Liquiditätsrisiken adäquat einschätzen zu können brauchen die Aufsichtsbehörden nach Ansicht von Ben Bernanke, Chairman der US Notenbank, nicht nur mehr Daten von Hedge Fonds, sondern von allen grossen Marktteilnehmern. Damit stellt sich gleichzeitig die Frage nach den Kompetenzen und Befugnissen der Regulierer. Sollten sie etwa Anweisungen geben dürfen, bestimmte Positionen abzubauen?

Aufsichtsbehörden unter Handlungsdruck

Es ist völlig unbestritten, dass Derivate nützliche Instrumente sind, um spezifische Risiken abzuschirmen oder zu isolieren, doch es ist ebenso klar, dass gerade der unbeaufsichtigte OTC Markt aber auch die unregulierte Branche der Hedge Fonds oder Kapitalbeteiligungsgesellschaften eine Herausforderung für die Aufsichtsbehörden darstellen. SEC Chairman Christopher Cox hat mehrfach betont, dass eine gewisse Kontrolle der Branche wünschenswert sei.

Im deutschen Finanzministerium weist man auf die immensen Summen hin, mit denen hantiert wird, die sich durch Hebelwirkung noch vervielfachen und damit Volkswirtschaften in ziemliche Unruhe versetzen können. Der Vizechef der europäischen Zentralbank Lucas Papademos warnte nach dem Amaranth Desaster, dass bei einer «ähnlichen Situation» unter «weniger günstigen Marktbedingungen» durchaus Verwerfungen möglich seien und SEC Commissioner Paul S. Atkins glaubt, dass man Hedge Fonds und Derivate im Auge behalten muss.

Regierungen und Kontrollbehörden sehen sich unter Zugzwang. Die britische Finanzmarktaufsicht FSA startete im Dezember 2006 eine grossangelegte Untersuchung der Kreditvergabe von Londons grössten Investmentbanken, um den Umgang mit Kreditsicherheiten zu prüfen. Dabei geht es um die Bewertung von Sicherheiten, bzw. wie schnell sie im Krisenfall verfügbar sind. Offenbar befürchtet die Kontrollbehörde, dass die Banken im verschärften Wettbewerb ihre Standards aufweichen.

Dass diese Sorge durchaus berechtigt ist hängt nicht zuletzt mit dem enorm lukrativen Geschäft zusammen, das Investmentbanken zusammen mit Hedge Fonds generieren. Die Chicagoer Citadel Investment Group, die 2006 über zwei Fonds Einlagen von rund 13 Mia Dollar verwaltete und durch leverage einen Kapitaleinsatz von bis zu 100 Mia Dollar erreichte, zahlte 2005 insgesamt 5,5 Mia Dollar an Gebühren, Zinsen und Transaktionskosten, ein klares Indiz, welche Bedeutung Hedge Fonds als Ertragsquelle für Banken erlangt haben. Dies wiederum verstärkt die Bedenken der Aufsichtsbehörden, dass Finanzinstitute ihre Kontrollen lockern könnten, um sich das lukrative Geschäft mit Hedge Fonds zu sichern.

Wenn Genies versagen

Der Fall LTCM hat gezeigt, dass auch die besten und hochkarätigsten Spezialisten, Analysten und sogar Nobelpreisträger kein Garant für «Unfehlbarkeitsstrategien» jeglicher Art sind. Und dass menschliche Faktoren wie Hybris und Gier nicht zu unterschätzen sind. Nicht zu vergessen. Hedge Fonds gelten als

Goldgrube. Neben den Verwaltungsgebühren von 2–4% kassieren sie in der Regel 20% des erzielten Gewinns. Nach Angaben von Alpha Magazin erzielte die 25 Spitzen Hedge Fond Manager 2006 ein Durchschnittseinkommen von 570 Mio Dollar. Solche Megaverdienste sind nicht nur verlockend, sondern verleiten auf der Jagd nach «alpha» Profiten zu riskanten Strategien. Hedge Fonds betreiben ausgelagerte Investmentaktivitäten, meint ein englischer Topbankier, um erstens die Risiken aus den Büchern zu bekommen und zweitens, weil man die Spitzenleute nicht mehr bezahlen kann. Auch die Anlagestrategien auf Quartalsbasis oder der «Lemmingeeffekt» sind als Risikofaktoren nicht zu unterschätzen, denn mit dem «Herdenverhalten» von Hedge Fond Managern steigt das Risiko, diagnostiziert der CEO eines internationalen Versicherungskonzerns, wenn zudem gewisse Fonds aufgrund ihrer Grösse Marktsegmente dominieren steigt das endogene Risiko.

Auch das Kurzzeitgedächtnis von Händlern ist ein Faktor. Mich beunruhigt, dass junge Händler in den letzten 5 Jahren keine ernsthafte Krise meistern mussten und nur die guten Jahre kennen, philosophiert ein führender Deutsche Bank Investment Banker, auch die Modelle und Stress Tests verwenden primär Daten der letzten 5 Jahre, die gegenwärtig nur wenig Risiko enthalten. Die mathematischen Modelle züchten zudem ein «Blind Faith Syndrom», dass Simulationsmodelle nicht nur mathematische Wahrscheinlichkeitsberechnungen reflektieren, sondern präzise und fehlerfreie Prognosen. Die alteingesessenen Profis wissen dagegen, dass die nächste Krise nur eine Frage der Zeit ist.

Zwar wurden die Lehren aus dem LTCM Niedergang insofern gezogen, als die Aufsichtsbehörden heute wissen, ob alle wichtigen Akteure im selben Hedge Fund investiert sind, doch ob diverse Fonds im selben Projekt sitzen ist nach wie vor nicht zu erkennen. Zudem haben die Regulators keine «up to date» Informationen. Immerhin sind heute alle «Funds of Funds» in den USA registriert. Und 80% der Berater von Pensionsfonds sind bei der SEC registriert. Dennoch ist man auf der Hut. «Wir müssen mit den Bankenkontrolleuren zusammenarbeiten, Informationen austauschen und koordinieren sowie mit den Banken reden, die Kapital gewähren, meint SEC Commissioner Atkins, und wir müssen verstehen, worum es bei Derivaten geht und wie das Risikomanagement aussieht. Bei der SEC räumt man zudem ein, dass die Finanzindustrie den Kontrolleuren weit voraus ist und Banken- und Börsenaufsicht in der Regel «die Schlachten von gestern» schlagen. Wie ernst man gerade in den USA die Sorge vor einem «Systemrisiko» nimmt zeigt die Tatsache, dass US Finanzminister Henry Paulson 2006 nicht nur eine Arbeitsgruppe zu Hedge Fonds, Derivaten und potentiellem Systemrisiko einrichtete, sondern gleichzeitig seinen Stabschef Jim Wilkinson beauftragte, ein «Kommandozentrum» einzurichten, das im Falle einer Finanzkrise als Operationsbasis dienen soll.

Eine Systemkrise ist dann wahrscheinlich, wenn eine Kombination negativer Faktoren und Rahmenbedingungen oder exogene oder endogene Schocks die Strategien von Hedge Fonds über den Haufen werfen, Positionen in grossem Stil verkauft werden müssen und Liquiditätsengpässe entstehen. Bei Hedge Fonds brauchen die staatlichen Behörden zweierlei. Rechtzeitigen Zugang zu relevanten Informationen sowie adäquate analytische Instrumente, um festzustellen, an welchen Ecken sich Druck aufbaut und die Fähigkeit, bei einer Krise das System über die Liquiditätsvergabe zu stabilisieren. Das aber setzt entsprechende Reserven voraus.

Verstärkte Kontrolle?

Die Aufsichtsbehörden stehen vor einem Spagat. Strenge Regularien wird sich die Branche kaum gefallen lassen, sondern Ausweichstrategien ergreifen. Die politisch Verantwortlichen dürften also versuchen, gewisse moderate Auflagen durchzusetzen, ohne gleichzeitig «die goldene Gans zu erlegen». Das politische Schlagwort lautet «Transparenz», doch konkrete Definitionen waren bisher Mangelware. Im Berliner Finanzministerium heisst es, dass man keinesfalls mit der Axt rangehen und ein starres Regelwerk errichten wolle. Darüber hinaus käme nur ein international abgestimmtes und koordiniertes Vorgehen infrage. Auch im US Finanzministerium ist von einem «balancierten Ansatz» die Rede. Was dies konret heisst, zeigen die Resultate, die die Presidential Working Group im Februar 2007 veröffentlichte. Danach sieht die US Regierung weder Bedarf für neue Regulierungsmassnahmen der Hedge Fund Industrie noch für strengere Kontrollen. Marktdisziplin und Risikobewusstsein würden Investoren und Wirtschaft vor Problemen in der Hedge Fund Industrie am besten schützen, heisst es in dem Dokument, das hochbesetzte Gremium schlug lediglich eine Reihe unverbindlicher «guidelines» vor, um Hedge Fonds transparenter zu gestalten und Kunden vor dubiosen oder exzessiven Akteuren zu schützen. «Privat Pools of Capital» sollten die Marktteilnehmer mit akkuraten, ausreichenden und zeitlich gegebenen Informationen versorgen, Gegenparteien und Kreditgeber genügend Informationen sammeln, um die eigenen Risikomanagementpraktiken beizubehalten und zu verstärken und die Aufsichtsbehörden noch enger zusammenarbeiten. Das US Finanzministerium begründete seine Zurückhaltung damit, dass man «Innovation und Risikobereitschaft nicht entmutigen» wolle. Dass solche Resultate Musik für die Ohren der Hedge-Fund-Betreiber sind versteht sich von selbst und zeigt, welche Macht die Industrie mittlerweile ausübt. Da allein in der Bush-Administration drei ex Goldman Sachs Alumni vertreten sind, sollten die Ergebnisse nicht überraschen. Der Bundesverband der deutschen Banken empfahl 2005 eine vorsichtige Regulierung mit Augenmass und lehnte nationale Alleingänge ab. In der Tat sind sich alle Experten einig, dass nur internationale Regelungen wirksam sein können, da viele Fonds sonst in Steueroasen abwandern.

Investmentprofis bezeichnen die Banken als Hauptakteure des ersten Verteidigungsrings. Da die Banken als Prime Brokers von Hedge Fonds tätig sind haben sie ein Eigeninteresse, alternative Investment Partner unter Kontrolle zu halten, meint ein englischer Investmentbanker.

In den USA will man konkret auf der Investorenseite ansetzen. SEC Chairman Christopher Cox hat bereits angekündigt, dass Privatinvestoren, die in Hedge Fonds investieren wollen, künftig über ein Nettovermögen von mindestens 2,5 Mio Dollar statt bisher 1,5 Mio Dollar verfügen müssen. Allerdings sollen auch Betrugsfälle gezielter angegangen und rechtswidriges Verhalten von Hedge Fonds verfolgt werden. Eine Melde- und Kontrollpflicht für Hedge Fonds, die die SEC in einem ersten Anlauf durchzusetzen versuchte, scheiterte aber vor Gericht.

Dagegen wird man versuchen, auf der Datenseite einen besseren Überblick zu bekommen und zu koordinieren, z.B. durch intensivere Beobachtung des Aktienhandels. Die Europäische Zentralbank hat jüngst vorgeschlagen, ein «Kreditregister» einzurichten, das Informationen über die Finanzbeziehungen wie «on und off balance sheet» Positionen sowie «exposures» der Banken gegenüber Hedge Fonds auf Tagesbasis enthalten würde. Die in London ansässige Alternative Investment Management Association plant Richtlinien über «asset pricing» und Valuierung von Hedge Fonds. Der Verband begrüsst auch die Bemühungen, potentielle Risiken für das Finanzsystem zu untersuchen, nicht «weil es ein Problem gebe, sondern weil man sicherstellen will, dass es keines gibt». «Ich glaube an das System», betont ein Londoner Investmentprofi, doch «kein System ist unfehlbar, nur Dummköpfe glauben das Gegenteil».

Hans-Jürgen Maurus, stellvertretender Büroleiter SWR Hauptstadtstudio Berlin

Die vernetzte Sicht der Dinge des Outsiders

Hans-Jürgen Maurus hat sein Handwerk als Journalist von der Pike auf gelernt und er übt seinen Beruf auch heute noch mit derselben Leidenschaft aus. Seit 2004 ist er stellvertretender Büroleiter des Hauptstadtstudios des Südwestfunks SWR in Berlin.

Bereits nach dem Abitur stieg er beim Süddeutschen Rundfunk SDR ein, wurde nach einer kurzen Hospitanz zum Redakteur, Autor und Moderator für Politik, aktuelle Magazine und Verbrauchersendungen befördert. Danach folgten langjährige Auslandaufenthalte in Südostasien (Thailand und Singapur), im Nahen Osten als Korrespondent im ARD Büro in Kairo und in Südafrika (Johannesburg).

In den Jahren 1986/87 arbeitete er als Junior-Korrespondent der ARD im Büro Washington, danach als freier Korrespondent in London für SDR, RIAS Berlin, die Stuttgarter Nachrichten, Rheinpfalz, Standard (Wien), die Schweizerische Politische Korrespondenz, die Handelszeitung und das Magazin Schweizer Bank.

In dieser Zeit entdeckte er seine Vorliebe für Spezialgebiete aus Wirtschaft und Finanz. In den Jahren 1991–1994 berichtete er als Londoner Korrespondent für die Rubrik «Ten to ten» des SDR. Danach folgte die SWR-Korrespondentenstelle in Washington mit den Spezialgebieten Wirtschaft und Finanzen. 1999 berief ihn die ARD in ihr Hauptstadtstudio nach Berlin, wo er die Spezialgebiete Wirtschaft und Finanzen sowie Terrorismus und Aussenpolitik betreut. Er verfügt über ausgezeichnete Kontakte zur Welt der Politik und der Banken und zwar auf nationaler und internationaler Ebene.

Hans-Jürgen Maurus, ARD-Hauptstadtstudio, Wilhelmstrasse 67 A, 10117 Berlin